Band 71

OUTDOORHANDBUCH

Michael Kasper

Nordspanien: Jakobsweg Nebenrouten

DER WEG IST DAS ZIEL

Kapelle San Cipriano von Camplengo bei Santilla del Mar S. 115

Nordspanien: Jakobsweg - Nebenrouten

OutdoorHandbuch aus der Reihe Der Weg ist das Ziel, Band 71

ISBN 3-89392-371-3 2. vollständig überarbeitete Auflage

Dieses OutdoorHandbuch wurde konzipiert und redaktionell erstellt vom
Conrad Stein Verlag, In der Mühle, 25821 Struckum
☎ 04671/931314, FAX 04671/931315
<outdoor@tng.de> <http://outdoor.tng.de>
für die OutdoorHandbuch Stein KG, Struckum.

Unsere Bücher sind überall im wohlsortierten Buchhandel und in cleveren Outdoorshops in Deutschland, Österreich, Schweiz und Niederlande erhältlich.
Auslieferung für den Buchhandel:
(D) Prolit, Fernwald und alle Barsortimente,
(A) freytag & berndt, Wien,
(CH) AVA-buch 2000, Affoltern und Schweizer Buchzentrum.

Text: Michael Kasper
Fotos: Michael Kasper, Conrad Stein
Lektorat und Layout: Marie-Luise Tolkmit, Conrad Stein und Inga Klingner
Karten: Carsten Tolkmit und Michael Kasper
Gesamtherstellung: Breklumer Druckerei, 25821 Breklum

Dieses OutdoorHandbuch hat 205 Seiten mit 12 farbigen und 12 schwarz-weißen Abbildungen sowie 21 Karten und Plänen. Es wurde auf chlorfrei gebleichtem Papier gedruckt und der besseren Haltbarkeit wegen fadengeheftet.

002480012900

INHALT

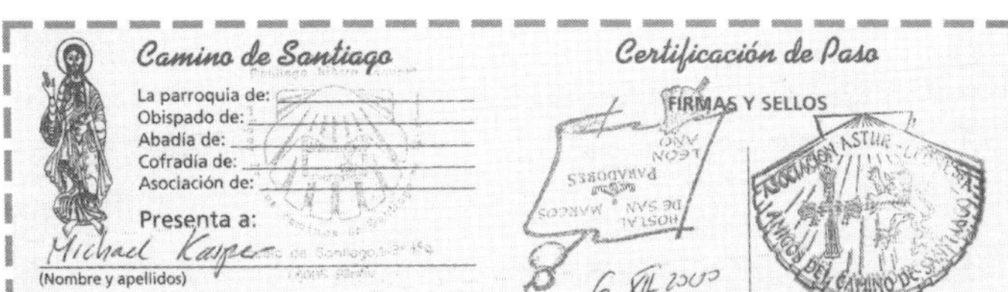

Camino de Santiago
Certificación de Paso
La parroquia de:
Obispado de:
Abadía de:
Cofradía de:
Asociación de:
Presenta a:
Michael Kasper
(Nombre y apellidos)
FIRMAS Y SELLOS

Über den Autor

Michael Kasper lebt seit 1991 in Nordspanien. Der studierte Philologe und Historiker ist u.a. als Journalist und Autor historischer und touristischer Artikel und Bücher tätig. Während jahrelanger Tätigkeit als Reiseleiter sowie als Hobby-Reisender, Rad- und Bergwanderer hat er den größten Teil Spaniens intensiv bereist. Den Jakobsweg hat er mehrfach als Reiseleiter per Bus, zu Fuß und mit dem Mountaibike "erfahren" und erlebt.

Danke

...für Tips und Hinweise an: Christa Bauer-Germeier, Poing; Dr. Joachim Villmar, Wuppertal; E. Kaußner, Siegsdorf; Julia & Jan von Hertell, Hamburg; Werner Schmidt, Ditzingen und Christine Kernen, Wettingen/Schweiz.

Symbole

- Achtung, Vorsicht
- Apotheke
- Bar, Weinstube
- Einkaufsmöglichkeit
- Empfehlung, Tip
- Fahrradwerkstatt
- Fähre
- geöffnet...
- Hinweise für Radfahrer
- Höhe über NN
- Hospital, Erste Hilfe
- Hotel, Hostal, Pension
- Information
- Kathedrale, Kirche, Kloster
- Museum, Sehenswürdigkeit
- Pilgerherberge
- Restaurant
- Wegbeschreibung für Wanderer

> Auf Anregung einiger Leser sind in dieser Auflage die schöneren Teilstrecken gestrichelt gezeichnet, während die uninteresanteren (beispielsweise durch Industrie-gebiete oder über Landstraßen führenden) durch eine durchgehende Linie dargestellt sind.

Einleitung

Der Jakobsweg ist der berühmteste Wanderweg und der letzte noch bestehende mittelalterliche Pilgerweg in Europa. Ziel ist das Grab des Apostels Jakobus in Santiago de Compostela im fernen Galicien im Nordwesten der Iberischen Halbinsel.

Alle Wege, die nach Santiago führen, sind Jakobswege, aber der Hauptweg ist der "Camino Francés", der Französische Weg, der bei Roncesvalles die Pyrenäen überschreitet und über Pamplona, Logroño, Burgos und León dem Apostelgrab zustrebt.

☺ Dieses Buch ist eine Ergänzung zum OutdoorHandbuch SPANIEN: JAKOBSWEG, ebenfalls erschienen im Conrad Stein Verlag. Es ist für diejenigen Pilger interessant, die den Hauptweg schon kennen und/oder andere traditionelle, aber bisher weniger erschlossene und darum auch weniger frequentierte Wegalternativen kennenlernen möchten.

Die hier vorgestellten (historischen, aber im Laufe der Jahrhunderte in Vergessenheit geratenen) Nebenrouten stoßen auf den im Hauptband beschriebenen Weg, dessen Verlauf hier nicht wiederholt wird, so daß nur Querverweise möglich sind.

Geschichte der Jakobswege

Der Apostel Jakobus der Ältere, der Bruder des Evangelisten Johannes, hatte Teile der Iberischen Halbinsel missioniert und erlitt nach seiner Rückkehr nach Jerusalem im Jahr 44 den Märtyrertod. Die Legende erzählt, da sein Leichnam nach Galicien überführt worden sei, ans "Ende der Welt" – "Finis Terrae" - wo er einst gepredigt hatte, und später in Compostela seine letzte Ruhe fand.

Anfang des 8. Jh. besetzten die Araber, von Nordafrika kommend, den größten Teil der Iberischen Halbinsel, und drängten die Christen in die unzugänglichen Gebirge Nordspaniens zurück. Dort entstand im 8. Jh. das Königreich Asturien, das sich allmählich nach Süden ausdehnte.

Im asturischen Einflußbereich wurde um das Jahr 813 das Grab des Apostels Jakobus entdeckt, der in Spanien den Namen Santiago (San Jacobo) erhielt. Es ist unbestreitbar, daß Asturien diese Beziehung zur Heilsgeschichte sehr zunutze kam, um vom christlichen Europa politische und wirtschaftliche Unterstützung zu erfahren und den Kampf gegen das maurische Spanien zu legitimieren.

Im Jahr 844 erschien dann auch - nach der Legende - der Apostel Santiago in der Schlacht von Clavijo (bei Logroño) und führte die Christen zum Sieg über die Mauren. In dieser Zeit begann die Pilgerschaft, und der Apostel Santiago wurde als Maurentöter (spanisch: matamoros) oder als Pilger (peregrino) dargestellt.

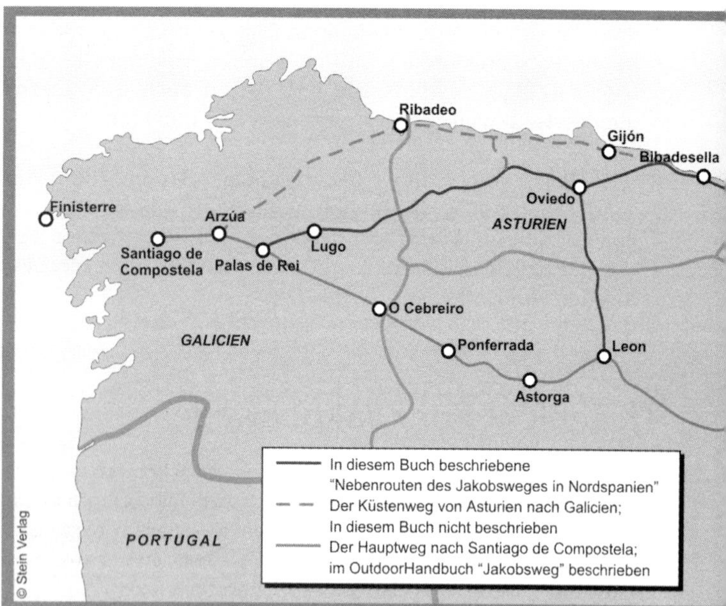

Der "primitive" Jakobsweg von Oviedo nach Santiago

Die frühesten Pilgerfahrten führten von der asturischen Hauptstadt Oviedo auf dem ersten Jakobsweg (Camino de Santiago Primitivo) über Tineo, Fonsagrada und Lugo ins ferne Compostela. Bei Palas de Rei stößt dieser alte Weg heute auf den Hauptweg, der aus Kastilien kommt.

Im Laufe der Jahrhunderte wurden verschiedene Wegalternativen entwickelt, von denen insbesondere der asturische Küstenweg zu nennen ist, der bei Ribadeo Galicien erreicht und von dort ins Landesinnere führt. Obwohl diesem Weg heute von der galicischen Regierung aus touristischen Gründen größere Aufmerksamkeit geschenkt wird, beschränken wir uns auf den ersten, den "primitiven" Jakobsweg von Oviedo durchs Landesinnere, der durch einsame Landschaften führt und auf dem sich das Pilgererlebnis des 10. Jh. am ehesten nachvollziehen läßt. Von den asturischen Jakobusgesellschaften ist der Weg markiert und mit einem Netz kleiner Pilgerherbergen versehen worden.

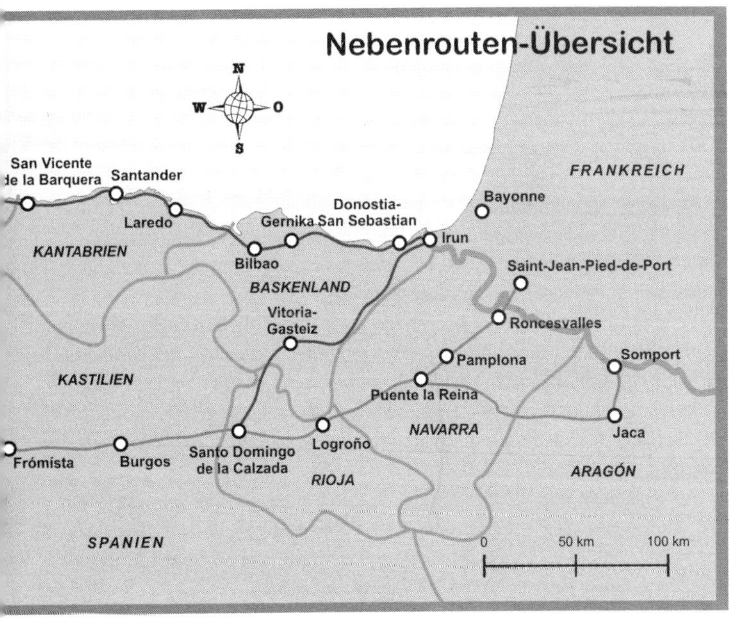

Der Küstenweg von Hendaye nach Oviedo

Die Nachricht von der Entdeckung des Apostelgrabes verbreitete sich über die christlichen Gebiete im Norden Spaniens und allmählich auch in Europa. Da jedoch der Großteil der Iberischen Halbinsel von den Mauren besetzt war oder doch zumindest ihre kriegerischen Einfälle erleiden mußte - 924 wurde Pamplona zerstört und 997 sogar Santiago de Compostela geplündert -, waren die Pilger gezwungen, die unwegsame und anstrengende Strecke an der kantabrischen Küste zurückzulegen. Beim Küstenweg von der spanisch-französischen Grenze bis Asturien, der dann ab Villaviciosa durchs Landesinnere über Oviedo führt, handelt es sich um den ersten europäischen Jakobsweg.

Der Küstenweg durchquert die spanischen Regionen (den deutschen Bundesländern vergleichbar) Baskenland (spanisch País Vasco, baskisch Euskadi), Kantabrien (Cantabria) und Asturien (Asturias) und von den Regionalregierungen und örtlichen Jakobusgesellschaften ist ihm ganz unterschiedliche Aufmerksamkeit geschenkt worden.

In der baskischen Provinz Gipuzkoa folgt der Weg den rot-weißen Markierungen des Küstenwanderwegs. In der ebenfalls baskischen Provinz Bizkaia ist der Weg dagegen mit den traditionellen gelben Pfeilen der Jakobswege und auch mit einigen Schildern versehen. In Kantabrien gab es bis Mitte 1998 kaum Wegmarkierungen, und erst seit Sommer 1998 machte sich ein neugegründeter Jakobusverein an die Arbeit.

Das Resultat muß teilweise als unbefriedigend bezeichnet werden. Einige Abschnitte sind empfehlenswert, andere dagegen machen im Bemühen, sämtliche historischen Wege und Kirchen zu berühren, sehr große Umwege, und wieder andere sind bisher noch nicht ausreichend markiert.

In Ermangelung markierter Jakobswege hatte ich für die Erstauflage dieses OutdoorHandbuchs eine eigene Strecke ausgearbeitet, die zumeist der Küstenlinie folgte und sich an anderen Wanderführern orientierte. Einige Abschnitte habe ich inzwischen durch den markierten Jakobsweg ersetzt, andere gebe ich noch als Wegalternativen an, und einige sind nach wie vor dem markierten Wegverlauf vorzuziehen.

Auf Kantabrien folgt Asturien, wo die Wegmarkierungen wieder hervorragend sind und wo es etwa alle 20 km eine kleine Pilgerherberge gibt. Im Baskenland und Kantabrien gibt es dagegen keine Pilgerherbergen, so daß bei der Wegbeschreibung andere einfache Unterkünfte angegeben werden.

Der Weg durch den Tunnel von San Adrián von Hendaye nach Santo Domingo de la Calzada

Die politischen, wirtschaftlichen und religiösen Veränderungen des 11. Jh. bedeuteten das Ende der alten Jakobswege. Das Aufstreben Navarras und das Zurückweichen der Mauren in den Süden der Iberischen Halbinsel ermöglichten die Pilgerfahrten auf der jetzt sichereren und weniger beschwerlichen Strecke von Roncesvalles über Pamplona, Burgos und León. Dieser sog. Französische Weg - Camino Francés - wurde zudem von den Benediktinern mit einem hervorragenden Netz von Klöstern und Pilgerhospitälern versehen.

Der Küstenweg wurde immer weniger benutzt, im wesentlichen nur von den dort selbst ansässigen Pilgern und von denen, die übers Meer kamen und einen der Häfen an der kantabrischen Küste anliefen. Aber auch diese Pilger bemühten sich dann zumeist, den Hauptweg, den Camino Francés, zu erreichen, und so entstand ein ganzes Netz von Jakobswegen, die von der Küste über die Küstengebirge ins Landesinnere strebten. Diese zahlreichen Querverbindungen können im vorliegenden OutdoorHandbuch natürlich nicht alle beschrieben werden.

Eine Ausnahme bildet jedoch der Weg, der von Irun an der spanisch-französischen Grenze nach Santo Domingo de la Calzada führt, denn dieser Weg war im Mittelalter und sogar noch bis ins 18. Jh. eine der wichtigsten Verbindungen zwischen Madrid und Frankreich und wurde somit auch von vielen Jakobspilgern benutzt. Das einzige nennenswerte geografische Hindernis ist das Bergmassiv des Aitzgorri, das durch eine natürliche Höhle, den sog. Tunnel von San Adrián, überwunden wird. Dieses einmalige Naturwunder stellt das wohl großartigste all der Pilgererlebnisse dar, die hier beschrieben werden.

Heute verläuft diese einst wichtige Strecke durch einsame Berglandschaften und nur das streckenweise erhaltene jahrhundertealte Pflaster zeugt von einstiger Bedeutung. Der Jakobsweg ist markiert, aber es gibt keine Pilgerherbergen, so daß bei der Wegbeschreibung andere einfache Unterkünfte angegeben sind.

Der klassische Umweg von León nach Oviedo

Der Camino Francés über Burgos und León ließ Oviedo abseits liegen, doch viele Pilger waren bereit, die Strapazen der Überquerung des Küstengebirges auf sich zu nehmen, um die berühmten Reliquien der Kathedrale von Oviedo zu besuchen und der alten Hauptstadt Asturiens, von der die Verehrung des Jakobusgrabes ausgegangen war, ihre Huldigung zu erweisen. Da die Kathedrale dem Erlöser geweiht ist, entstand in jener Zeit das Sprichwort:

"Wer nach Santiago geht und nicht zum Erlöser,
besucht den Diener und vergißt den Herrn."

"Quien va a Santiago y no va al Salvador, visita al criado y olvida al Señor."

Mit dem Rückgang der Pilgerfahrten seit dem 16. Jh. geriet besonders dieser Weg in Vergessenheit. Erst den Bemühungen des Jakobusvereins von Oviedo ist es zu verdanken, daß er wieder entdeckt und markiert werden konnte - und sogar eine Pilgerherberge gibt es schon.

Das Heilige Jahr

Wenn der Jakobstag, der 25. Juli, auf einen Sonntag fällt, ist Heiliges Jahr, Jubileo (= Jubeljahr). Das ist 2004 wieder der Fall. Wer in einem Heiligen Jahr das Apostelgrab besucht und die entsprechenden religiösen Akte vollzieht, erhält vollständigen Ablaß von den Sünden.

In Heiligen Jahren werden der Jakobsweg und Santiago von einem Vielfachen der Pilger normaler Jahre besucht, was heutzutage aber weniger am Wunsch eines Sündenablasses, als vielmehr an einer gutgemachten Touristik-Werbung der galicischen Landesregierung liegt. Die Massifizierung des Hauptweges kann ein Grund sein, sich für eine der Nebenstrecken zu entscheiden, die im vorliegenden OutdoorHandbuch beschrieben werden.

Gründe für die Pilgerschaft

Im Mittelalter pilgerte man, um eine Schuld abzutragen oder Ablaß von den Sünden zu erlangen, auf der Suche nach Seelenheil, aus Hoffnung auf Heilung, aber auch einfach nur aus Abenteuerlust. Letzterer Faktor ist nicht zu unterschätzen, denn die Wallfahrt war für die Mehrzahl der mittelalterlichen Pilger die einzige Möglichkeit, aus ihrer streng strukturierten Welt auszubrechen. Damit haben die früheren und die modernen Pilger vieles gemeinsam, denn damals wie heute läßt man auf dem Jakobsweg die Normen des Alltags zurück und begibt sich zurück zu den kulturellen Ursprüngen Europas.

Heutzutage pilgert man aus religiöser, sonstiger geistlicher, kultureller oder sportlicher Motivation. Aber der Jakobsweg ist keinesfalls eine touristische Route oder gar eine Rennstrecke; im Gegenteil: Das geruhsame Pilgern jenseits von Zeit und Ziel ist auch ein Weg zur Selbstfindung. Natürlich darf man sich nichts vormachen: Spanien ist ein industrialisiertes Land und Autobahnen, Fabriken und Großstädten wird man auch auf dem Jakobsweg nicht entgehen. Das entscheidende Erlebnis ist jedoch die Wiederentdeckung der Nächstenliebe und die Begegnung mit Menschen, die alle ihre individuellen Motive zur Pilgerschaft haben und die trotz der Unterschiede vieles verbindet, obwohl man sich gar nicht kennt.

Die Jakobsmuschel

Spätestens seit dem Anfang des 12. Jh. ist die Jakobsmuschel (galicisch: vieira) das Symbol der Pilgerschaft nach Santiago. Historisch ist nicht klar, wie es dazu kam, aber die Legende erklärt es folgendermaßen: Ein junger Adliger ritt dem Schiff entgegen, das den Leichnam des Apostels Jakobus nach Galicien brachte, und versank dabei in den Fluten. Santiago half ihm wieder ans rettende Ufer, doch war er nun vollkommen von Muscheln bedeckt. Seitdem tragen die Pilger die Muschel als Schutz des Heiligen.

Der Pilgerpaß

Dieses Dokument wird hier separat erwähnt, weil es sich um die wichtigste Requisite der Pilgerschaft nach Santiago de Compostela handelt. Wir nennen das Dokument Pilgerpaß, es wird aber auch Pilgerausweis, Pilgerbeglaubigung oder Pilgerbrief genannt; auf spanisch ist die Bezeichnung klar: credencial de peregrino.

Vor dem Beginn der Pilgerfahrt müssen Sie einen der in ☞ Reise-Infos von A bis Z, Information genannten Jakobusvereine anschreiben und um Übersendung einer solchen Bescheinigung bitten. Der Pilgerpaß gewährt Zugang zu Pilgerherbergen, und wenn Sie ihn vorzeigen, wird man Ihnen überall hilfreich zur Seite stehen. Der Paß wird in Pilgerherbergen, Kirchen und Klöstern, aber auch in

Rathäusern gestempelt. Auf einigen wenig frequentierten Nebenstrecken des Jakobsweges ist man darauf nicht vorbereitet, aber irgendwo wird es Ihnen schon möglich sein, zumindest einen Stempel täglich zu bekommen. Mit den Stempeln weist man die Pilgerschaft nach und bekommt im Pilgerbüro von Santiago de Compostela die Pilgerurkunde Compostela ausgestellt. Die Pilgerschaft wird offiziell anerkannt, wenn man nachweislich (anhand des Pilgerpasses) mindestens 100 km zu Fuß oder 200 km mit dem Fahrrad oder zu Pferd zurückgelegt hat.

Im Freilichtmuseum Chillida-Leku S. 41

Wissenswertes von A bis Z

An- und Abreise

Da es verschiedene Ausgangs- und Endpunkte der Nebenstrecken gibt, ist es kompliziert, auf sämtliche Möglichkeiten der An- und Abreise einzugehen. Nach Hendaye oder Irun an der französisch-spanischen Grenze, wo zwei der Nebenrouten beginnen, fährt man am besten mit dem Hochgeschwindigkeitszug TGV von Paris aus, oder man fliegt nach Biarritz, von wo ein Bus nach Hendaye fährt. Die Rückreise von Santiago de Compostela kann mit Zug, Flugzeug oder direktem Bus nach Hause erfolgen (☞ OutdoorHandbuch "Spanien: Jakobsweg").

Ausrüstung

Wanderer haben einen Rucksack, der bequem zu tragen sein sollte; die alten Gestellrucksäcke eignen sich für die Wanderschaft nicht. Das Gepäck kann man in Plastiktüten ordnen und dann in eine große Plastik-Mülltüte stecken, so daß der Rucksack bei Regen zwar naß wird, aber das Gepäck trocken bleibt.

Beim Packen ist darauf zu achten, daß die schweren Sachen oben liegen. Das Problem ist das Gewicht, das 10 kg nicht übersteigen sollte. Die meisten Pilger nehmen aus verschiedenen Gründen zuviel Gepäck mit und schicken dann von unterwegs einen Teil des Gepäcks mit der Post wieder nach Hause.

▷ Nehmen Sie nur die allernötigste Kleidung mit!
▷ Waschen Sie Kleidung unterwegs!
▷ In Spanien gibt es alles. Nehmen Sie keine Vorräte mit!

☺ **Dies sollten Sie nicht vergessen**
▷ Schlafsack, der im Sommer sehr leicht sein kann;
▷ Isomatte, um ggf. in den Herbergen auf dem Boden zu schlafen;
▷ ein Paar leichte, gut eingelaufene Wanderschuhe, in denen man auch Regentage trockenen Fußes übersteht;
▷ leichtes Regencape;
▷ Pullover, auch im Sommer;
▷ leichte Jacke;
▷ eine lange Hose und im Sommer zwei kurze Hosen;
▷ Badelatschen zum Duschen;

- ▷ Badeanzug/Badehose im Sommer;
- ▷ Waschmittel für die Wäsche;
- ▷ Sicherheitsnadeln (statt Wäscheklammern), um die gewaschene Kleidung beim Wandern an den Rucksack zu hängen;
- ▷ Messer und Büchsenöffner;
- ▷ Wasserflasche;
- ▷ im Sommer Mütze und Sonnenschutzmittel;
- ▷ eine Umhängetasche, um das Nötigste zur Hand zu haben;
- ▷ ein Regenschirm (in Nordspanien regnet es oft, und wenn man bei Regen eine Stadt besichtigt, ist es angenehmer mit Schirm).

☺ **Weitere Tips**

- ▷ Informationsmaterial, Broschüren usw. kann man von unterwegs nach Hause schicken.
- ▷ Nehmen Sie lieber weniger Gepäck mit und kaufen unterwegs nach (z.B. T-Shirts).
- ▷ Schlafsack und Isomatte mitzunehmen, ist nur sinnvoll, wenn es auf dem Weg genügend Pilgerherbergen gibt, d.h. eigentlich nur in Asturien und auf dem Camino Francés. Wenn Sie in Pensionen, Hostals, Hotels und auch Jugendherbergen schlafen werden, brauchen Sie diese Gepäckstück nicht mitzunehmen.

Wanderstock

Ein guter Wanderstock sollte elastisch sein, am besten aus Haselnußholz. Er sollte 20 cm größer sein als sein Benutzer, weil so ein harmonisches Gleichgewicht erreicht wird. Ein solcher Stock dient als Stütze, öffnet die Atmung und kann gelegentlich vor Hunden schützen.

CD Diplomatische Vertretungen

... in Spanien: Botschaften

Ⓓ Calle Fortuny 8, 28010 Madrid, ☎ 915579000, FAX 913102104.

Ⓐ Paseo de la Castellana 91, 28046 Madrid, ☎ 915565315, FAX 915973579.

(CH) Calle Nuñez de Balboa 35-7º, Edificio Goya, 28001 Madrid, ☎ 914363960, FAX 914363980.

... in Spanien: Honorarkonsulate am Jakobsweg

Ⓓ Calle Fuenterrabía 15-3º, 20005 San Sebastián, ☏ 943421010, FAX 943335511.

♦ Calle San Vicente 8, Edificio Albia, 48001 Bilbao, ☏ 944238585, FAX 944243976.

♦ Avenida de Bilbao 37, 39600 Muriedas (Kantabrien), ☏/FAX 942250543.

Ⓐ Calle Club 8, 48930 Bilbao, ☏ 944640763, FAX 944637432

CH San Sebastián, ☏ 943455998 (nur Telefon).

Spanische Botschaft in...

Ⓓ Schöneberger Ufer 89-91, 10785 Berlin, ☏ 030/2540070, FAX 030/25799557.

Ⓐ Argentinierstr. 34, 1040 Wien, ☏ 01/5055788-89, FAX 505578825.

CH Kalcheggweg 24, 3006 Bern, ☏ 031/3520412-13, FAX 3515229.

Einkaufen

Spanien ist ein modernes Land, und es gibt alles zu kaufen. Es ist nicht nötig, Vorräte aus Deutschland mitzunehmen, weder Lebensmittel noch Filme für den Fotoapparat. Da ein Grundsatz einer guten Reisevorbereitung ist, so wenig Gepäck wie möglich mitzunehmen, lassen Sie bitte alles zu Hause, was Sie nicht sofort brauchen und später hinzukaufen können. Lebensmittelgeschäfte gibt es in fast jedem Ort. Es ist nicht nötig, für mehrere Tage im voraus einzukaufen. Je größer der Ort ist, desto größer sind auch die Lebensmittelgeschäfte, vom kleinen Tante-Emma-Laden über kleinere Selbstbedienungsgeschäfte bis hin zu großen Supermärkten in den Städten. Da die Übergänge fließend sind, gebe ich lediglich an, ob es in dem betreffenden Ort eine Einkaufsmöglichkeit gibt.

Erste Hilfe

Jeder Pilger sollte in der Lage sein, die einfachsten Probleme selbst zu lösen. Zur eigenen Reiseapotheke sollte normales Pflaster, spezielles Blasenpflaster, eine Nagelschere, Desinfektionsmittel, eine infektionshemmende Salbe und eine Binde gehören.

Das größte Problem ist, wie man Blasen vorbeugt und sie behandelt. Die wichtigsten Tips zur Vorbeugung sind: nur gut eingelaufene Schuhe tragen; Socken oder Strümpfe möglichst ohne Nähte tragen; Socken oder Strümpfe mit der Innenseite nach außen tragen, um den Druck der Nähte zu verringern; dünne Nylonsöckchen unter die normalen Socken oder Strümpfe ziehen.

Zur Behandlung von Blasen gibt es unterschiedliche Tips: man sollte die Blasen aufschneiden, desinfizieren und gut trocknen lassen, so daß sich so schnell wie möglich neue Haut bilden kann. Heutzutage gibt es neue und sehr wirkungsvolle Blasenpflaster (z. B. Compeed).

Apotheken gibt es in zahlreichen Orten. Auch Sonntagsdienste sind eingerichtet.

Essen und Trinken

Überall in Spanien kann man in zahlreichen Restaurants Mittagsmenüs (menú del día) bekommen, manchmal auch abends und seltener auch am Wochenende. Ein solches Menü kostet etwa Pta 1.000, etwa DM 12, und bietet zur Wahl verschiedene Vor-, Haupt- und Nachspeisen und meist auch ein Getränk.

Bei diesen günstigen Preisen sollte man sich gut überlegen, ob es billiger ist, einzukaufen und selbst Essen zu machen oder bequem und preiswert zu Mittag zu essen. Außerdem hat man so die Gelegenheit, regionale Spezialitäten zu probieren.

Die Essenszeiten in Spanien sind anders als in Deutschland: Zu Mittag ißt man zwischen 13:00 und 15:00 und zu Abend ab etwa 20:00.

Etappen

Obwohl es nicht sinnvoll ist, Etappenempfehlungen zu geben, weil jeder Wanderer ganz unterschiedliche Entfernungen zurücklegt, zwingt der Verlauf der Nebenstrecken doch zu einer solchen Einteilung:

In Asturien sind die Pilgerherbergen in Abständen von etwa 20 km angelegt, und in den anderen Regionen, wo es keine Pilgerherbergen gibt, handelt es sich bei den Etappenorten um Städte mit mehreren einfachen Unterkünften oder um Orte mit anderen Herbergen, die auch Pilger aufnehmen.

Geld

Der Wechselkurs der Pesete beträgt etwa Pta 100 = DM 1,175 oder äquivalent DM 1 = Pta 85. Normalerweise ist der Wechselkurs in Spanien günstiger, aber oft werden Gebühren verlangt, was den Kursvorteil ausgleicht. Bald gibt es keine Probleme mehr beim Umtausch, denn auch in Spanien wird der Euro 2002 eingeführt. Nehmen Sie nur so viel Bargeld mit, wie Sie brauchen! Am einfachsten ist es, eine ec-Karte mit dem Maestro-Symbol oder eine (teurere!) Kreditkarte zu benutzen, denn heutzutage haben alle Banken einen Geldautomaten, an dem Sie Geld abheben können, und jede kleine Stadt hat eine Bank. Stellen Sie während der Reise fest, bei welchen Automaten Ihnen keine oder geringe Gebühren berechnet werden! Reiseschecks mitzunehmen lohnt nicht, weil die Banken hohe Gebühren berechnen. Das Postsparbuch gibt es seit 1.1.1999 nicht mehr.

Information

Spanische Fremdenverkehrsämter in...

(D) Kurfürstendamm 180, 10707 Berlin, ☎ 030/8826543, FAX 030/8826661.

♦ Grafenberger Allee 100, 40237 Düsseldorf, ☎ 0211/6803980, FAX 0211/6803985.

♦ Myliusstraße 14, 60323 Frankfurt/Main, ☎ 069/725033, FAX 069/725313.

♦ Postfach 151940, 80051 München, ☎ 089/530158, FAX 089/5328680.

(A) Mahlerstraße 1, A - 1010 Wien 1, ☎ 01/5129580, FAX 01/5129581

(CH) Seefelder Straße 19, CH - 8008 Zürich, ☎ 01/2527930-31, FAX 01/2526204.

Jakobusvereine in...

(D) Deutsche St. Jakobus-Gesellschaft, Harscampstraße 20, 52062 Aachen.

♦ Sankt-Jakobusbruderschaft Düsseldorf, Rathausstraße 29, 42659 Solingen.

♦ Fränkische St. Jakobus-Gesellschaft, Keesburgstraße 1, 97074 Würzburg.

(A) St. Jakobusbruderschaft, Stangaustraße 7, 2392 Sulz im Wienerwald.

(CH) Die Freunde des Jakobsweges, Schützenstraße 19, 8702 Zollikon.

♦ Les amis du chemin de Saint-Jacques, rue de Cugy 53, 1052 Le Mont-sur-Lausanne.

Diese Gesellschaften geben uneigennützig Informationen und stellen Pilgerbeglaubigungen (Pilgerpässe) aus. Es ist erforderlich, bei Anfragen einen frankierten Rückumschlag beizulegen.

Pilgerinformation in Spanien

Es gibt zahlreiche Jakobusvereine; bei Anfragen sollte man sich aber besonders an die folgenden Adressen richten:

- **Oficina de Información del Camino de Santiago**, Travesía de Palacio 9, 26001 Logroño (Rioja), ☎ 941245674.
- **Oficina de Información del Camino de Santiago**, Monasterio de San Zoilo, 34120 Carrión de los Condes (Kastilien), ☎ 979880902.
- **Asociación Asturleonesa de Amigos del Camino de Santiago** (sehr effizienter und professioneller Jakobusverein), Calle San Pedro Mestallón 1-bajo, 33080 Oviedo (Asturien), ☎ 985228525 (19:00-21:00).

Klima und Reisezeit

Günstigste Reisezeit sind die Monate Mai bis September. An der Küste ist das Klima mild und man kann sie praktisch das ganze Jahr über bereisen, und selbst in der dunkelsten Jahreszeit geht die Sonne erst gegen halb sechs unter. Das Problem sind jedoch die Küstengebirge in Asturien, in denen von Dezember bis März mit Schnee gerechnet werden muß, so daß sich in dieser Zeit die Strecken von León nach Oviedo und von Oviedo nach Galicien eigentlich verbieten. In den Küstengebirgen im Baskenland und auf den Höhenzügen zwischen Oviedo und der asturischen Küste ist dagegen nur im Januar und Februar mit Schnee zu rechnen, und in den restlichen Gebieten ist Schnee eher eine Seltenheit.

Es gibt keine Klimabelastung. Die Temperaturen sind mild, denn die gesamte Nordküste, das sog. "grüne Spanien", liegt in der gemäßigten Klimazone, d.h. selbst im Hochsommer steigen die Temperaturen fast nie über 30° und selbst im tiefsten Winter sinken sie nur selten unter Null. Davon sind natürlich die Gebirge ausgenommen, und auch in der höher gelegenen baskischen Provinz Alava ist es im Winter etwas kälter.

Das klimatische Problem sind die Niederschläge, ehrlich gesagt: es regnet viel. Die Niederschläge verteilen sich gleichmäßig über das ganze Jahr, und pro Monat regnet es an der Nordküste durchschnittlich an etwa einem Dutzend

Tagen. Sie sollten sich also neben wasserdichten Wanderschuhen, Regencape und kleinem Regenschirm auch genügend Zeit mitbringen, um ggf. Ruhetage einzulegen und den stärksten Regen abzuwarten.

Landkarten und Wegmarkierungen

Es gibt keine Wanderkarten, die die Jakobswege übersichtlich darstellen. Beim Wandern muß man sich also nach den Markierungen am Weg richten sowie unsere Wegbeschreibungen berücksichtigen. Auch die im vorliegenden Outdoor-Handbuch veröffentlichten Karten können nur einen groben Überblick geben. Der Jakobsweg ist aber in der Regel gut markiert.

Es gibt gelbe Pfeile, die die spanischen Jakobusvereine auf Bäume, Steine, Hauswände usw. gemalt haben. Außerdem gibt es am Jakobsweg Schilder, die meistens die stilisierte Jakobsmuschel und seltener Pilger darstellen.

In der baskischen Provinz Alava kommen dazu metallene Markierungspfeiler und in Galicien und Asturien monolithische Wegsteine.

Sind die Markierungen am Weg nicht klar, weisen wir im Text besonders darauf hin. Der Jakobsweg wird jedoch von Jahr zu Jahr verändert und die Markierungen verbessert, so daß einige Hinweise schnell überholt sein können.

Einen Überblick über die in diesem Buch behandelte Region geben folgende Karten:

- Michelin, Karten 441 + 442, Maßstab 1:400.000.
- RV Karte: Spanische Atlantikküste, Maßstab 1:300.000.
- Freytag & Berndt, Spanien-Nord/Jakobsweg AK 0512, Maßstab 1:500.000.

Literaturtips

- **Bottineau, Yves**: *Der Weg der Jakobspilger.* Geschichte, Kunst und Kultur der Wallfahrt nach Santiago de Compostela, Bergisch-Gladbach: Lübbe 1987.
- **Coelho, Paolo**: *Auf dem Jakobsweg.* Tagebuch einer Pilgerreise nach Santiago de Compostela, Zürich: Diogenes 1999.
- **Domke, Helmut**: *Spaniens Norden.* Der Weg nach Santiago, München: Prestel Verlag 1987 (6. Auflage).

- ♦ **Hell, Vera und Helmut**: *Die große Wallfahrt des Mittelalters.* Kunst an den romanischen Pilgerstraßen durch Frankreich und Spanien nach Santiago de Compostela, Tübingen: Wasmuth 1985.
- ♦ **Herbers, Klaus**: *Der Jakobsweg.* Mit einem mittelalterlichen Pilgerführer unterwegs nach Santiago de Compostela, Tübingen: Narr 1995 (Übersetzung des mittelalterlichen Pilgerführers *Codex Calixtinus*).
- ♦ **Kasper, Michael**: Der Weg ist das Ziel OutdoorHandbuch Bd 23, *Spanien: Jakobsweg*, Conrad Stein Verlag (2001, 5. Aufl.), ISBN 3-89392-123-0.
- ♦ **Legler, Rolf**: *Sternenstraße und Pilgerweg.* Der Jakobskult von Santiago de Compostela - Wahrheit u. Fälschung, Bergisch-Gladbach: Lübbe 1999.
- ♦ **Müller, Peter**: *Wer aufbricht, kommt auch heim.* Vom Unterwegssein auf dem Jakobsweg. Ein spiritueller Begleiter, Eschbach: Verlag am Eschbach 1993 (zur spirituellen und religiösen Dimension des Weges).
- ♦ **Ohler, Norbert**: *Pilgerstab und Jakobsmuschel.* Wallfahren in Mittelalter und Neuzeit, Düsseldorf und Zürich: Artemis & Winkler 2000.
- ♦ **Treiber, Benno**: Kunstkalender in handgemachtem Siebdruck für das Jahr 2001 (Hauptweg). 13 mehrfarbige Serigraphien limitierter Auflage in den Blattformaten 50 x 70 cm (DM 120) und 25 x 35 cm (DM 48). Texte und Anregungen von Michael Kasper. Bestellung und Informationen bei: Benno Treiber, Galerie Casa del Pájaro, Altea, Spanien, ☎ 965842304, auch im Internet unter <www.atelier-prisma.de> Auch für die nächsten Jahre sind neue Kalender geplant.

☺ Verlag und Versandbuchhandel Manfred Zentgraf "Der Spezialist für den Jakobspilger", In den Böden 38, 97332 Volkach/Main, ☎ 09381/4492, FAX 09381/6260 (vollständige Literaturliste erhältlich).

> Ein weiterer Jakobsweg, der allmählich an Beliebtheit zunimmt, aber noch weitgehend unberührt ist, führt entlang der alten römischen **Silberstraße (Ruta de la Plata)** von Sevilla nach Astorga, um dort auf den Camino Francés zu stoßen. Neben der Ursprünglichkeit dieser Route ist der kulturgeschichtliche Aspekt von größter Bedeutung, denn der Weg führt über die historisch bedeutsamen Orte Mérida, Cáceres und Salamanca. Der Conrad Stein Verlag plant die Veröffentlichung eines OutdoorHandbuchs in der Reihe "Der Weg ist das Ziel" unter dem Titel "Jakobsweg - Der Silberweg von Sevilla nach Santiago".

Medizinische Versorgung

Für Krankheitsfälle in Spanien kommen die deutschen Krankenkassen auf. Erkundigen Sie sich vor der Reise bei Ihrer Krankenkasse über den Umfang des Versicherungsschutzes und die Vorgehensweise im Krankheitsfall!

Die privaten Krankenkassen erstatten auch die Behandlungskosten für Privatärzte und Privatkliniken, aber man muß zunächst Vorkasse leisten. Das staatliche Gesundheitswesen funktioniert jedoch heute in Spanien in der Regel recht gut, wenn man auch oft lange Wartezeiten in Kauf nehmen muß.

Anstatt sich an einen Arzt zu wenden, geht man in Spanien zum Gesundheitszentrum (centro de salud oder centro médico), wo man den Auslandskrankenschein der deutschen Krankenkasse vorlegt. Dort bekommt man einen spanischen Krankenschein und wird zum allgemeinen Arzt geschickt, der einen dann ggf. zum Facharzt überweist.

Gesundheitszentren gibt es in allen größeren Städten. In allen bewohnten Ortschaften gibt es heutzutage ärztliche Versorgung, aber die Sprechstunden sind zeitlich sehr eingeschränkt. Sollten Sie dringend einen Arzt brauchen, fragen Sie nach dem consultorio médico; vielleicht haben Sie ja Glück und die Praxis ist besetzt. In Notfällen kann man sich immer an Krankenhäuser (hospital) an die Abteilung urgencias wenden, die es aber nur in Großstädten gibt. Bei einfacherer medizinischer Betreuung helfen das Rote Kreuz oder die ähnlich funktionierende Organisation DYA kostenlos weiter. Gesundheitszentren, Krankenhäuser, Rotes Kreuz und DYA sind in unserer Streckenbeschreibung allgemein mit ⊞ angegeben.

Notruf

Telefonnummer für Polizei, Feuerwehr und Notarzt bzw. Krankenwagen: ☎ 112.

Post

Jedes größere Dorf hat eine Poststelle. Der Postweg in Spanien ist erheblich besser als früher, aber mit etwa drei bis fünf Tagen muß man für die Zustellung rechnen. Eilbriefe (urgente) und Einschreiben (certificado) sind nicht sehr teuer. Man kann sich Briefe postlagernd (lista de correos) zuschicken lassen. Postkarten und Briefe werden mit Pta 75 frankiert.

Radfahrer

Radler, die den Jakobsweg nur auf Landstraßen zurücklegen, werden den Zauber des Weges kaum genießen können. Der größte Teil des Wanderweges ist jedoch mit geländegängigen Fahrrädern (Mountainbike o.ä.) machbar, wenn auch mit der Einschränkung, daß man gelegentlich absteigen und schieben muß. Die Beschreibungen in diesem Buch dienen darum sowohl Radfahrern als auch Wanderern.

Unwegsame Strecken sind in der Wegbeschreibung am Anfang jedes Abschnitts genannt. Probleme bereiten insbesondere die asturischen Berge, und selbst für geübte Mountain-Biker ist der größte Teil des Aufstiegs von León bis zur Grenze zu Asturien nicht befahrbar, so daß man zum größten Teil auf der Nationalstraße bleiben muß. Auch auf dem Weg von Oviedo nach Galicien gibt es viele Strecken, die umfahren oder geschoben werden müssen.

Radfahrer haben natürlich Satteltaschen dabei. Die Reduzierung des Gepäcks ist höchstes Gebot, denn wenn man mit vollbepackten Satteltaschen fährt, dann wird das Rad schwer kontrollierbar. Da das Rad außerdem auf den gesamten Nebenstrecken in Nordspanien des öfteren über Weidezäune gehoben werden muß, ist ebenfalls davon abzuraten, zu großes Gewicht zu transportieren. Wer es verträgt, sollte darum einen Teil des Gepäcks in einem kleinen Rucksack auf dem Rücken transportieren. Achten Sie gelegentlich darauf, daß sich die Schrauben des Gepäckträgers nicht lösen!

> Nehmen Sie folgende Grundausstattung an Werkzeug und Ersatzteilen mit: Flickzeug, Schraubenschlüssel, Schraubenzieher, Zange, Imbusschlüssel, Speichenspanner, Ersatzspeichen, Nietenzieher (für "Erste Hilfe" beim Kettenriß), Ersatzschlauch, Öl.
>
> Sie brauchen keinen Ersatzmantel; den können Sie bei Bedarf in Spanien kaufen. Unter den Ortschaften sind Fahrradwerkstätten mit dem Symbol angegeben.

Die An- und Abreise gestaltet sich für Radfahrer schwieriger, weil man in den meisten spanischen und französischen Zügen keine Fahrräder mitführen darf; sie müssen also aufgegeben werden.

Schließlich ist darauf hinzuweisen, daß Fußpilger in den Pilgerherbergen Vorrang haben und Radfahrer notfalls auf dem Boden schlafen. Vergessen Sie darum eine Isomatte nicht, die jedoch nicht sperrig sein sollte, denn sonst bekommen Sie Probleme mit der üppigen Vegetation in Asturien.

Sprache

Leider trifft man heutzutage auf dem spanischen Jakobsweg immer noch viele ausländische Pilger, die zwar freundlich lächeln, aber kein Wort des Grußes hervorbringen, weil sie diese nicht gelernt haben. So entsteht bei den Spaniern der Eindruck, daß die Ausländer nicht gerne grüßen und unfreundlich seien. Dabei ist es so einfach, zur Begrüßung ein kurze Hola ("Hallo", olá ausgesprochen) und zum Abschied ein ebenso kurzes Adiós ("Ade") zu sagen, oder etwas komplizierter den vertraulichen Pilgergruß Buen Camino ("Guten Weg", Jakobsweg natürlich).

☏ Telefon

In allen Dörfern gibt es ein öffentliches Telefon (teléfono público); in kleinen Dörfern befindet es sich normalerweise in einer Privatwohnung, ist aber für jeden benutzbar. Auch aus Restaurants und anderen Lokalen (bar) kann man telefonieren. Von Spanien nach Deutschland, Österreich und der Schweiz wählt man die internationale Vorwahl 0049 für D, 0043 für A oder 0041 für CH und im Anschluß daran die nationale Vorwahl ohne die 0. Von D, A, CH nach Spanien wählt man direkt 0034 und die komplette innerspanische Nummer, die immer neun Ziffern hat. Ihr Handy können Sie überall in der Nähe der Städte benutzen, es sei denn, Sie haben ein Funkloch erwischt.

Bei innerspanischen Gesprächen wählen Sie immer neun Ziffern! 1998 wurde das spanische Vorwahl-System umgestellt. Seitdem muß die Provinzvorwahl auch bei Gesprächen innerhalb der Provinz und sogar innerhalb derselben Ortschaft mitgewählt werden. Die Handy-Nummern wurden ebenfalls verändert und beginnen jetzt mit 6 statt wie vorher mit 9.

Für Auslandsgespräche gilt ein ermäßigter Tarif von 22:00 bis 8:00 und am Sonntag durchgehend. Für Ortsgespräche müssen Sie Pta 20 in den Münzfernsprecher einwerfen, für innerspanische Gespräche mindestens Pta 50 und für Auslandsgespräche mindestens Pta 200. Es gibt auch Telefonkarten, die man in allen Tabakläden (estanco) kaufen kann, wo es auch Briefmarken gibt.

Unterkunft

Im Baskenland und Kantabrien gibt es keine Pilgerherbergen, wie man sie vom Hauptweg, dem Camino Francés her kennt. Nur in Asturien ist inzwischen ein Netz kleiner Pilgerherbergen angelegt worden, die alle kostenlos sind; sie sind im Buch mit gekennzeichnet. Wo es keine Pilgerherbergen gibt, werden im vorliegenden OutdoorHandbuch andere Unterkünfte angegeben. Dabei kann es sich um andere Herbergen (Jugendherbergen, Klosterherbergen, Herbergen für Wanderer, Notunterkünfte) handeln, die ebenfalls mit versehen werden, oder es sind einfache Hotels, zumeist aber die preislich günstigeren Hostals (Hotels ohne Gaststätte) und Pensionen, die mit angegeben sind und die pro Nacht und Person nicht mehr als Pta 3.500 kosten, also etwa DM 40.

Pilgerherbergen

Das Thema der Pilgerherbergen stellt im OutdoorHandbuch "Jakobsweg" ein umfangreiches Kapitel dar. Im vorliegenden Buch ist das nicht der Fall, weil es sie nur in Asturien gibt und sie dort einheitlich geführt werden: Die Übernachtung ist kostenlos und sie sind ständig geöffnet. Voraussetzung für die Aufnahme in eine Pilgerherberge ist jedoch, daß man einen Pilgerpaß hat. Man darf nur eine Nacht bleiben, und es gibt keine Reservierung, sondern die Plätze werden bei Ankunft der Pilger vergeben. Bei der Besetzung der Liegen haben Fußpilger Vorrang vor Radfahrern und Reitern, und erst ganz zum Schluß werden Personen von Begleitfahrzeugen aufgenommen.

Im Heiligen Jahr 2004 sowie immer in den Sommermonaten bedeutet das ganz klar, daß meist nur Fußpilger ein Bett bekommen und die anderen Pilger auf dem Boden auf den mitgeführten Isomatten schlafen müssen. Überhaupt kann es während des Heiligen Jahres im Sommer in Asturien zur Überfüllung der Pilgerherbergen kommen, aber es ist damit zu rechnen, daß die Rathäuser dann Alternativunterkünfte bereitstellen, z.B. Sporthallen und Schulen.

Camping

Ich habe Campingplätze nicht berücksichtigt, weil Pilgerherbergen die typische Unterkunft für Jakobspilger sind. Campingplätze gibt es aber überall in Spanien, besonders an der Nordküste. Wildes Zelten ist dagegen verboten.

Wasser

Eine Einliterflasche sollte auch im Hochsommer ausreichen, denn sie kann in jeder Ortschaft an Brunnen und Gasthäusern nachgefüllt werden, und auch die Anwohner in den Dörfern helfen im Notfall gerne.

Baskenland

Die Nebenstrecken des Jakobsweges in Nordspanien geben einen guten Eindruck von der kulturellen Vielfalt dieses Teiles der Iberischen Halbinsel. Mehr noch als im Falle Galiciens, Asturiens oder Kantabriens muß aber dem Baskenland eine Sonderstellung eingeräumt werden, die weniger in der historischen Entwicklung begründet ist, als in der zeitgenössischen Politik und besonders in seiner außergewöhnlichen Sprache, der ältesten Europas. Da außerdem zwei der vier Nebenstrecken, die in diesem OutdoorHandbuch beschrieben sind, das Baskenland vollständig durchziehen, eine von Norden nach Süden und die andere von Osten nach Westen, ist es gerechtfertigt, das Baskenland gesondert vorzustellen.

Noch ein weiterer Grund spricht dafür: Da über das Baskenland zumeist negative Meldungen in die internationalen Schlagzeilen kommen, soll kurz die politische Situation erklärt werden und insbesondere klargemacht werden, daß das Baskenland sehr friedlich ist, eine im europäischen Vergleich äußerst geringe Kriminalität aufweist und somit völlig unbesorgt bereist werden kann.

Das Baskenland hing historisch immer von anderen Reichen ab, so im Hochmittelalter von Navarra, dessen nördlicher und mittlerer Teil andererseits ebenfalls zum Stammland der Basken gehört, das die Basken selbst "Euskal Herria" nennen. Im Spätmittelalter konsolidierten sich dann die umliegenden dominierenden Reiche, so daß die nördlich der Pyrenäen gelegenen baskischen Territorien immer stärker in Frankreich integriert wurden und die südlich der Berge gelegenen Gebiete in Kastilien bzw. später Spanien. Trotzdem konnten die baskischen Territorien jahrhundertelang innerhalb dieser Reiche ihre Sonderstellung beibehalten, die ihnen erst im Zuge der Zentralisierung Frankreichs und Spaniens vom Ende des 18. bis Mitte des 19. Jh. größtenteils entzogen wurde.

Als Reaktion auf den Verlust der baskischen Sonderrechte entwickelte sich Ende des 19. Jh. die Ideologie des baskischen Nationalismus, die im 20. Jh. die baskische Politik weitgehend dominiert. Nach dem Tod des Diktators Franco erhielt das Baskenland im Jahr 1979 ein Autonomiestatut, das den Basken weitgehende Selbstregierung innerhalb des spanischen Staates einräumt.

Den baskischen nationalistischen Parteien, die die Mehrheit im baskischen Landesparlament stellen, ist das jedoch nicht genug und sie fordern die Aufnahme des Selbstbestimmungsrechts in die spanische Verfassung, was auch die Möglichkeit der Unabhängigkeit nicht ausschließt; diese wird jedoch andererseits nicht von allen baskischen Nationalisten angestrebt.

Die Mehrheit der baskischen Nationalisten ist politisch konservativ und lehnt Gewalt als Mittel zur Erlangung politischer Ziele ab. Eine Minderheit, deren bekanntester Vertreter die **ETA** ist, versucht jedoch seit dreißig Jahren, die Loslösung von Spanien mit Gewalt zu erreichen. So ist oft das einzige, was man in anderen Ländern über das Baskenland erfährt, die Nachricht von neuen Morden der ETA. Abgesehen von der eher sporadisch auftretenden politisch motivierten Gewalt ist das Baskenland jedoch äußerst friedlich und gehört zu den spanischen Regionen mit der geringsten Kriminalitätsrate. Diebstähle sind in ländlichen Gebieten praktisch unbekannt und selbst in den Großstädten kann man auch in tiefster Nacht unbesorgt spazierengehen.

Die baskische Sprache wurde zwar im Laufe der Jahrhunderte immer weiter zurückgedrängt, überlebte aber und erfreut sich heute einer neuen Blüte. Obwohl die Stadtbevölkerung oft die spanische Sprache vorzieht und viele Einwanderer diese schwierige Sprache nicht erlernen, ist sie nicht mehr vom Aussterben bedroht. In den ländlichen Gebieten des französischen Baskenlandes, im Nordwesten Navarras, in ganz Gipuzkoa, in ganz Bizkaia mit Ausnahme der

Industriegebiete und des Westens sowie in einigen wenigen Orten im Norden Alavas kann man heute die baskische Sprache hören, die die Basken "Euskera" nennen. Es ist die älteste Sprache Europas, eine vor-indoeuropäische Sprache, die wahrscheinlich der letzte Rest der Sprachen ist, die vor Jahrtausenden die ersten Europäer sprachen.

Die heutige autonome baskische Region heißt offiziell auf baskisch "Euskadi" und auf spanisch "País Vasco" und besteht aus drei Provinzen: Gipuzkoa, Bizkaia und Alava. Sowohl in den Provinzregierungen als auch in den Rathäusern hat man darüber entschieden, ob die Ortsbezeichnungen baskisch oder spanisch sein sollen. In Gipuzkoa (spanisch Guipúzcoa) und Bizkaia (spanisch Vizcaya) dominieren heute die baskischen Ortsnamen, während sie in Alava (baskisch Araba) zumeist spanisch sind. In unserem OutdoorHandbuch werden die offiziellen Namen verwendet; da die Namen sich meist nur orthographisch, nicht aber phonetisch unterscheiden, sind Verwechslungen kaum möglich, und wo die Namen tatsächlich anders lauten, werden vorsichtshalber beide Formen angegeben.

Zwei Hauptstädte haben heute offiziell Doppelnamen, "Vitoria-Gasteiz" auf spanisch-baskisch und "Donostia-San Sebastián" auf baskisch-spanisch, während Bilbao den spanischen Namen beibehalten hat und der baskische Name "Bilbo" nicht offiziell ist. Zur Verwirrung kann noch beitragen, daß auf Hinweisschildern die spanischen Namen oft ausgestrichen sind. Seien Sie also vorbereitet!

Das Baskenland ist zweisprachig, und auch in den Gebieten, in denen vornehmlich Baskisch gesprochen wird, beherrscht jeder die spanische Sprache, so daß Sie, sofern Sie etwas Spanisch können, keine Sprachprobleme haben werden. Da viele Hinweisschilder jedoch rein baskisch sind, werden hier die wichtigsten Wörter vorgestellt, die die Orientierung erleichtern sollen:

Baskisch	**Spanisch**	**Deutsch**
aterpea	albergue, refugio	Herberge
autobusa	autobús	Autobus
auzoa	barrio	Ortsteil

bidea	camino	Weg
enparantza	plaza	Platz
auch: plaza		
eliza	iglesia	Kirche
erdia	centro	Zentrum
etxea	casa	Haus
faroa	faro	Leuchtturm
frontoia	frontón	Halle für das baskische Ballspiel
geltokia	parada, estación	Haltestelle
gazte egoitza	albergue juvenil	Jugendherberge
Gurutze Gorria	Cruz Roja	Rotes Kreuz
herria	pueblo	Dorf
hiria	ciudad, villa	Stadt
hondartza	playa	Strand
iturria	fuente	Brunnen, Quelle
jatetxea	restaurante	Restaurant
kaia	puerto	Hafen
kalea	calle	Straße
Kale Nagusia	Calle Mayor	Hauptstraße
mendia	monte	Berg
osasundegia	Centro de Salud	Gesundheitszentrum
auch: osasun etxea		
ospitalea	hospital	Krankenhaus
polikiroldegia	polideportivo	Sporthalle
Santiagoko Bidea	Camino de Santiago	Jakobsweg
auch: Donejakue Bidea		
taberna	bar	Kneipe
trena	tren	Eisenbahn

Pilgerbrunnen in Cóbreces S. 118

Der Weg durch den Tunnel von San Adrián

Hendaye - Santo Domingo de la Calzada, ca. 200 km

Übernachten Sie nicht in Hendaye, sondern im 2 km entfernten Irun, weil es dort erheblich billiger ist. Es lohnt sich auch, einen Umweg von Hendaye auf den im nächsten Kapitel beschriebenen Küstenweg in die 5 km entfernte, bezaubernde kleine Stadt Hondarribia zu machen, dort zu übernachten und dann wieder nach Irun zurückzukehren.

Die erste Etappe von Irun nach Hernani ist landschaftlich schön, aber der Weg von Hernani durch das dicht besiedelte und insbesondere stark industrialisierte Tal des Flusses Oria wird sicher nicht von allen Pilgern als Vergnügen betrachtet, so daß hier – auf die Gefahr hin, des Frevels bezichtigt zu werden – folgender Vorschlag erlaubt sei: Folgen Sie besser dem Küstenweg von Hondarribia nach San Sebastián, dessen Besuch sich unbedingt lohnt, denn es ist eine der schönsten Städte Europas! Fahren Sie dann mit dem Zug über Tolosa und Ordizia nach Beasain und beginnen Sie erst dort die Wanderung! Besser fahren Sie sogar noch eine Station weiter bis Ormaiztegi, denn bei den ersten Kilometern ab Beasain handelt es sich um den unangenehmsten Streckenabschnitt überhaupt. Von Ormaiztegi können Sie auf einem schönen Waldweg ohne Industrie und Schnellstraßen 5 km nach Segura gehen. Der Weg beginnt genau gegenüber der Dorfkirche und ist rot-weiß markiert. Es handelt sich um den letzten Abschnitt des Wanderweges, der im Anschluß vorgestellt wird.

Der Weg der Transhumanz (des Weidewechsels) ist eine wunderschöne Alternative zum Oria-Tal. Er verläuft abseits von Städten, Industrien und Schnellstraßen durch die Berge westlich des Oria-Tales. Dabei handelt es sich um etwas mehr als 60 km schöner, teilweise aber anstrengender Bergwanderung von San Sebastián bis Segura, wo der Jakobsweg erreicht wird. Das Problem sind auf dieser Strecke die äußerst spärlichen Unterkünfte, so daß der Weg nur unternommen werden kann, wenn vorher telefonisch reserviert wird. Aus Platzgründen und da es sich nicht um einen Jakobsweg, sondern um eine Bergwanderung handelt, wird der Weg nicht hier beschrieben, sondern kann auf der Internet-Homepage des Conrad Stein Verlags unter den Updates dieses Nebenrouten-Führers abgefragt werden unter: <http://outdoor.tng.de>

Der Weg durch das Landesinnere ist ausgezeichnet mit gelben Pfeilen markiert. In der Provinz Alava kommen dazu etwa 1 m hohe metallene Markierungspfeiler des Jakobsweges.

Für Radfahrer ist fast alles gut zu befahren. Probleme wird es lediglich bei der Überquerung des Aitzgorri-Massivs zwischen Gipuzkoa und Alava geben, aber die Durchquerung des San-Adrian-Tunnels ist derart spektakulär, daß man beim Aufstieg gerne ein paar Kilometer schieben sollte.

Auf dem gesamten Weg gibt es keine Pilgerherbergen, aber zumeist andere Herbergen, die auch Pilger aufnehmen. In Irun und Haro gibt es keine Herbergen, aber zahlreiche Pensionen, so daß es keine Probleme geben wird, etwas Passendes zu finden.

Problematisch sind jedoch die Etappenorte Hernani und La Puebla de Arganzón, wo es jeweils nur eine günstige Unterkunft gibt, so daß unbedingt vorher reserviert werden sollte.

Hendaye - Irun (2 km)

Vom Bahnhof geht man in Fahrtrichtung des Zuges den Boulevard General de Gaulle entlang. Nach 200 m gelangt man an eine Straßengabelung, hier geht man jedoch nicht halbrechts Richtung Grenze (frontiere), sondern halblinks.

Nach 300 m überquert man den Grenzfluß Bidasoa über die Santiago-Brücke und betritt Spanien. Nach 500 m geradeaus kommt man am Nationalstraßen-Zubringer vorbei, auf dem die Pilger, die sich für den Küstenweg entschieden haben, halbrechts nach Hondarribia weitergehen; der Weg ins Landesinnere führt jedoch geradeaus weiter, zunächst ins Zentrum der modernen und kaum sehenswerten Stadt Irun, das man nach 700 m bei der ersten großen Kreuzung erreicht.

Man überquert die Hauptstraße und geht gegenüber in die schmale Calle Pikoketa, nach 200 m biegt man links in die Calle Mayor und erreicht nach 150 m die Plaza San Juan (2 km), wo das Rathaus steht.

Irun + 5 m, 53.600 Ew.

Barrio de Behobia, ☏ 943622627; ganzjährig.

Pension Bidasoa, Calle Estación 14, ☏ 943619913.

♦ Pension Los Fronterizos, Calle Estación 7, ☏ 943619205.

♦ Pension Bowling, Calle Mourlane Michelena 2-3º, ☏ 943611452.

♦ Pension Maricarmen, Calle Serapio Múgica 33-1º, ☏ 943612379.

♦ Hostal Lizaso, Calle Aduana 5, ☏ 943611600.

♦ Pension Europa, Avenida Iparralde 59, direkt an der Grenze, an der Landstraße, ☏ 943622144 (wegen der günstigen Lage etwas teurer: je nach Saison EZ Ptas. 3.500 bis 6.500 und DZ Ptas. 6.000 bis 9.500).

Irun - Hernani (25,4 km)

Von der Calle Mayor kommend biegt man an der Plaza San Juan rechts in die Calle Prudencio Arbide. Nach 500 m geht es über einen Kreisverkehr geradeaus hinweg. Nach weiteren 300 m ist der Stadtrand erreicht, und man geht unter der Autobahn hindurch. 3,7 km geht es auf der Landstraße GI-3452 geradeaus. 400 m nach dem Schild, das "3 km" anzeigt, wird sie halblinks auf eine Betonpiste verlassen, auf der es 2,3 km immer geradeaus geht, die Hälfte bergauf und die andere Hälfte bergab, bis man wieder zu einer Landstraße kommt, (6,8 km).

Nach links geht man auf der GI-2134 fast 2 km bis zum Ortsanfang von Oiartzun, bleibt noch 300 m auf der Landstraße und geht dann vor der Bibliothek (einschließlich Tourist-Info) links in die Calle San Juan. Nach 100 m ist man auf dem hübschen Rathausplatz (9,1 km).

Oiartzun + 81 m, 8.400 Ew.

Im Gebäude der Bibliothek, ☏ 943494521; ganzjährig.

Am Platz geht man rechts, aber nach 10 m sofort wieder links in die Avenida de Manuel Lekuona bergab. Nach 200 m geht man geradeaus über einen Kreisverkehr und nach weiteren 150 m bei einer Straßengabelung halblinks in eine kleine Landstraße. Nach 300 m führt diese Straße in einem alten Ortsteil nach links und nach weiteren 100 m stößt man auf eine Landstraße.

Hier geht man links, aber nach 30 m wieder rechts in eine Straße, die den Ortsteil Iturriotz durchquert. Am Ortsende gibt es nach 400 m eine Straßengabelung, wo man halbrechts auf eine Betonpiste geht. Nach 300 m macht diese einen leichten Linksbogen; hier geht man geradeaus auf einen Betonweg zum Bauernhof "Estrataburu" (10,8 km), wie ein Schild am Haus anzeigt.

Es geht auf der rechten Seite dieses Hauses vorbei auf einen Feldweg. 250 m führt der Weg bergab, dann überquert er eine hübsche kleine Bachbrücke, und auf der anderen Seite geht es wieder hinauf. Nach 50 m geht man an einer Weggabelung rechts, und nach weiteren 100 m geht es oben bei der Wegkreuzung links, aber nach nur 50 m wieder rechts. Nach weiteren 50 m beginnt an einem Bauernhof eine Betonpiste, der man nach links folgt.

200 m geht es leicht bergauf und an einer Kreuzung scharf links auf einen breiten Waldweg. Nach 70 m stößt man auf eine Betonpiste und geht halblinks bergauf. Nach etwa 300 m gibt es eine Wegkreuzung, und es geht halbrechts auf einen Feldweg an einem Zaun entlang 600 m bergab bis zu einem Bauernhof.

Hier geht es scharf links auf eine Piste, die nach 100 m in eine breitere Schotterpiste übergeht. Nach 70 m wird eine Betonpiste überquert, und gegenüber geht es auf einem Feldweg weiter. Nach 200 m Steigung kommt man an einem verlassenen Bauernhaus vorbei und geht dann scharf rechts auf eine Betonpiste zunächst 100 m bergauf und dann 50 m bergab, bevor man wieder scharf links in eine andere Betonpiste einbiegt.

Nach 800 m Steigung macht die Piste oben auf der Höhe eine Rechtskurve; der Jakobsweg führt aber geradeaus auf einen Waldweg. Nach 350 m kommt man im Wald zu einer doppelten Wegkreuzung: Über die erste geht man noch geradeaus hinweg bis zu einem hölzernen Unterstand und dort auf einen breiten Weg nach links. Nach 900 m, nachdem man links an einem freien Feld vorbeigekommen ist, gibt es an einem Hochspannungsmast eine Weggabelung, wo es halbrechts bergab durch den Wald geht. 600 m geht es teils in Serpentinen bergab und im Tal auf eine Piste nach rechts.

Nach 200 m wird ein Bach überquert, und gegenüber geht es auf einer Schotterpiste bergauf, die aber nach 50 m nach einer Rechtskurve unwegsamer wird. 300 m geht es bergauf und oben bei einem Bauernhof wird die Piste wieder breit.

Nach 250 m führt sie an einem Restaurant vorbei und nach weiteren 100 m mündet sie auf eine Straße (16,7 km). Es geht nach rechts und nach 50 m wieder links, wo sich auf dem Boden eine Ochsenrennbahn aus Kopfsteinpflaster befindet.

Es handelt sich um einen der traditionellen ländlichen Wettkämpfe des Baskenlandes. Ein Ochse muß in einer bestimmten Zeit einen schweren Stein mehrmals auf diesem schwierigen Pflaster hin- und herziehen, wobei er vom Bauern angetrieben wird. Auf der hier befindlichen Bahn wird geübt; die Wettkämpfe finden dann in Ortschaften statt, wo die Bahnen oft sogar Zuschauertribünen haben.

Von diesem Platz gehen verschiedene Wege ab; der Jakobsweg führt scharf links eine Betonpiste hinauf. Nach 150 m geht es als Feldweg weiter am Zaun entlang, bis dieser nach 300 m in eine Piste mündet, auf der es nach rechts geht. Nach 150 m kommt nach einem Bauernhof eine Wegkreuzung, wo es rechts auf eine Schotterpiste geht. Nach 250 m geht es dann halblinks auf eine Betonpiste bergauf, die nach 50 m nur noch als Feldweg weiterführt. Nach 750 m kommt man zur Einmündung in eine Betonpiste und geht in der gleichen Richtung geradeaus weiter.

Nach 100 m gibt es eine doppelte Wegkreuzung: Zuerst geht es halblinks und dann über eine andere Betonpiste hinweg wieder halblinks auf einen Feldweg. Nach 500 m verläßt man diesen breiten Feldweg und geht halbrechts auf einen weniger deutlich erkennbaren Weg; die Wegmarkierungen befinden sich hier auf den Steinen am Boden. Nach 250 m kommt man auf der Höhe zur Santiago-Kapelle (19,3 km), von der aus sich ein schöner Blick auf die Küste und auf die Stadt San Sebastian bietet.

Vom Eingang der Kapelle geht es auf einem Asphaltweg bergab. Nach 200 m biegt man in den zweiten Asphaltweg links ein. Nach weiteren

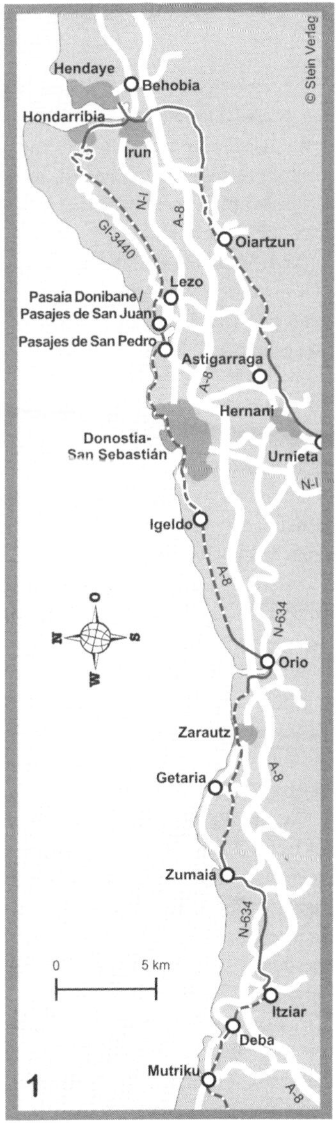

200 m durchquert man eine Häusergruppe und geht geradeaus auf einen Feldweg. Nach 100 m gibt es eine Weggabelung, an der man halbrechts geht. 200 m geht es geradeaus über die Felder und weiter geradeaus auf einem breiten, aber steinigen Feldweg 700 m bergab, bis er in einen Asphaltweg mündet. Es geht nach links bis zu einem Bauernhof und hinter diesem scharf rechts auf eine Piste, immer weiter bergab.

Nach 50 m geht es als Feldweg weiter 500 m hinab genau auf das im Tal gelegene Industriegebiet Ergobia zu. Dann stößt der Feldweg auf eine Straße, es geht rechts und nach 200 m links weiter hinab zur Landstraße, auf der es wieder nach links geht.

Auf dem Fußweg links neben der GI-131 geht man 400 m; dann entfernt er sich von der Landstraße und stößt nach weiteren 200 m auf eine Straße, auf der es nach links geht. 750 m führt diese Straße durch das Gewerbegebiet, bis es nicht mehr weitergeht. Man folgt nun jedoch nicht der letzten Kurve nach links, sondern geht geradeaus bis zum Ende des Asphalts und dann rechts über eine kleine Brücke in einen alten Ortsteil.

Sofort hinter der Brücke geht man wieder links und dann rechts auf die Straße, die nach 250 m der GI-131 nahekommt, um sich aber dann wieder von ihr zu entfernen.

Nach 1,1 km wird am Stadtrand von Hernani eine Landstraße überquert und es geht geradezu weiter in den Ort. Nach 250 m führt die Straße nach rechts; der Jakobsweg führt aber geradeaus in eine Vorortstraße mit Hochhäusern rechter- und einer Wiese linkerhand. Nach 200 m unterquert man durch einen schmalen Fußgängertunnel die Bahntrasse.

Auf der anderen Seite geht man nach links 50 m und vor dem kleinen Bahnhof rechts 200 m Treppen hoch. Die Atzieta Kalea (spanisch calle) wird überquert, und durch einen Torbogen betritt man die Altstadt durch die Gasse Sagarna Felipe Karkaba. Nach 100 m geht man in die zweite Straße nach links, die Kale Nagusia und erreicht nach 100 m den zentralen Platz Hildako Gudarien Emparantza (25,4 km).

Hernani ⇧ 41 m, 18.500 Ew.

Die Unterkunfts-Lage hat sich in den letzten Jahren in Hernani erheblich verschlechtert: Es gibt nur noch eine preisgünstige Pension.

Pension Zinkoenea, Kale Nagusia 57, ☎ 943552080 + ☎ 670390897.

⌘ **Freilichtmuseum Chillida-Leku**: Der aus San Sebastián stammende Eduardo Chillida ist einer der bedeutendsten Bildhauer der Welt; eine monumentale Skulptur schmückt unter anderem auch den Hof des Bundeskanzleramtes in Berlin. Ende 2000 erfüllte er sich einen langgehegten Traum und eröffnete ein Freilichtmuseum auf dem malerischen Landsitz Zabalaga bei Hernani (S. 17)

♦ Chillida-Leku, 2 km nördlich von Hernani; mit dem Bus G-2 vom Zentrum von Hernani Richtung San Sebastián zu erreichen. ☏ 943336006, So 11:00–16:00, Mo, Mi-Sa vom 1.4.-15.10. von 11:00-18:00, vom 16.10. - 31.3 von 11:00-16:00, Di geschlossen. Eintritt Pta 900.

Hernani - Tolosa-Herberge (19,5 km)

Durch den Torbogen im Rathaus verläßt man die Altstadt von Hernani und geht in die Lizeaga Kalea. Nach 250 m geht man vor einem kleinen Park halblinks die Stufen hinauf. Nach 100 m überquert man eine Straße und geht geradeaus in eine andere kleine Straße, die 50 m bergauf und dann 100 m bergab führt. Die Straße wird zur Piste und führt weiter 300 m bergab, bis ein Bach überquert wird; dahinter geht es sogleich scharf links auf eine andere Piste.

Nach 100 m wird die Bahntrasse unterquert, und nach weiteren 50 m geht es auf einer Piste rechts am Bach entlang. Nach 100 m überquert die Piste wieder den Bach und führt dann links die Bahntrasse entlang. Nach 800 m mündet die Piste bei einer Häusergruppe in eine kleine Straße, und es geht in der gleichen Richtung weiter. Nach 700 m stößt diese Straße am Bahnhof von Urnieta auf die Landstraße GI-3721 (2,7 km).

Urnieta + 53 m, 4.400 Ew.

Auf der Landstraße geht es 350 m an den Gleisen entlang, dann rechts über die Bahnbrücke und sofort wieder links auf einen Fußweg 200 m durch einen Park. Am Ende des Parks geht es geradeaus weiter 350 m auf einem Pfad und 200 m auf einer Piste rechts neben den Gleisen. Dann stößt der Weg auf eine Straße, die geradeaus durch ein Industriegebiet führt. Nach 300 m endet die Straße; es geht geradeaus weiter auf einen Pfad und nach 200 m auf einen Betonweg, der 100 m bis vor die Molkerei Iparlat führt. Eine Straße wird überquert; gegenüber geht es einen Weg 100 m bergauf und oben links auf eine Piste, die nach 200 m bei der Fabrik Moulinex in eine Straße mündet. Dort geht es rechts und nach weniger als 100 m wieder links in eine Straße (im Jahr 2001 im Bau), die in der Nähe der Bahntrasse und der Landstraße weiter durch das Industriegebiet führt. Nach 1,6 km endet diese Straße am Berg; irgendwann wird sie weitergebaut werden, im Moment muß man aber kurz vor ihrem Ende links einen Asphaltweg 50 m hoch gehen und dann wieder rechts auf eine Betonpiste. Nach 100 m wird ein ebenfalls 100 m langer Tunnel durchquert; danach geht es über eine Kreuzung hinweg auf eine einfache Piste, die nach 600 m den Ortsanfang von Andoain erreicht. Auf einer Straße geht es 300 m weiter geradeaus und an ihrem Ende 100 m bergab zur Goiko Plaza und zur Kirche von Sankt Martin von Tours (7,5 km).

Andoain ⇧ 67 m, 15.000 Ew.

Vor der Kirche geht man auf der Straße links 300 m bergab über eine Kreuzung. Gegenüber geht es in die schmale und hübsche alte Kale Nagusia. Nach 300 m geht man rechts über den Fluß Leizaran und an einer Kapelle vorbei in die Calle Santa Cruz, die nach 200 m in die Kale Berria einmündet, in der man in der gleichen Richtung weitergeht. 1,1 km geht man geradeaus durch die Vororte von Andoain und direkt nach dem Ortsausgangsschild rechts.

Auf 300 m werden der Fluß Oria über- und die Schnellstraße unterquert, und über die anschließende Kreuzung geht es geradeaus auf die Landstraße GI-3610 Richtung Aduna. Nach 2,2 km kommt man an ein Stop-Schild und folgt der Landstraße nach rechts. Es handelt sich weiterhin um die GI-3610, der man weitere 1,3 km folgt, bis sie - bereits im Ort Zizurkil - auf die GI-2631 stößt (13,5 km).

Zizurkil ⇧ 113 m, 2.700 Ew.

Man wendet sich nach links und geht 300 m bis zum Fluß Oria, wo auf der gegenüberliegenden Seite der Ort Billabona liegt; der Fluß wird jedoch nicht überquert, sondern man biegt rechts in die Straße ein, die am Ufer entlangläuft.

Billabona ⇧ 128 m, 5.200 Ew.

300 m geht man auf dieser Straße - linkerhand der Fluß und rechterhand Hochhäuser – bis zum Ortsende und dann geradeaus auf einen Asphaltweg, der nach 250 m wieder in eine kleine Landstraße einmündet, der in gleicher Richtung gefolgt wird. Nach 500 m überquert die Straße im Rechtsbogen die Bahntrasse, der Jakobsweg führt aber geradeaus auf einem Asphaltweg links der Gleise weiter. Nach 2 km wird ein Tunnel durchquert, und nach weiteren 400 m wird der Weg

verlassen, indem man rechts einen schmalen Tunnel unter der Bahntrasse durchquert. Nach 150 m auf diesem Asphaltweg kommt man auf eine Landstraße, biegt links ab und geht 350 m durch den Ort Anoeta, dessen Ortszentrum rechterhand liegt (17,5 km).

Anoeta ⇧ 74 m, 1.800 Ew.

Bevor die Landstraße als Brücke die Bahntrasse überquert, geht man nach rechts auf die Landstraße Richtung **Hernialde**. Nach 500 m, bevor diese Straße im Rechtsbogen bergauf führt, geht es nach links auf eine Straße, die bergab nach 150 m die Bahntrasse unterquert und dann auf die GI-3650 stößt, auf der man sich nach rechts wendet. Nach 1 km auf dieser Landstraße biegt man rechts Richtung Hernialde ab, durchquert den Tunnel unter der Bahntrasse und geht dahinter sofort wieder scharf links, 200 m rechts neben den Eisenbahngleisen entlang bis zur Herberge und Restaurant "Zuloaga Txiki".

Private Herberge mit 30 Liegen und einem Aufenthaltsraum.

♦ Herberge "Zuloaga Txiki", Stadtviertel (*barrio*) Monteskue Nr. 29, ☏ 943650036; Preise: bis 26 Jahre Ptas. 700, über 26 Jahre Ptas. 880, Bettzeug Ptas. 415.

Tolosa-Herberge - Segura (29,7 km)

Zurück zur Landstraße GI-3650 geht man 1 km weiter bis zum Ortsanfang von Tolosa, überquert die Hauptstraße und geht auf die kleine Plaza Felipe Gorriti, von der in gleicher Richtung die Kale Nagusia durch die Altstadt führt. Nach 300 m kommt man zur Brücke über den Oria und wendet sich davor, vor der interessanten offenen Markthalle, die den klangvollen Namen "Tingladillo" trägt, nach rechts. Dieser zentrale Platz in Tolosa sei hier als Etappenziel angegeben (20 km).

Tolosa ⇧ 73 m, 18.000 Ew.

Avenida Navarra, ☏ 943654972; ganzjährig.

Am Markt entlang geht man durch die Solana Kalea und nach 100 m am Ende des Marktes links ans Flußufer, an dem man dann 1 km entlang geht, bis der

Uferweg auf die Hauptstraße stößt, die Tolosa verläßt. Nach 1,5 km biegt man halbrechts in die Landstraße GI-2634 Richtung Azpeitia ein.

Die gelben Pfeile des Jakobsweges zeigen zwar an, daß man auf der Straße bleiben soll, die von Tolosa kommt, aber der Weg, der nach rechts führt, ist schöner! (Der markierte Weg ist nur 200 m kürzer, verläuft aber 900 m auf der fürchterlichen Schnellstraße.) Nach nur 150 m biegt man wieder links ab in die GI-3713 Richtung Aldaba Txiki.

Man folgt dieser Straße 900 m weit, bis sie eine 180°-Rechtskurve beschreibt, wo man geradeaus auf eine Piste geht. Nach 200 m geht es oberhalb der Tankstelle bei einer Weggabelung halblinks auf eine schmalere Piste. Diese führt nach 50 m nach rechts, muß dort jedoch verlassen werden, um nach links nur 50 m auf einem steilen Pfad zum Parkplatz zu führen, der zur Tankstelle gehört.

Rechts am Ende des Parkplatzes geht es einen Pfad hinab zum Tunnel unter der Schnellstraße N-I hindurch. Nach dem Tunnel folgt man einem Pfad nach rechts, der nach 200 m bei einer Häusergruppe die Gleise überquert. Geradeaus geht man 200 m auf einer Beton- und Asphaltpiste, bis diese über eine Brücke führt. Auf der anderen Seite geht man an einer Wegkreuzung (der markierte Jakobsweg kommt von links) rechts auf eine Asphaltpiste, die nach 100 m auf die N-I stößt; hier hat sich unser Weg wieder mit dem markierten Jakobsweg vereint.

Die Nationalstraße muß jedoch nicht betreten werden, denn links neben der Leitplanke kann man einem schmalen Weg 100 m folgen, bis es auf der alten, verwitterten und nicht mehr benutzten Landstraße geradeaus weitergeht, die schließlich nach 400 m in die GI-2131 mündet. In gleicher Richtung geht es geradeaus weiter, aber nach 800 m verläßt man die Landstraße halblinks, um den Ort Alegia auf einer hübschen Dorfstraße zu durchqueren, dessen Zentrum nach 300 m erreicht wird (7,8 km).

Alegia ⇧ 94 m, 1.600 Ew.

Nach 200 m kommt man wieder auf die GI-2131, und nach 2,2 km durchquert man Ikaztegieta, (10,2 km). Nach weiteren 2,4 km geht man nach einer Brücke über die Bahntrasse halblinks 400 m ins Zentrum von Legorreta (14 km).

Legorreta

🛏✕🛒⚕ ⇧ 115 m, 1.500 Ew.

🚶 Nach weiteren 200 m auf der Hauptstraße gelangt man wieder zur GI-2131 und geht 2,9 km bis Itsasondo, ✕🛒⚕ (15,5 km); es geht jedoch auf der Landstraße geradeaus weiter, während das Ortszentrum rechts liegt. Nach weiteren 500 m auf der GI-2131 geht es halbrechts auf die Zubringerstraße Richtung Ordizia.

Nach 1,7 km wird geradeaus durch die Fußgängerzone das Zentrum durchquert, das von der großen offenen klassischen Markthalle beherrscht wird (19,4 km).

Ordizia

🛏🏠✕🛒⚕✓

⇧ 154 m, 9.000 Ew.

🏠 Die Pilger übernachten normalerweise in Segura, darum sei die Herberge von Ordizia hier nur am Rande erwähnt, zumal sie einen nicht unerheblichen Umweg bedeutet, denn sie liegt 1,5 km südlich im Oianguren-Park auf der anderen Seite der Autobahn.

♦ Herberge "Oiangu", im Oianguren-Park, 1,5 km vom Zentrum entfernt, ☏ 943889106, Preis Pta 1.200, Bettzeug Pta 400.

🚶 Über den Marktplatz hinweg geht man geradeaus weiter auf der Hauptstraße, die bald am Ufer des

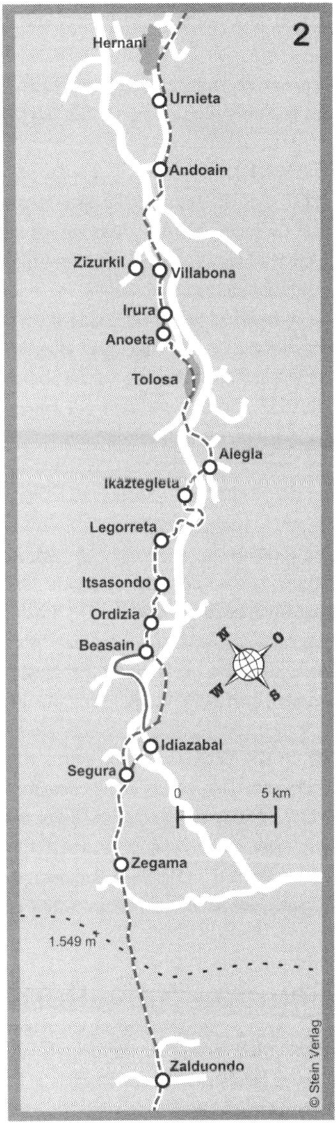

Flusses Oria entlang verläuft und nach 1,8 km das Zentrum von Beasain erreicht, das fast übergangslos auf Ordizia folgt (21,2 km).

Beasain

⇧ 171 m, 12.000 Ew.

Auf der Hauptstraße Kale Nagusia geht es weiter 1,8 km geradeaus bis zum Ortsende und dann links auf die Landstraße Richtung Vitoria-Gasteiz. Nach 1 km wird die Autobahn auf einer Brücke überquert, und direkt dahinter geht es rechts auf eine schmale Straße, die 1,5 km direkt neben der Autobahn durch ein Gewerbegebiet führt. Am Ende kommt man zu einem Kreisverkehr und geht halblinks auf die GI-2637 Richtung Idiazabal. Nach 800 m biegt man vor einer Tankstelle halbrechts Richtung Segura ab. Die Landstraße trägt weiterhin die Nummer GI-2637 und erreicht nach 2,2 km einen Kreisverkehr, von dem es nach links noch 900 m bis ins Zentrum des historischen Ortes Segura sind. Vom Dorfplatz geht man auf der Hauptstraße weiter Richtung Zegama und nach 150 m, genau vor der Schule, links hinauf zur Herberge.

Segura

⇧ 242 m, 1.300 Ew.

Segura ist einer der schönsten Orte auf dem Jakobsweg durch die Provinz Gipuzkoa. Noch heute bewahrt der Ort das mittelalterliche Stadtbild, und Reste der einstigen Mauer sind noch sichtbar. Wappengeschmückte Häuser weisen auf die Bedeutung hin, die Segura hatte, als es noch nicht abseits der Hauptstraßen lag, sondern an der wichtigsten Verbindungsstraße zwischen Frankreich und Kastilien.

Von der Hauptstraße geht's vor der Schule links einen Betonweg 50 m hoch und dann rechts durch das Tor in den kleinen Park, der die Herberge umgibt. Die Herberge hat 60 Liegen und Aufenthaltsraum.

♦ Herberge "Aingeru Zaindaria Aterpetxea", 200 m vom Zentrum links neben der Straße Richtung Zegama, ☏ 943801010; Preise: Übernachtung/Frühstück bis 30 Jahre Ptas. 1.385, über 30 J. Ptas. 2.075, Bettzeug Ptas. 125.

Segura - Salvatierra (28 km)

Man verläßt Segura und kommt nach 800 m zu einem Kreisverkehr, von dem es links 4,5 km nach Zegama geht. (5,5 km). Hinter dem Dorf erhebt sich bedrohlich das Bergmassiv des Aitzgorri, das bald überwunden werden muß.

Zegama

⇧ 295 m, 1.300 Ew.

Weiter geht es auf der GI-2637 nach Süden, bis man nach 1,8 km rechts auf eine Betonpiste in das Dorf Iruetxeta abzweigt, wo der Aufstieg in die Berge beginnt. Nach 500 m, nach der ersten Rechts-Spitzkehre, kommt man zu einer Pistenkreuzung, wo es scharf nach links geht. Man steigt weiter 1,3 km auf der Betonpiste an, bis es bei einem Steinhaus nicht geradeaus auf der Piste weitergeht, sondern vor dem Haus links auf einen steilen und breiten Bergweg.

Nach 300 m passiert man ein Tor, geht 50 m danach an einer Pistenkreuzung rechts und dann 250 m in weitem Linksbogen auf einer steinigen Piste bergauf bis zum nächsten Tor. Dort endet die Piste und es geht geradeaus auf einen Pfad, der 250 m am Zaun entlangführt. Dort, wo von links einige Pfade dazukommen, geht es halbrechts durch ein Tor auf einen jetzt wieder breiteren Weg, auf dem noch vereinzelte Reste der historischen Straße zu sehen sind. Nach 600 m kommt man an zwei Ställen vorbei, überquert eine Piste, geht 20 m steil bergauf und dann auf der zweiten Piste rechts hoch.

Nach 500 m kommt man auf eine freie Höhe, wo links eine Piste wegführt, die man jedoch auch wieder nach nur 100 m halblinks auf eine unwegsamere Piste verläßt. Nach 300 m stößt diese auf eine breitere Piste, auf der man nach links geht, um nach 200 m an einer Wegkreuzung wieder halbrechts weiterzugehen.

1,2 km geht es nun bergauf bis zu einem Stall, von dem aus man vor sich in fast einem Kilometer Entfernung im Felsmassiv den **Tunnel von San Adrián** erkennen kann. Auf die Distanz scheint es unglaublich, daß die Natur hier einen Durchgang durch den Berg geschaffen hat. Nach dem besagten Stall wird ein Weidezaun passiert und auf einem Bergweg geht es weiter 800 m - der letzte Teil steil ansteigend - bis zum Tunnel von San Adrián (13,2 km).

Diese Höhle bildet den natürlichen und einzigen Durchgang durch das felsige Kalksteinmassiv des Aitzgorri, das die Grenze zwischen den baskischen Provinzen Gipuzkoa und Alava bildet. Vom 11. bis 13. Jh. war der Tunnel ein beliebter Durchgang für Jakobspilger, die hier das einzige nennenswerte, aber dafür umso gewaltigere Hindernis auf dem Weg vom Atlantik zur kastilischen Hochfläche vorfanden. Seit dem 11. Jh soll es dort eine Kapelle gegeben haben, aber das heutige Gebäude ist recht ärmlich und nicht mehr als 100 Jahre alt.

Es mutet unglaublich an, daß der Durchgang durch diese Höhle bis ins 18. Jh. Bestandteil eines der wichtigsten Verbindungswege zwischen Madrid und Frankreich war.

Auf nördlicher Seite ist der alte Weg kaum zu erkennen, aber im Tunnel und im Anschluß daran im Süden ist das jahrhundertealte Pflaster stellenweise ausgezeichnet erhalten, so daß man sich besser vorstellen kann, unter welchen Strapazen hier Pferdegespanne hindurchgeschickt wurden.

Nach dem 70 m langen Tunnel geht es auf dem alten Pflaster noch 1,1 km bergauf. Oben gibt es eine Weggabelung: Man kann entweder rechts steil bergab gehen oder etwas weiter geradeaus und dann im Rechtsbogen bergab. In jedem Falle erreicht man nach 200 oder 300 m eine Wegkreuzung, an der man links geht und nach 800 m auf eine Piste stößt, wo man sich erneut nach links wendet. Nach 700 m wird ein Asphaltweg erreicht; es geht nach rechts und nun immer geradeaus; die einzige nennenswerte Weggabelung kommt nach 3,3 km, aber auch hier geht es halbrechts auf dem Hauptweg weiter, und nach 2 km erreicht man Zalduondo, (21,5 km). Am Ortseingang steht eine große Orientierungstafel für den Jakobsweg in Alava.

☺ In Alava ist der Jakobsweg mit gelben Pfeilen und außerdem mit orangeblauen, meist etwa 1 m, manchmal auch 1,5 m hohen Metallpfeilern markiert. Diese seltsamen Wegzeichen gibt es sonst nirgends auf dem Jakobsweg.

An der Kirche geht man auf die Hauptstraße rechts und nach 100 m links auf die Landstraße A-3018 Richtung Ordoñana, das nach 3 km erreicht wird (24,5 km). Weiter geht es 1,2 km auf der A-3018, bis sie in die A-3016 einmündet, auf der es links nach Salvatierra (baskisch: Agurain) geht. Nach 1,5 km gelangt man an den Ortsanfang, wo es kurz vor der Kirche Santa María an einer Straßengabelung halblinks geht, um dann nach 50 m jedoch direkt vor der Kirche rechts von der Straße weg auf einem Fußweg um die Kirche herumzugehen bis zur Hauptstraße Calle Mayor, auf der man nach links 400 m ins Zentrum zur Plaza San Juan geht.

Salvatierra

⇧ 600 m, 3.700 Ew.

i Plaza de San Juan, ☎ 608901670 + ☎ 945312535; im Sommer.

Gute Herberge mit 31 Liegen, Küche und Aufenthaltsraum; Bettzeug wird zur Verfügung gestellt. Sie liegt 500 m westlich vom Ortszentrum hinter dem Gymnasium (Instituto) in einem gelben Gebäude. Dies ist eine Herberge, die nur zu bestimmten Anlässen von Gruppen belegt ist, jederzeit aber Pilger aufnimmt. Da sie normalerweise nicht geöffnet ist, sollte man sich bei der Ankunft an das Fremdenverkehrsamt wenden oder, wenn es geschlossen ist, eine der genannten Telefonnummern anrufen; dann wird Sie jemand zur Herberge bringen.

♦ Centro Turístico Aniturri, am westlichen Stadtrand, ☏ 608901670 + ☏ 945312535; für Pilger Ptas. 300.

Salvatierra - Vitoria (29,8 km)

Von der Herberge geht es 500 m zurück zur Hauptstraße Calle de los Fueros am Rande der Altstadt und dort rechts Richtung Vitoria. Nach 1 km wird die Kreuzung mit der alten Nationalstraße überquert, und gegenüber kommt man auf einer Straße nach 250 m an der Fabrik Atusa vorbei. Geradeaus ist die Straße für den Durchgangsverkehr gesperrt, aber zu Fuß kann man weiter gehen.

Nach 200 m geht es an einer Weggabelung halbrechts auf eine Piste und geht weitere 200 m neben der Landstraße entlang. Dann geht es noch 100 m geradeaus; hier wurde Anfang 2001 gebaut und der Zustand des Weges wird sich sicher bald ändern. Man kommt zu einer Kreuzung der Landstraße, von der eine Straße links ins Industriegebiet abzweigt, auf der man 100 m bis zu einem kleinen Kreisverkehr geht.

Dann biegt man rechts ab und geht auf einer Straße 600 m durch die im Jahr 2001 hier neu angelegten Industrieanlagen. Kurz vor dem Ende zweigt links eine schmale Straße ab, die nach 200 m unter der Autobahn hindurch führt. Geradeaus geht es als Piste weiter 1 km bis **Gaceo** (4,2 km).

✞ Kirche San Martín: Großartige gotische Fresken.

♦ Links am Ortseingang; Leider öffnet z.Z. nur noch der Pfarrer am Sonntagvormittag von 11:30–12:30.

In Gaceo geht es auf die Landstraße nach links und nach 400 m, bevor die Straße über eine Brücke über die Eisenbahngleise führt, biegt man rechts in eine Asphaltpiste und geht über die Felder 1,7 km bis **Ezquerecocha** (5,9 km). Man überquert den Bach und geht im Dorfzentrum links auf einc kleine Landstraße, die nach 700 m an den Bahngleisen entlangführt und sich dann wieder von ihnen entfernt. Nach weiteren 700 m gibt es eine Kreuzung, wo es geradeaus auf einer

Piste weitergeht. Sie verläuft rechts der Bahngleise, bis sie nach 1,4 km bei einem kleinen Bahnübergang wieder rechts von den Gleisen wegführt.

Nach 1,8 km stößt diese Piste auf eine Landstraße, die in einem Rechtsbogen erreicht wird, um auf ihr nach links 100 m zu gehen und dann wieder rechts auf eine Piste abzubiegen, die in der gleichen Richtung weiterführt wie die vorherige Piste. Nach 1,6 km gelangt man zu einer kleinen Straße, läßt rechterhand in nur 100 m Entfernung die hübsche Kapelle von **Ayala** (13. Jh.) liegen, wendet sich nach links und geht auf das Dorf Alegría (baskisch: Dulantzi) zu. Man erreicht es jedoch nicht, sondern biegt nach nur 50 m auf der Straße wieder rechts auf eine Piste ab. Nach 2,2 km geht man an einer Pistenkreuzung links und kommt nach 100 m an der hübschen romanischen Kapelle San Juan de Arrarain vorbei. Von der Kapelle führt eine kleine Straße weiter, überquert nach 400 m eine größere Landstraße und führt geradeaus 200 m auf die Kirche von **Elburgo** (15,5 km) zu.

Kurz vor der Kirche geht man halblinks in die Calle Mayor, die aus dem Dorf hinausführt und nach 100 m in eine Piste übergeht. Nach 100 m gibt es eine Pistengabelung, und man geht halbrechts. Nach 1,1 km gibt es eine weitere Pistengabelung, und es geht wieder halbrechts leicht bergauf.

Nach 300 m kommt man erneut an eine Kreuzung. Der Jakobsweg geht hier geradeaus in weitem Abstand am Kloster Estíbaliz vorbei; ich empfehle jedoch, es zu besuchen, zumal es nur 500 m Umweg bedeutet. Nehmen Sie also den rechten Weg, der für Fahrzeuge gesperrt ist. Nach 1,2 km erreichen Sie die Treppe hinauf zur Kirche, die eine schöne romanische Fassade besitzt. Sie befinden sich im Heiligtum der Provinz Alava, Estíbaliz, ✕ (18,3 km).

Die Klosterherberge *(hospedería monástica)* nimmt in ihren normalen Zimmern auch Pilger auf.

♦ Anmeldung am Haupteingang des Klosters, ☎ 945293088; gratis.

Von der Kirche geht es wieder die Treppe hinab und auf dem Weg zurück, den wir gekommen sind. Um nach Argandoña zu gehen, gibt es zwei ähnliche Möglichkeiten: Entweder auf dem Sandweg neben der Landstraße oder auf dem Asphaltweg etwas weiter links. Beide Wege treffen nach 1,4 km wieder auf die Landstraße und erreichen nach 100 m die Kirche von Argandoña (19,4 km). Nach weiteren 200 m auf der Straße geht man am Ortsausgang an der Kreuzung halbrechts in eine Straße, die als Sackgasse gekennzeichnet ist.

Nach 600 m endet die Straße; der markierte Jakobsweg führt nun auf der linkerhand gelegenen Landstraße A-132 weiter. Nach 2 km kommt man zu einer Landstraßenkreuzung und geht links in die A-2130 Richtung Otazu. Dieser Ort wird jedoch nicht erreicht, denn nach 600 m geht es rechts auf eine Piste. Nach 1 km mündet diese in eine kleine Landstraße, die rechts nach 500 m Arcaya (24,8 km) durchquert.

Im Dorfzentrum geht es hinter der Kirche in eine Straße links und nach 100 m am Dorfrand halbrechts auf eine Piste. Nach 800 m mündet diese in eine andere Piste; es geht links und nach 150 m wieder rechts auf eine Piste. Nach 100 m gibt es eine Weggabelung, und man geht halbrechts auf die schmalere Piste, die sogleich einen Bach überquert und allmählich schmaler wird, bis sie nach 600 m bei einer Wegkreuzung endet. Rechts geht man 50 m über eine Brücke über die Bahntrasse und betritt Vitoria.

Da sich die Herberge am anderen Ende der Stadt befindet, ist es sinnvoll, direkt durch das Stadtzentrum dorthin zu gehen, weil dies nur einen geringen Umweg bedeutet.

Es geht links in die Calle Florida, der man 900 m folgt und dann halbrechts in die Calle Angulema einbiegt. Nach 300 m überquert man einen Platz und geht genau gegenüber in die Calle de la Independencia. Nach 150 m wird sie zur Fußgängerzone, und nach weiteren 150 m geht man an ihrem Ende halblinks in die Calle Postas, die ebenfalls für Autos gesperrt ist. Nach 200 m erreicht man schließlich die Plaza de la Virgen Blanca, das unbestrittene Zentrum Vitorias (28,5 km).

Vitoria-Gasteiz ⇧ 525 m, 210.000 Ew.

Parque de la Florida, ☎ 945131321 (Provinz Alava); ganzjährig.

♦ Calle Dato 11, ☎ 945161598 (Stadt Vitoria), ganzjährig

Vitoria ist die Hauptstadt der baskischen Provinz Alava und Sitz der baskischen Landesregierung; ihr Name lautet heute offiziell spanisch-baskisch "Vitoria-Gasteiz". Die Plaza de la Virgen Blanca bietet ein schönes Stadtpanorama mit der Kirche San Miguel und der Altstadt im Hintergrund.

In der Mitte des Platzes steht die Statue, die an den Sieg des spanisch-britisch-portugiesischen Heeres unter dem Oberbefehl Wellingtons über Napoleon in der Schlacht von Vitoria am 21. Juni 1813 erinnert.

Die von der Provinzregierung betriebene Jugendherberge mit insgesamt 130 Liegen nimmt auch Jakobspilger auf. Von der zentralen Plaza de la Virgen Blanca ist sie 1,3 km entfernt. Man geht zunächst links in die Parkstraße Paseo de la Florida, die nach 400 m in den Paseo de la Senda übergeht.

Nach 200 m durchquert man einen Tunnel unter der Bahntrasse und geht geradeaus weiter in die Calle de los Corazonistas, die ihrerseits nach 300 m in die Calle de Navarra übergeht. Nach 200 m mündet diese in die Calle de Alava, es geht rechts und nach 100 m wieder rechts in eine kleine Sackgasse, an deren Ende sich die Herberge befindet (29,8 km).

♦ Herberge (*albergue*) Carlos Abaitua, Calle Escultor Isaac Diez, ☎ 945148100; gratis.

Vitoria - La Puebla de Arganzón (19,2 km)

Von der Herberge geht man zurück zur Calle de Alava und dort rechts, wo sie sogleich in die Calle de Salvatierrabide übergeht. Immer geradeaus stößt man nach 800 m auf den Paseo de Cervantes, wo der Jakobsweg nach links führt. Nach 400 m geht diese schöne Allee in die Avenida de San Prudencio über, die nach 1 km den hübschen Vorort Armentia, (3 km), erreicht.

Armentia war im Mittelalter Bischofssitz von Vitoria, wovon noch heute die schöne romanische Kirche San Prudencio zeugt.

An der Kirche geht man auf der Straße nach rechts und nach 100 m, kurz vor der Nationalstraße N-I, links auf eine kleine Vorortstraße. Nach 200 m führt eine Piste geradeaus weiter und verläuft 400 m links neben der N-I bis zu einem Tierpflege-Zentrum (Centro de Atención Animal), wo man auf eine schmale Straße trifft, die nach rechts zur Nationalstraße führt. Nach nur 50 m geht es jedoch sofort wieder links auf eine andere schmale Straße und nach weiteren 50 m rechts auf eine Piste, die 250 m parallel zur N-I verläuft. Schließlich ist es nicht mehr zu vermeiden, die Nationalstraße zu betreten und 1,6 km auf ihr zu gehen, bis man sie endlich wieder verlassen kann, um 200 m nach Gomecha (6 km) zu gehen. Nach der Kirche biegt man rechts in eine kleine Straße, die gleich zur Piste wird. Nach 500 m geht es an einer Pistengabelung halbrechts. Nach 2 km wird eine kleine Landstraße überquert, und weiter geradeaus geht es auf der Piste 2,2 km bis **Subijana** (10,7 km).

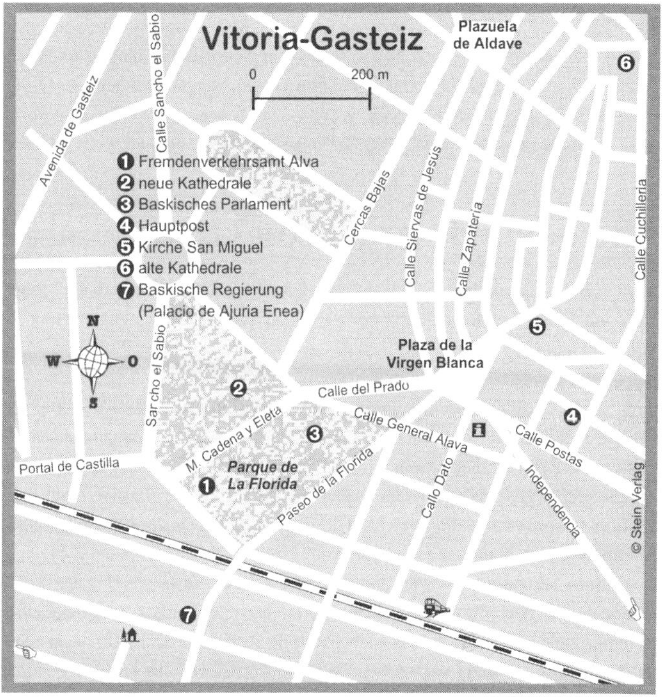

Im Dörfchen geht es links auf eine Piste, die 400 m bergauf führt, bis man nach einem Zaun rechts in eine andere, unwegsamere Piste einbiegen muß. (Der Abzweig ist mit gelben Pfeilen an den Zaunpfählen markiert.) 2,4 km geht es nun bergauf bis auf die Höhe zu einer Wegkreuzung, und geradeaus geht es über eine Lichtung halblinks auf einen Waldweg. Dieser steigt noch einmal 400 m an, wieder überquert man eine Wegkreuzung und eine Lichtung und geht dann auf einem steinigen Weg 1,5 km steil bergab. Unten folgt man einer schmalen Steinbrücke über den Bach und geht 300 m am Ufer entlang bis Villanueva de la Oca (15,8 km), wo man nach weiteren 100 m die kleine Landstraße erreicht.

Auf der Straße geht man rechts 2,5 km bis zur N-I. Diese wird nicht überquert, sondern man geht links auf der Nationalstraße, bis man sie nach 500 m über eine Auf- und Abfahrt verlassen kann. Im Rechtsbogen geht es auf eine Brücke über die N-I und nach 200 m rechts von dieser Brücke hinab zum Hostal "Palacios", der einzigen Unterkunft in dieser Gegend; gegenüber liegt der Ort **La Puebla de Arganzón** 🛏 ✕ 🛒 ⚕

🛏 Hostal Palacios, ☎ 945373030, Preise: EZ Ptas. 3.745, DZ Ptas. 6.955.

La Puebla de Arganzón - Haro (33 km)

☺ Diese Etappe ist relativ lang, aber man kann auch schon 4,3 km vorher, kurz vor Briñas im Hotel "Portal de la Rioja" übernachten, das Pilgern Sonderpreise gewährt.

🚶 Vom Hostal "Palacios" geht es wieder zur Brücke und rechts über die andere Fahrbahn der N-I zur Hauptstraße von La Puebla de Arganzón; rechts geht es ins Zentrum, links aber weiter auf dem Jakobsweg. Nach 1,9 km endet die Straße und es geht auf einem Pfad weiter, der die Bahngleise überquert und nach 100 m die Nationalstraße erreicht. 100 m geht es neben der N-I weiter, dann wird auch sie überquert.

Passen Sie gut auf! Auf der anderen Seite geht es auf einer schmalen Landstraße 1,5 km nach **Burgueta** (3,9 km). 100 m nach der Dorfkirche und vor einer schönen alten Viehtränke geht es rechts auf eine Straße, die nach 100 m am Ortsausgang zur Piste wird. Nach 1,6 km wird ein Asphaltweg gekreuzt. Gegenüber geht es halblinks einen Feldweg hinab, und nach 500 m erreicht man das Dorf Estavillo (6,3 km).

🚶 Vor dem Ort geht es rechts an einem malerischen alten Waschhaus vorbei und nach 100 m auf die kleine Landstraße, die rechts vom Dorf wegführt. Nach 300 m führt die Straße nach rechts, aber der Jakobsweg führt geradeaus auf eine Piste, die genau auf die Mautstelle der Autobahn zustrebt, an der es nach 1,1 km vorbeigeht.

Auf der Piste, die nun einen verwitterten Asphaltbelag aufweist, geht es 600 m weiter geradeaus. Dann mündet sie auf einen Asphaltweg, wo es zunächst nach rechts und nach 50 m wieder nach links auf eine Piste geht.

Nach 600 m wird wieder eine Landstraße überquert. Nach weiteren 500 m gibt es eine Pistengabelung, wo es halbrechts weitergeht. Nun geht es 2,8 km

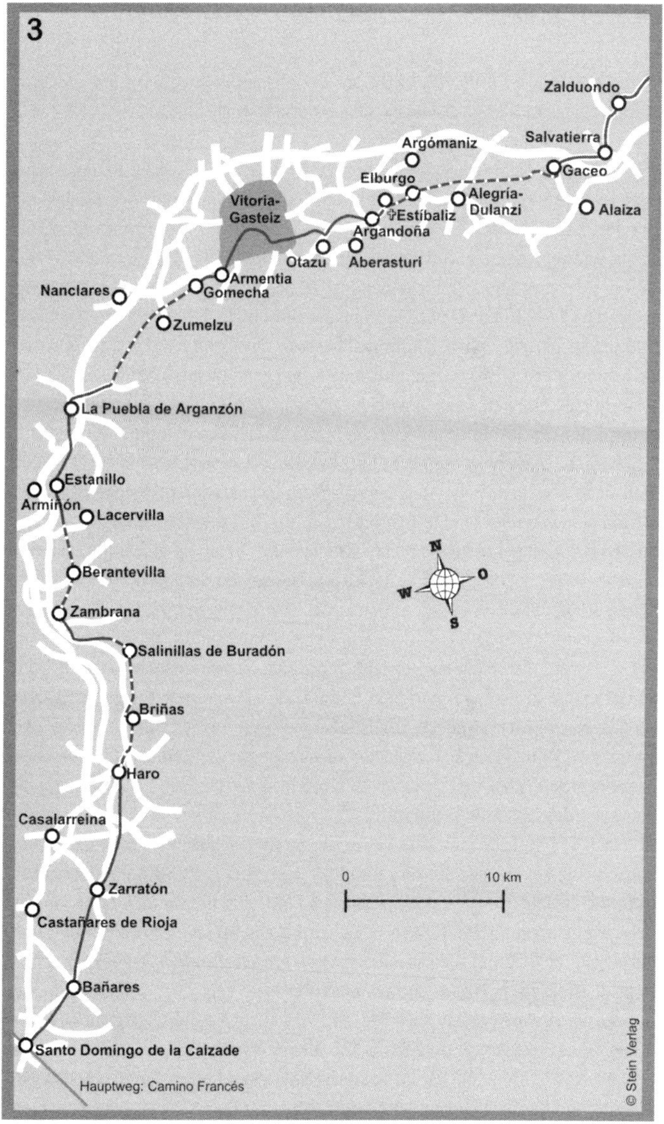
3
Zalduondo
Salvatierra
Argómaniz
Gaceo
Elburgo
Alegría-
Dulanzi
Alaiza
Vitoria-
Gasteiz
Estíbaliz
Argandoña
Otazu
Aberasturi
Armentia
Gomecha
Nanclares
Zumelzu
La Puebla de Arganzón
Estanillo
Armiñón
Lacervilla
Berantevilla
Zambrana
Salinillas de Buradón
Briñas
Haro
Casalarreina
Zarratón
Castañares de Rioja
Bañares
Santo Domingo de la Calzade
Hauptweg: Camino Francés
N
O
S
W
0
10 km
© Stein Verlag

immer geradeaus auf der Piste, die am Ende einen Asphaltbelag hat, bis beim Dorf Berantevilla, das links liegen bleibt, eine Landstraße erreicht wird (12,4 km).

Es geht nach rechts, aber nach nur 50 m wird die Straße links auf einer Piste verlassen, die am Friedhof vorbeiführt. Nach 100 m geht es wieder links auf eine Piste, die nach 900 m an einer Wegkreuzung endet. Hier geht es rechts auf einen Feldweg, der am Fuß des Hügels und am Feldrand entlangführt. Nach 200 m geht man an einer Wegkreuzung halbrechts weiter am Feldrand entlang, bis man nach 400 m links den Hügel hinauf geht. Nach 150 m geht es vor einem Feld wieder nach links und 100 m steil bergauf. Oben gibt es eine Wegkreuzung, wo man halbrechts 150 m quer über eine Wiese geht. Wegmarkierungen sind hier schlecht zu erkennen, aber am Ende gibt es einen orange-schwarzen Markierungspfeiler des Jakobsweges. Links geht es nun auf einem breiten Weg 500 m steil bergab. Dann biegt man links in eine Piste, die weitere 250 m bergab führt. Statt dann aber geradeaus ins Dorf zu gehen, biegt man auf die erste Piste links ab und geht zunächst am Dorf vorbei.

Nach 450 m geht es dann rechts auf eine Piste (Achtung: gelber Pfeil schlecht zu sehen!), die zuerst ein kleines Waldstück durchquert und nach 300 m auf eine Straße stößt, auf der es rechts 250 m in das Dorf **Zambrana**, ✕ (16,3 km), geht.

Sobald die ersten Häuser erreicht werden, geht es jedoch nach nur 50 m an der ersten Kreuzung scharf links in die Calle Mayor, die hier den Ort wieder verläßt. Nach 550 m wird eine Landstraße überquert, und es geht geradeaus weiter auf eine Piste. Nach 850 m kommt man rechts an der Ruine eines alten Gasthauses vorbei. Nach weiteren 450 m stößt man auf die Nationalstraße N-124, der man in südlicher Richtung folgt.

Nach 500 m kann man links neben der Straße auf einem Feldweg gehen, der zunächst stärker ansteigt als die parallele N-124, aber nach 800 m wieder auf sie trifft; rechts sieht man jetzt den breiten Fluß **Ebro**. 700 m geht man auf der Nationalstraße, kommt an den Ruinen eines ehemaligen Steinbruchs vorbei und geht nach weiteren 100 m halblinks auf eine Piste mit verwittertem Asphaltbelag. Der Asphalt endet nach 100 m und auf einfacher Piste geht es 2,4 km bis zu einer Straße, auf der man rechts nach 100 m die Kreuzung am Ortseingang des hübschen Ortes Salinillas de Buradón, k (22,9 km), erreicht.

Salinillas de Buradón war im Spätmittelalter ein wichtiger Grenzort zwischen Navarra und Kastilien, wovon noch heute Reste der Befestigungsanlagen zeugen.

Über die Kreuzung geht es 50 m weiter geradeaus, dann halblinks in eine andere Straße leicht bergauf und nach 100 m halbrechts auf eine Piste. Nach 300 m macht diese breite Piste einen Rechtsbogen; der Jakobsweg führt jedoch geradeaus weiter auf eine etwas schlechtere Piste, die 1,8 km ständig ansteigt, bis man plötzlich am Abgrund steht, wo sich ein grandioser Blick auf das Ebro-Tal bietet. Hier ist die Grenze zwischen den autonomen Regionen Baskenland (Euskadi) und La Rioja erreicht. Auf der rechten Talseite führt eine Piste 1,2 km steil bergab bis zu einer Weggabelung, von der es halblinks auf einer Piste weitere 1,8 km bis zur N-124 geht. Nach links geht man 100 m und kommt zur Kreuzung mit der Landstraße LR-132 (28,3 km), auf der man sich nach links Richtung Briñas wendet. An der Kreuzung steht jedoch das Hotel "Portal de La Rioja", das Sonderpreise für Pilger anbietet.

Hotel Portal de La Rioja, ☎ 941311480; Pilger DZ Pta 4.500, EZ Pta 3.000.

Auf der LR-132 geht man 550 m Richtung Briñas und kurz nach Ortsanfang die zweite Straße halbrechts ins Zentrum von **Briñas**, (29,1 km). Nach 150 m geht man rechts zur Kirche, die man linker Hand liegen läßt. Am Kirchturm vorbei geht man halbrechts in eine Straße 100 m zum Ebro. Am Flußufer entlang kommt man nach 1,5 km zu einer Kreuzung, von der man links über eine schöne alte Brücke den Fluß überquert.

Am anderen Ufer geht man rechts auf eine stark verwitterte Straße, und nach 600 m erreicht man eine Landstraße, die rechts in die Stadt Haro führt. Nach 500 m geht es rechts durch einen Tunnel unter der Bahntrasse hindurch und auf der anderen Seite auf der Straße nach links.

150 m weiter kommt man zur Hauptstraße und folgt ihr Richtung Zentrum. Nach 300 m wird der Fluß Tirón überquert und am anderen Ufer geht es halblinks bis nach 300 m die Plaza de la Paz erreicht wird, an der das Rathaus steht.

Haro

478 m, 8.800 Ew.

Plaza Monseñor Florentino Rodríguez, ☎ 941303366; ganzjährig.

Pension Vega, Plaza J. García Gato 1, ☎ 941303280.

♦ Pension Las Conchas, Calle Arrabal 6-2º, ☎ 941310022.

♦ Pension El Maño, Calle Alemania 7-1º, ☎ 941310229.

Haro ist die Hauptstadt der Oberen Rioja (Rioja Alta), des bedeutendsten Weinanbaugebiets in ganz Spanien. Schon im Mittelalter wurde hier Wein angebaut und vom 16. bis 18. Jh. erlebte Haro seine Blütezeit, wovon in der Altstadt viele wappengeschmückte Paläste zeugen. Obwohl schon in jener Zeit Wein exportiert wurde, kam der große Aufschwung zu internationaler Bedeutung im 19. Jh., und die neuen großen Weinfabriken befinden sich heute am Stadtrand. Einige stehen zur Besichtigung offen; informieren Sie sich im Fremdenverkehrsamt! Einen Besuch lohnen natürlich auch die zahlreichen urigen Tavernen und Weinkeller in der Altstadt (**Rioja**, ☞ OutdoorHandbuch "Jakobsweg").

Haro - Santo Domingo de la Calzada (21 km)

☺ In Santo Domingo de la Calzada trifft diese Nebenstrecke des Jakobsweges auf den Hauptweg, den "Camino Francés" von Roncesvalles nach Santiago de Compostela, und in Santo Domingo ist erstmals auf dieser Nebenstrecke die Übernachtung in einer "normalen" Pilgerherberge möglich.

Von der Plaza de la Paz geht man rechts durch die schmale Calle Arrabal 100 m zur Plaza de la Cruz. Hier biegt man rechts in die Calle Conde de Haro. Nach 200 m geht es an der Plazuela Monseñor Florentino Rodríguez, wo sich das Fremdenverkehrsamt befindet, links in die Calle Tenerías. Nach 400 m stößt diese auf die Calle Castañares de Rioja, wo es nach links geht. Nach 100 m geht es an einem kleinen Kreisverkehr rechts und nach weiteren 50 m wieder halblinks in die Straße, die nach 200 m an der Stierkampfarena (Plaza de Toros) vorbeiführt.

Auf dieser Landstraße wird Haro verlassen. Nach 2,4 km überquert man eine Autobahnbrücke, hinter der es rechts auf eine Piste geht. 400 m geht man parallel zur Autobahn und dann links (Achtung gelber Pfeil!) auf eine andere Piste, die nun immer geradeaus führt. Nach 1,5 km wird eine Landstraße überquert und gegenüber geht es geradeaus weiter. Nach 400 m folgt man der Piste in einer Rechtskurve, aber nach weiteren 250 m geht es nicht mehr auf dieser Piste geradeaus weiter, sondern nach links auf eine Piste (Achtung: Anfang 2001 war hier kein Pfeil zu sehen!), die genau auf das Dorf Zarratón zustrebt, dessen Kirchturm schon von weitem zu sehen ist.

Nach 1 km gibt es eine Pistengabelung, wo es halbrechts weitergeht, und nach 200 m zweigt man von dieser Piste wieder links ab (Achtung: Anfang 2001 war auch hier kein Pfeil!), um dann 1 km schnurstracks auf Zarratón zuzugehen.

Nach 1 km stößt die Piste am Ortseingang auf die Landstraße, und auf dieser geht man 400 m in den Ort **Zarratón**, (7,6 km).

Man geht bis zur Landstraßenkreuzung im Ortszentrum und dort rechts. Nach 100 m macht die Straße am Ortsrand eine Linkskurve, der Jakobsweg führt jedoch geradeaus auf eine Betonstraße. Nach 100 m wird der Ort definitiv verlassen und die Straße wird zur Piste. Es geht nun immer geradeaus, nach 2,6 km an einem Gehöft vorbei, weiter geradeaus. Nach 800 m wird eine kleine Landstraße überquert, weiter geradeaus, und nach 1,5 km wird schließlich die Landstraße LR-203 erreicht, die halbrechts nach 1,2 km ins Zentrum von **Bañares**, (15,4 km) zum Hauptplatz führt, wo das Rathaus steht.

Am Anfang des Platzes biegt man rechts in eine kleine Straße ab und nach 50 m vor der Kirche wieder links. Weitere 400 m geht es durch das Dorf, bis die Straße am Ortsrand einen Linksbogen beschreibt und eine Kreuzung erreicht. Dort führt rechts eine schmale Straße aus dem Ort, die 1,1 km gerade auf Santo Domingo de la Calzada zustrebt, dessen Kirchturm schon von weitem zu sehen ist. Wo die Straße dann einen Linksbogen beschreibt, geht es geradeaus auf einer Piste weiter. Nach 2,2 km wird die Nationalstraße N-120 überquert; passen Sie gut auf, denn die Autos fahren hier sehr schnell! Auf der gegenüberliegenden Seite geht es auf einer Piste geradeaus und nach 900 m an einer Fabrik vorbei, hinter der sich der Weg gabelt und man halbrechts weitergeht.

Nach weiteren 300 m, noch vor den ersten Häusern der Stadt, geht es links auf eine Piste, die nach 300 m die Straße erreicht, die um die Altstadt herum führt. In der gleichen Richtung, aus der der Jakobsweg kommt, geht es geradeaus weiter und nach 100 m rechts in die Calle Mayor. Nach 300 m befindet sich im Haus Nr. 42 die Pilgerherberge und nach weiteren 100 m das Stadtzentrum mit der Kathedrale und dem Parador-Hotel.

Santo Domingo de la Calzada

⇧ 638 m, 5.300 Ew.

Calle Mayor 70, ☏ 941341230; ganzjährig.

Sämtliche weiteren Informationen zu Santo Domingo de Calzada, zur Pilgerherberge und zum Camino Francés von Santo Domingo nach Santiago de Compostela finden Sie im OutdoorHandbuch "Jakobsweg".

Der Küstenweg

Hendaye - Oviedo ca. 520 km

Alter Maisspeicher (Hórreo) S. 131

☺ Die Beschreibung des Küstenweges ist schwierig, und der von den Jakobusvereinen markierte Verlauf kann bei eingehender Prüfung nicht immer als ideal bezeichnet werden. In der baskischen Provinz Gipuzkoa folgt der Weg zumeist den rot-weißen Markierungen des Küstenwanderweges, und auch gelbe Pfeile gibt es zuweilen.

In Bizkaia gibt es gelbe Pfeile, aber nicht immer ist die Markierung gut, worauf an den entsprechenden Stellen hingewiesen wird. Von Bilbao bis zur Grenze zu Kantabrien ist der mit gelben Pfeilen markierte historische Weg nicht zu empfehlen, weil man sich zu leicht verlaufen kann - ich gehe an der entsprechenden Stelle darauf ein -, so daß ich eine erheblich einfachere und auch schönere Route vorschlage.

In Kantabrien wurde der Jakobsweg erst zum Heiligen Jahr 1999 von einem neugegründeten Verein markiert. Das Resultat muß teilweise als unbefriedigend bezeichnet werden. Einige Abschnitte sind empfehlenswert, andere dagegen machen im Bemühen, sämtliche historischen Wege und Kirchen zu berühren, sehr große Umwege, und wieder andere sind bisher noch nicht ausreichend markiert.

In Ermangelung markierter Jakobswege hatte ich für die Erstauflage unseres OutdoorHandbuchs eine eigene Strecke ausgearbeitet, die zumeist der Küstenlinie folgte und sich an anderen Wanderführern orientierte. Einige Abschnitte habe ich inzwischen durch den markierten Jakobsweg ersetzt, andere gebe ich noch als Wegalternativen an, und einige sind nach wie vor dem markierten Wegverlauf vorzuziehen. In Asturien ist der Jakobsweg ausgezeichnet markiert.

Kantabrien bietet einige Schwierigkeiten, und gelegentlich muß man schieben, wird aber durch die außergewöhnliche Schönheit der Küste entschädigt. Am Strand kann man bei Ebbe auf dem feuchten gehärteten Sand fahren. Auf trockenem weichem Sand muß man dagegen schieben; versuchen Sie dann gar nicht erst zu fahren, damit nicht zu viel Sand in Kette und Zahnkranz kommen. In jedem Fall sollten Sie ein Reinigungsspray dabei haben.

In Gipuzkoa und Bizkaia werden Pilger in Jugendherbergen aufgenommen; wo es keine gibt, werden andere einfache Übernachtungsmöglichkeiten angegeben. In Kantabrien kommen nur Hotels, Hostals oder Pensionen in Frage, von denen es an der Küste aber derart viele gibt, daß wir uns darauf beschränken, sie in den Städten oder in "strategisch" wichtigen Orten zu nennen.

Der Jakobsweg in Asturien ist mit einem Netz von kleinen kostenlosen Pilgerherbergen versehen, die sich etwa alle 20 km und zumeist in kleinen Ortschaften befinden. In den Städten gibt es natürlich auch andere Unterkünfte.

In den Sommermonaten können Sie an den Stränden Unterkünfte, Restaurants und Rot-Kreuz-Stände vorfinden, die nicht alle in diesem Buch genannt sind, weil ihre Existenz oder Öffnungszeiten von der Saison abhängig sind.

Hendaye - Hondarribia (7 km)

☺ Sie sollten nicht in Hendaye, sondern in der Jugendherberge in Hondarribia übernachten, weil es dort erheblich billiger ist und weil der Ort zauberhaft schön ist.

☺ Der erste Teil des Weges bis Bilbao ist auf der Karte Nr. 1 dargestellt.

Vom Bahnhof geht man in Fahrtrichtung des Zuges den Boulevard General de Gaulle entlang. Nach 200 m kommt eine Straßengabelung, hier geht man jedoch nicht halbrechts Richtung Grenze (frontière), sondern halblinks. Nach 300 m überquert man den Grenzfluß Bidasoa über die Santiago-Brücke und betritt Spanien.

Nach 500 m geradeaus kommt man zum Nationalstraßen-Zubringer Richtung San Sebastián, auf dem man halbrechts nach 300 m zur vielbefahrenen Nationalstraße N-I kommt, der man rechts folgt. Leider gibt es keine andere Möglichkeit, weil eine ruhigere Wegalternative durch die umfangreichen Gleisanlagen versperrt ist und ein Umweg durch das Stadtzentrum von Irun auch nicht angenehmer wäre.

Nach 900 m wird die N-I über die zweite Abfahrt verlassen, wo Hondarribia ausgeschildert ist. Nach 200 m geht man an einem Kreisverkehr rechts auf die Landstraße GI-4361, Nach 600 m geht man am Ortsende über die Kreuzung mit der Nationalstraße N-638 weitere 100 m Richtung Hondarribia und dann halblinks nach Amute. 50 m nach dem Abzweig von der Hauptstraße gibt es zwei Möglichkeiten weiterzugehen:

Ohne Hondarribia zu besuchen: Es geht links und 200 m durch Amute bis zum Ortsende. Die Straße geht in eine Betonpiste über, am Fußballplatz vorbei und nach 200 m über eine Brücke. Dort gibt es eine Weggabelung, wo es halbrechts die Betonpiste bergauf geht. Nach 900 m gelangt man zu einer Kreuzung mit einem Brunnen und es geht links auf eine kleine Asphaltstraße. Der von Hondarribia kommende Weg kommt von rechts dazu, so daß jetzt erst einmal der empfehlenswerte Umweg über diese wunderschöne Kleinstadt beschrieben wird, ehe im Anschluß daran bei der nächsten Etappe dieser Weg wieder aufgenommen wird.

Über Hondarribia: An dem besagten Abzweig bei Amute geht es 100 m weiter auf der gleichen Straße, auf der wir von der Landstraße gekommen sind, bis zur nächsten Kreuzung und über diese geradeaus weiter 1,3 km durch schöne Ortsteile hindurch. Diese Straße heißt Kosta Kalea und verläuft mehr oder weniger parallel zur größeren rechter Hand liegenden Landstraße. Am Ende macht die Straße einen Rechtsbogen und kommt zum Kreisverkehr am Ortsanfang von Hondarribia. Halblinks verläßt man den Kreisverkehr und betritt nach 100 m ein Stadttor zur mittelalterlichen Altstadt.

Durch die gepflasterte Kale Nagusia kommt man nach 300 m an der gotischen Kirche vorbei zum Palast Karls V. (5 km), heute ein luxuriöses staatliches Parador-Hotel. Um den Spaziergang durch die Altstadt fortzusetzen und auf dem Jakobsweg weiterzugehen, biegt man links in die San Nikolas Kalea und nach 100 m wieder rechts in die Juan Laborda Kalea. Nach nur 20 m geht man links in eine Gasse, die über Stufen hinunter zur Gipuzkoa Plaza führt. Der Platz wird überquert, und gegenüber geht es durch einen Torbogen in die Santiago Konpostela Kalea.

An ihrem Ende geht man nach 100 m wieder links in die Jabier Ugarte Kalea, die nach 100 m das Ende der Altstadt und die zentrale San Kristobal Plaza erreicht, wo sich auch das Fremdenverkehrsamt befindet.

Zur Jugendherberge geht es über den Platz gegenüber in die San Pedro Kalea, während der Jakobsweg links in die Harresilanda Kalea führt.

Hondarribia

⇧ 23 m, 14.000 Ew.

Jabier Ugarte Kalea 6, ☎ 943645458; ganzjährig.

Der Ort hieß früher Fuenterrabía und erhielt auf Beschluß des Stadtrats den heute gültigen baskischen Namen. Als Grenzort wurde Hondarribia mit eindrucksvollen Mauern und einer Burg versehen, die ihr heutiges Aussehen in der ersten Hälfte des 16. Jh. erhielt, als der deutsche Kaiser Karl V. auch als Karl I. König von Spanien war. Obwohl er nie hier war, trägt der Palast seinen Namen.

Hondarribia ist der schönste Ort an der Küste des Baskenlandes und darum entsprechend touristisch. Sehenswert ist außer der vollständig erhaltenen Altstadt auch das Fischerviertel La Marina, das die San Pedro Kalea durchquert; ihre vielfarbigen Häuser sind mit schönen Holzbalkons und Blumen geschmückt. Früher befand sich hier die Küstenlinie, doch im Laufe der Zeit wurde das Wasser zurückgedrängt, und es wurden weitere Häuserreihen gebaut, so daß die Straße heute mitten in der Stadt liegt.

Zur Jugendherberge geht man durch die San Pedro Kalea und nach 450 m an der Kreuzung an ihrem Ende rechts, aber nach nur 20 m wieder links in die Itsasargi Kalea und 250 m bis zum Kreisverkehr. Gegenüber geht es halblinks Richtung Hafen (baskisch kaia), und nach 450 m kommt der nächste Kreisverkehr. Wieder geht man gegenüber halblinks weiter - Richtung Leuchtturm (faro) - und nach 250 m links durch einen Park zur Jugendherberge, die seit 1999 auch für Jakobspilger zugänglich ist. Um auf dem Jakobsweg weiterzugehen, muß man zurück zur San Kristobal Plaza.

♦ Jugendherberge (*albergue juvenil/gazte egoitza*) "Juan Sebastián Elkano", 1,4 km vom Stadtzentrum entfernt in der Carretera del Faro, ☏ 943641550; im Winter einige Wochen geschlossen, wechselt aber, so daß man vorher anrufen sollte; Preise für Übernachtung mit Frühstück: bis 30 Jahre Pta 1.385, über 30 Jahre Pta 2.075, Bettzeug Pta 125.

Hondarribia - San Sebastián (28 km)

Zunächst geht es auf dem gleichen Weg zurück, auf dem wir gekommen sind, d.h. durch das Zentrum und die Altstadt, am Palast Karls V. vorbei zum Kreisverkehr am Ortsausgang und auf die Kosta Kalea Richtung Amute. 500 m nach dem Kreisverkehr geht es jedoch scharf rechts eine schmale Straße bergauf Richtung Arkoll und Iketxe. Nach 300 m geht man an einer Kreuzung halblinks Richtung Iketxe. Noch 600 m geht es bergauf und dann geradeaus auf eine Betonpiste wieder bergab. Nach weiteren 600 m kommt man zu der Kreuzung mit dem Brunnen, die weiter oben auf dem direkten Weg beschrieben wurde, der Hondarribia nicht berührt.

Halbrechts geht es nun Richtung Iketxe und Arotz-Enea; letzterer Name gibt ab jetzt weiter die Richtung des Jakobsweges an. Nach 600, wo die Straße eine Linkskurve beschreibt (ein Schild zeigt an, daß nur noch 300 m bis Arotz-Enea fehlen), wird sie halbrechts auf einen breiten rot-weiß markierten Waldweg Richtung Guadelupe verlassen. Nach 200 m geht man an einer Wegkreuzung links auf einen Waldweg und nach 150 m bei der nächsten Kreuzung wieder rechts. Nach nur 20 m verläßt man diesen breiten Weg jedoch wieder halblinks auf einen Pfad, der 150 m steil durch den Wald ansteigt und dann in einen breiten Weg einmündet, der nun geradeaus 800 m genau auf die Kirche von Guadelupe zustrebt, wo die Landstraße GI-3440 erreicht wird (6,2 km).

Rechts befindet sich die Kirche, geradeaus führt die Landstraße weiter, die genau an dieser Stelle eine 90-Grad-Kurve macht, und links führt der rot-weiß markierte Wanderweg, zunächst als Betonweg, in die Berge. Von hier oben hat man einen fantastischen Blick auf das Mündungsgebiet des Bidasoa und die Küste des französischen Baskenlandes.

Blick auf Donostia-San Sebastian

☺ Sie haben zwei genau gleich lange Möglichkeiten weiterzugehen: Entweder Sie überqueren den Berg Jaizkibel (545 m hoch) auf der GI-3440 und genießen die herrlichen Ausblicke auf die Küste, nehmen aber auch die Landstraße in Kauf und daß es praktisch keine Bäume gibt - oder Sie folgen dem rot-weiß markierten Wanderweg, der mehr oder weniger auf gleicher Höhe am Südhang des Berges verläuft. Da die Strecke über die Landstraße nicht zu verfehlen ist, wird hier die zweite beschrieben, der es zwar an Ausblicken auf die Küste mangelt, die dafür aber angenehmer zu gehen und sehr einsam ist.

Der oben genannte Betonweg bzw. rot-weiß markierte Wanderweg wird nach 200 m zur einfachen Piste. Nach weiteren 150 m bekommt sie Steinbelag und führt halbrechts weiter, aber nach nur 50 m wieder nach links. Zunächst sehr steinig, dann aber in besserem Zustand, verläuft sie angenehm auf gleicher Höhe am Südhang des Berges und endet erst nach 5 km auf einer Schotterpiste, die eine Spitzkehre beschreibt und auf der es halbrechts bergauf geht. Der Schotterbelag endet bald, auch die Steigung hört auf, und weiter geht es 4,5 km am Hang entlang, bis man wieder auf die GI-3440 trifft (16 km).

Es geht rechts bergauf. Nach 500 m, in einer Rechtskurve, verläßt man die GI-3440 links auf eine kleine Landstraße. Nach 600 m leichten Gefälles geht es halblinks auf eine Betonpiste, die steil nach unten führt. Nach weiteren 500 m mündet die Piste auf eine Straße, und rechts geht es weiter steil hinab. Nach 400 m endet diese Straße bei einer Häusergruppe, aber geradeaus führt eine Betonpiste noch 100 m bergab, bevor es über Stufen die letzten 200 m hinab zum Meer geht. Hier gelangt man an die schmalste Stelle der von steilen Bergen flankierten Einfahrt in die Bucht von Pasaia. Nach links geht man 300 m an der Uferpromenade entlang und auf die Hauptstraße des Ortsteils **Pasaia-Donibane**, und nach einigen Arkaden kommt man zur kleinen Anlegestelle der Fähre (18,6 km), mit der Sie auf die andere Seite des Hafens fahren müssen.

Pasaia

⇧ 8 m, 18.100 Ew.

Pasaia (spanisch: Pasajes) liegt beiderseits der Bucht und besteht aus den Ortsteilen Pasaia-Donibane (Pasajes de San Juan) im Osten und Pasaia-San Pedro im Westen sowie dem Hafen Pasaia-Antxo. Die Bucht hat eine spektakulär schmale und von Bergen umgebene Einfahrt, um sich dann zum größten natürlichen Hafen des Baskenlandes zu weiten.

Da das nahegelegene San Sebastián nur wenig Platz bietet, hat sich hier das größte Industriegebiet der Provinz Gipuzkoa angesiedelt, dem man an den alten Fabriken und Werftanlagen deutlich ansieht, das es einst bessere Zeiten erlebt hat. Im deutlichen Kontrast stehen dazu die schmalen Gassen und die mit Holzbalkons geschmückten Fischerhäuschen des Ortsteils Donibane (San Juan), wo sich auch ausgezeichnete Restaurants befinden.

Ein kleines Boot (barco, ferry) überwindet die etwa 100 m von Pasaia-Donibane nach Pasaia-San Pedro.

♦ Das Boot pendelt ständig hin und her; Preis: Pta 75 pro Person und Fahrrad.

Hier zeigen gelbe Pfeile zwei verschiedene Richtungen an: Entweder links am Hafen entlang, wovon aber abzuraten ist, weil sich der Weg in den Straßen der Stadt verliert, oder genau gegenüber der Anlegestelle halblinks in die schmale alte Hauptstraße. Nach 300 m, dort wo das Kopfsteinpflaster endet und der Asphalt beginnt, geht es rechts 60 Stufen hoch und weitere 100 m auf einem Fußweg am Friedhof vorbei. Dahinter geht man rechts an der Friedhofsmauer entlang Stufen und einen Pfad hinauf.

Nach 100 m am Ende des Friedhofs biegt man scharf links in einen schmalen Pfad, der im Zickzack weitere 200 m bergauf führt. Dann erreicht man eine Straße, die für normalen Autoverkehr gesperrt ist und geht rechts, wo man einen fantastischen Ausblick auf den Hafen von Pasaia genießt. Nach 1,6 km endet die Straße am Leuchtturm (21 km).

Das Gelände um den Leuchtturm ist von einem Zaun umgeben, und genau vor dem Tor geht man links auf einen Pfad. Hier beginnt ein faszinierender und überraschend einsamer Küstenabschnitt auf schmalen Wegen, die gelegentlich alten Pflasterbelag aufweisen und damit zeigen, daß sie einst häufiger begangen waren.

Nach 1,6 km oberhalb der Steilküste führt der Pfad ins Landesinnere, aber rechts zweigt ein noch schmalerer Pfad ab, der weiter der Küstenlinie folgt. Nach 2,4 km geht es scharf links bergauf und nach 300 m wieder scharf rechts, und weiter folgt man der Küste.

Nach 500 m wird die spektakulärste Stelle dieser Küste erreicht, und über einen Felssattel geht es in den Wald 200 m steil bergab. Dann geht es wieder an der Küste entlang, und nach 200 m beginnt ein Asphaltweg. Von hier bietet sich ein schöner Blick auf San Sebastián.

Nach nur 50 m führt rechts eine Betonpiste mit einigen Stufen 400 m sehr steil bergab; unten beginnt der Stadtteil Gros.

Man hält sich rechts und geht 250 m zum Strand Playa de la Zurriola. 700 m geht man auf der Strandpromenade, am Ende am modernen Kongreßpalast mit dem deutschen Namen "Kursaal" vorbei und über die Brücke über den Fluß Urumea. Gegenüber geht es weiter auf der Straße Alameda del Boulevard.

Linkerhand steht das Theater Victoria Eugenia, in dem sich das Fremdenverkehrsamt befindet, und rechts erstreckt sich die Altstadt. Nach 500 m kommt man zum Rathaus am berühmten Strand Playa de la Concha.

Donostia-San Sebastián

⇧ 5 m, 176.000 Ew.

Links im Gebäude des Theaters Victoria Eugenia, ☎ 943481166; ganzjährig.

In San Sebastián ist von Juli bis September, zu Ostern und an langen Wochenenden Hochsaison, und normalerweise sind sämtliche Unterkünfte belegt. Rufen Sie also zumindest einen Tag vorher an, um sich Ihren Platz zu reservieren. Im Folgenden werden Pensionen in der Altstadt aufgeführt. Außerdem gibt es zahlreiche einfache Unterkünfte im Bereich der Calle San Martín, etwa 1 km südlich der Altstadt.

- Pension Kaia, Calle Puerto 12-2º, ☎ 943431342.
- Pension El Puerto, Calle Puerto 19-1º, ☎ 943432140.
- Pension Balerdi, Calle San Juan 1-2º, ☎ 943426814.
- Pension San Juan, Calle San Juan 13-3º, ☎ 943426345.
- Pension Amaiur, Calle 31 de Agosto 44-2º, ☎ 943429654.
- Pension Aussie, Calle San Jerónimo 23-2ºD, ☎ 943422874.
- Pension San Jerónimo, Calle San Jerónimo 25-2ºC, ☎ 943420830.
- Pension Larrea, Calle Narrika 21-1ºD, ☎ 943422694.
- Pension Lizaso, Calle Bizente 7-3º, ☎ 943422977.
- Pension Loinaz, Calle San Lorenzo 17-2º, ☎ 943426714.
- Pension San Lorenzo, Calle San Lorenzo 2-1ºrechts, ☎ 943425516.
- Pension Urgull, Calle Esterlines, ☎ 943430047.

Donostia-San Sebastián, wie es heute offiziell baskisch-spanisch heißt, ist zweiffellos eine der schönsten Städte Europas. Ihre 3 km breite Concha-Bucht - was übersetzt "Muschel" heißt - ähnelt in fast perfekter Weise einer Muschel. An ihren Enden erheben sich die Berge Urgull - im Osten hinter der Altstadt - und Igeldo - im Westen -, und im Zentrum der Bucht liegt die Insel Santa Clara. Diese einmalige Naturschönheit verbindet sich mit einer Stadt, deren einheitlicher Baustil des 19. und Beginn des 20. Jh. - mit viel Jugendstil-Dekoration - weitgehend beibehalten werden konnte.

Es ist eine großartige Stadt, in der Sie einen Tag verweilen sollten. Steigen Sie auf den Berg Urgull, fahren Sie mit der Standseilbahn (funicular) auf den Berg Igeldo, probieren Sie die berühmten Tapas (hier pintxo genannt) - die besten ganz

Spaniens - in den Bars der Altstadt und besuchen Sie eine der zahlreichen Veranstaltungen, mit denen San Sebastián im Sommer Besucher aus aller Welt anzieht und ihrem Ruf als Stadt der "Belle Epoque" gerecht wird: Jazzfestival im Juli, Volksfest mit beeindruckenden Feuerwerken im August, Internationales Filmfestival im September, sowie zahlreiche Sportwettkämpfe.

San Sebastián war während der napoleonischen Kriege von den Franzosen besetzt. Als es den vereinten spanisch-portugiesisch-britischen Truppen schließlich gelang, die Franzosen zurückzudrängen, leistete die Garnison von San Sebastián einen derart hartnäckigen Widerstand, daß nach ihrem Fall die rachelüstigen Eroberer die gesamte Stadt plünderten und in Brand steckten. San Sebastián mußte vollkommen neu erbaut werden, worauf das ungewöhnlich einheitliche Stadtbild zurückzuführen ist.

⌘ Kursaal: Der neue Kongreß- und Musikpalast wurde im Spätsommer 1999 mit dem Internationalen Filmfestival von San Sebastián eröffnet. Hier, auf einer leicht von der Stadt abgesetzten Landzunge am Zurriola-Strand und gegenüber der Altstadt, stand einst das zweite Spielkasino der Stadt, das einen deutschen Namen erhielt, weil der Name "Casino" bereits belegt war. Da Spielkasinos in der Franco-Zeit verboten waren, wurde es schließlich 1962 abgerissen und der Platz blieb leer, bis endlich das avantgardistische Bauwerk des navarrischen Architekten Rafael Moneo errichtet wurde, das den Eindruck von zwei gigantischen gestrandeten Felsen erwecken soll.

⌘ **Museum San Telmo**: Kunstmuseum von San Sebastián, das im ehemaligen Dominikanerkloster aus dem 16. Jh. untergebracht ist. Hervorzuheben ist weniger die Gemäldesammlung als vielmehr der schöne Renaissance-Kreuzgang und ganz besonders die Kirche, die von 1929 bis 1932 vollständig vom katalanischen Maler Josep María Sert ausgemalt wurde und auf eindrucksvolle Weise die Geschichte und Mythen der Basken beschreibt.

♦ Plaza Ignacio de Zuloaga, Di bis Sa 10:30 bis 13:30 und 16:00 bis 20:00, So 10:30 bis 14:00, Mo geschlossen; Eintritt frei.

⌘ Aquarium (mit Schiffahrtsmuseum): Die Hauptattraktion ist ein 40 m langes, 15 m breites und 8 m hohes Salzwasserbecken mit zahlreichen Fische einschl. Rochen und Haien, durch das ein gläserner Tunnel führt, so daß die Besucher auf allen Seiten von Wasser und Fischen umgeben sind.

♦ 1 km vom Rathaus entfernt am westl. Ende des Hafens; täglich 10:00 bis 20:00; Eintritt Pta 1.100.

⌘ Freilichtmuseum **Chillida-Leku**: Der aus San Sebastián stammende Eduardo Chillida ist einer der bedeutendsten Bildhauer der Welt; eine monumentale Skulptur schmückt unter anderem auch den Hof des Bundeskanzleramtes in Berlin. Ende 2000 erfüllte er sich einen langgehegten Traum und eröffnete ein Freilichtmuseum auf dem malerischen Landsitz Zabalaga bei Hernani (S. 17).

♦ Chillida-Leku, 8 km südlich von San Sebastián; mit dem Bus G-2 Richtung Hernani zu erreichen, der von der zentralen Calle Okendo neben dem Theater Victoria Eugenia abfährt; ☏ 943336006; So 11:00 bis 16:00, Mo und Mi bis Sa vom 1.4. bis 15.10. von 11:00 bis 18:00, vom 16.10. bis 31.3. von 11:00 bis 16:00, Di geschlossen; Eintritt Pta 900.

San Sebastián - Orio Herberge - Zarautz

(18,5 km/23,5 km)

Die Herberge von Zarautz bleibt 2001 wegen Restaurierung geschlossen; so lange muß also in **Orio** übernachtet werden.

Vom Rathaus geht es an den Stränden La Concha und Ondarreta entlang, die durch einen Felsen voneinander getrennt sind. Am Ende des Strandes geht man links in die Landstraße Richtung Igeldo, aber nach nur 150 m wieder rechts in die erste Stichstraße Marbil Kalea.

Nach 100 m führt rechts von der Straße eine Treppe hoch, die wieder auf die Straße stößt, aber nach 50 m geht es erneut auf die Treppe, die sich bald als Fußweg fortsetzt und nach 200 m auf einen Asphaltweg stößt, der weiter bergauf führt.

Nach 200 m macht der Asphaltweg eine Rechtskurve, aber der Jakobsweg geht geradeaus auf einen Pfad, der nach 200 m auf eine Piste stößt. Nach 400 m kommt man an eine Straßenkreuzung; rechterhand liegt der Berg Igeldo. Die Kreuzung und die Landstraße werden jedoch linkerhand überquert und gegenüber geht es links vom Haus namens "Leku-Eder" auf den Asphaltweg Lasarmendi Bidea bergauf.

Nach 1,5 km ist man oben auf der Höhe von Gudamendi und geht links auf eine Straße, die nach 500 m auf die Landstraße stößt. Links kommt man nach 500 m durch das Dorf Igeldo, (6,2 km).

Auf der Straße auf dem Bergrücken geht es immer weiter geradeaus, 1 km bis zum Campingplatz, dann 1,7 km bis zum Restaurant "Taberna Ekaitz" und weiter leicht bergauf 2,5 km bis zu einer Orientierungstafel des Jakobsweges. Von dort geht es auf der Straße noch 1,3 km leicht bergab bis in eine Linkskurve, wo man einem Pfeil geradeaus Richtung "Itziar! folgt. Der Bergweg, der nun 1,2 km steil bergab führt, zeigt stellenweise schönes altes Pflaster.

An einer Weggabelung, von der man weit unten die Autobahn sieht, geht es halbrechts, aber nach 100 m vor einem Zaun wieder links 100 m hinab zu einer Straße. Dieser folgt man 250 m bergab; dann geht es an einer Kreuzung links und nach 50 m an der nächsten Kreuzung wieder links, aber sogleich geht man, bevor die Leitplanke beginnt, halbrechts auf einen Pfad, der 200 m steil bergab führt, den Weg abkürzt und wieder auf die Straße trifft. Rechts kommt man nach 150 m unter der Autobahnbrücke hindurch und biegt dahinter rechts ab, wo eine Straße steil bergauf führt. Nach 400 m kommt man an der hübschen Kapelle Sankt Martin vorbei, von der sich ein schöner Blick aufs Meer bietet. Auf der Straße geht es weiter, nun 700 m bergab, bis zum Ortsanfang von Orio und geradeaus auf der malerischen Kale Nagusia steil hinab an der Kirche vorbei auf die Hauptstraße (16,2 km).

Orio

⇧ 11 m, 4.200 Ew.

Aus der Kale Nagusia kommend, geht es gegenüber halblinks 100 m bis zum Ufer und dort links 200 m bis zur Brücke, wo die Nationalstraße N-634 den Fluß Oria überquert. Auf der anderen Seite geht es 500 m weiter auf der N-634, und nach der nächsten Brücke, die einen Seitenarm des Flußmündungsgebiets (spanisch ría) überwindet, geht es rechts auf eine Straße, die hinunter zur Ría führt. Nach 200 m geht diese Straße in eine Piste über und führt weitere 200 m durch alte Industrieanlagen.

Danach geht es auf der Piste weitere 700 m am Ufer entlang und schließlich unter der Autobahnbrücke hindurch. 100 m danach geht man kurz vor dem Strand links auf eine schlechtere Piste und nach 100 m in einem Rechtsbogen auf eine Betonpiste zum Eingang der Jugendherberge, die sich hier in schöner Lage am Strand dem Ort Orio gegenüber befindet.

Schöne Lage am Strand, Pilger werden bei Vorlage des Pilgerpasses aufgenommen.

♦ Jugendherberge (*albergue/aterpea*) "Txurruka" am Strand Oribar-Zar, ☏ 943830887; im Winter einige Wochen geschlossen, das kann aber wechseln, so daß man vorher anrufen sollte; Übernachtung mit Frühstück bis 30 Jahre Pta 1.385, über 30 Jahre Pta 2.075, Bettzeug Pta 125.

Die Betonpiste führt 100 m an der Herberge vorbei; dann wendet man sich nach links auf eine Piste, die nach 200 m Betonbelag bekommt und dann 1,1 km bis zu einer Straßenkreuzung ansteigt; dort geht man rechts Richtung Campingplatz "Zarautz". Nach 50 m geht man auf einen Fußweg, der 100 m links neben der Straße verläuft und dann in einem Linksbogen von ihr wegführt. Nach 100 m befindet sich rechter Hand der Campingplatz, aber es geht weiter geradeaus an der Mauer des Campingplatzes entlang und nach weiteren 200 m links über die Wiese bergab. Nach 400 m gibt es Stufen, die steil bergab zum Strand

Frühling im Zentrum von Gernika

führen, der dann auf seiner ganzen Länge von 2,2 km abgegangen wird. Am Ende des Strandes stößt man auf die N-634 und geht hier links 150 m bis zur Kreuzung, wo der Jakobsweg der Landstraße GI-2633 Richtung Azpeitia und Aizarnazabal nach rechts folgt. Halbrechts gegenüber geht es dagegen ins Zentrum von Zarautz, dessen Hauptplatz Plaza Nagusia nur 100 m entfernt ist (23,5).

Zarautz

⇧ 5 m, 17.700 Ew.

Nafarroa Kalea, ☏ 943830990; ganzjährig.

Die Herberge von Zarautz bleibt 2001 wegen Restaurierung geschlossen; anschließend wird es sicher eine neue Telefonnummer geben. Am einfachsten ist es, im zuständigen Büro bei der Provinzregierung (Diputación) nachzufragen, ☏ 943482439 (direkte Durchwahl).

Von der besagten Kreuzung an der Nationalstraße geht es in die GI-2633, und nach 400 m liegt linker Hand die Jugendherberge, die auch Jakobspilger aufnimmt.

♦ Jugendherberge (*albergue/aterpea*) "Monte Albertia" an der GI-2633, ☏ wird 2002 neu sein; auch nach der Neueröffnung wird in den folgenden Wintern einige Wochen geschlossen sein; das wechselt aber, so daß man vorher anrufen sollte; Preise für Übernachtung mit Frühstück wie bei den Jugendherbergen von Hondarribia und Orio.

Zarautz - Deba (22,4 km)

☺ Auf den nächsten Etappen bis Bilbao gibt es nur wenige Unterkünfte; rufen Sie darum am Vortag an und sichern sich Ihr Zimmer!

Von der Kreuzung an der Nationalstraße geht es in die GI-2633, aber nach nur 100 m hinter einer kleinen modernen Kirche halbrechts einen Asphaltweg hinauf und nach 50 m rechts auf einen Fußweg Richtung Getaria, der rot-weiß und gelb-weiß markiert ist. Auf einem grob gepflasterten Weg geht es 650 m steil bergauf, dann wird der Weg zur Betonpiste und führt weitere 100 m hinauf bis zu einer Pistenkreuzung. Rechterhand bleibt die Kapelle Santa Barbara liegen, von der man eine schöne Aussicht hat, und halblinks geht es noch 100 m weiter, bis die Betonpiste einen rechten Winkel nach links beschreibt. Hier verläßt man sie halbrechts auf einen alten gepflasterten Weg, der von hier oben schöne Ausblicke auf die Küste bietet, besonders auf den Hafenort Getaria und seine vorgelagerte Halbinsel.

Nach 400 m geht der gepflasterte Weg in eine Piste über, die ihrerseits nach 250 m Asphaltbelag bekommt, und so stößt sie nach 1,5 km auf die Landstraße GI-3391, auf der es halbrechts bergab Richtung Getaria geht. Nach 900 m wird die Landstraße links auf eine Betonpiste verlassen; das Restaurant "Kanpaia" ist hier ausgeschildert. Nach 400 m wird eine Häusergruppe durchquert und sofort führen vor bzw. unterhalb des Restaurantparkplatzes zwei Pisten nach links. Die erste, die leicht bergab führt, wird genommen; nach 600 m zumeist auf altem Pflaster geht der Weg in eine breite Piste über, die nach 100 m bergauf die Landstraße GI-3392 erreicht. Hier geht es halblinks auf der Straße weiter und nach 500 m wieder links auf eine asphaltierte Piste, die 700 m genau ins hübsche Dörfchen **Azkizu** führt (6,5 km).

Vom Dorfplatz geht es links auf einer Betonpiste 350 m bis zum Bauernhof "Mendi-Txiki" und dort rechts auf eine Piste. Nach 50 m geht es an einer Weggabelung halbrechts und nach 700 m an einer weiteren Gabelung halblinks und 300 m ziemlich steil bergab. Unten sieht man schön Zumaia liegen. Dann stößt der Weg auf eine Betonpiste, um nach 500 m die N-634 zu erreichen, wo es nach links geht. Nach nur 100 m befindet sich rechts in einem Park die Santiago-Kapelle und das Museum des Malers Ignacio-Zuloga, das jedoch nur mit Voranmeldung besichtigt werden kann. Nach weiteren 1,2 km gelangt man zur zentralen Kreuzung am Stadtrand von Zumaia (9,7 km). Rechts geht es ins Zentrum; links führt der Jakobsweg weiter.

Zumaia

⇧ 9 m, 8.000 Ew.

i Plaza Zuloaga 1, ☎ 943143396; im Sommer.

Auf der N-634 geht man 3,3 km bis zum letzten Ortsteil von Zumaia und dort vor der Tischlerei "Aroztegia Tellendi Carpintería" links auf eine Piste.

☺ Der nun folgende Abschnitt ist nicht markiert, trotzdem aber nicht schwer zu finden, angenehmer als die Landstraße und sogar 700 m kürzer.

Nach 80 m geht es links auf eine schmale Asphaltstraße, die nach weiteren 70 m eine scharfe Rechtskurve beschreibt. Nach 200 m gibt es bei einer Häusergruppe eine dreifache Weggabelung: Wir nehmen den mittleren Weg halblinks bergauf. Nach 50 m wird der Asphalt zur Betonpiste und nach weiteren 350 m endet auch der Beton und es geht geradeaus - immer bergauf - auf einer Piste weiter, die nach 200 m zu einem einfachen Wald- und Feldweg wird.

Nach 800 m stößt der Weg auf eine Betonpiste; es geht rechts und nach 450 m zwar wieder rechts, aber sofort nach nur 50 m wieder links auf eine Betonpiste, der man nun 450 m bergab folgt. Dann biegt man dort, wo ein großer weißer Pfeil den Weg anzeigt, rechts auf eine einfache Piste.

Zur weiteren Orientierung sei angemerkt, daß nach 50 m ein blaues Tor passiert wird. Nach weiteren 750 m gibt es eine Wegkreuzung; man folgt dem Schild "Itziar" halbrechts auf einen breiten Weg bergab, der nach 250 m die N-634 erreicht; hier: (16,4 km).

Links geht es 2,4 km auf der Nationalstraße bis zur Paßhöhe, wo man links auf die GI-3210 abbiegt. Hier ist der Jakobsweg wieder mit gelben Pfeilen markiert; außerdem kann man sich eine Zeitlang an den gelb-weißen Markierungen eines Wanderweges orientieren.

Nach 200 m geht es rechts auf die Zubringerstraße nach Itziar, und nach 100 m wieder scharf rechts auf eine Betonpiste; das Dorf **Itziar**, bleibt links liegen.

Nach 300 m endet die Betonpiste bei einer Häusergruppe, und geradeaus geht es auf einen Feldweg, der nach 150 m ebenfalls endet. Halbrechts führt ein schöner Pfad 500 m am Hang weiter, bis er wieder auf eine Piste stößt, die links 100 m durch eine Häusergruppe führt.

Geradeaus geht es 600 m auf einer Betonpiste weiter und über eine Kreuzung hinweg weitere 100 m bergauf und dann halbrechts auf eine andere Betonpiste. 500 m führt diese bergab und über eine Kreuzung - der gelb-weiß markierte Wanderweg, der hier nach rechts führt, wird jetzt verlassen - weitere 700 m steil hinab bis zu einem Wasserdepot. Die Piste führt links vorbei, während der Jakobsweg rechts auf einem schmalen gepflasterten Fußweg weiter steil bergab nach Deba führt.

Nach 200 m wird eine Straße überquert, und gegenüber geht es 50 m eine Treppe hinunter. Unten geht man rechts auf einen Weg, der nach nur 100 m direkt auf die Foruen Plaza mündet.

Deba

⇧ 3 m, 5.000 Ew.

Portu Kalea 1, ☏ 943192452; im Sommer.

Pension Zumardi, Meriñel 12, ☏ 943192368.

Deba - Cenarruza (32,8 km)

☺ Die Etappe ist recht lang, aber gut zu finden, denn sie verläuft meist auf Landstraßen, die aber klein und wenig befahren sind. Man kann allerdings auch schon vorher, nach 25,5 km, in **Markina** übernachten.

Vom Hauptplatz geht es gegenüber durch den Torbogen des Rathauses in die Portu Kalea und nach 50 m links in die Straße J. M. Ostolaza Kalea. Nach 100 m mündet diese auf die N-634, auf der man noch 150 m geradeaus geht und dann rechts in die Landstraße GI-638 abzweigt, die den Fluß Deba überquert.

Der Jakobsweg kurz vor San Sebastian

Nach 300 m biegt man von der Landstraße, den rot-weißen Markierungen des Wanderweges folgend, links auf eine Betonpiste.

☺ Dieser Abzweig ist auch mit einem gelben Pfeil markiert, der aber alt und verwittert ist, und neuerdings zeigt auch ein frischer gelber Pfeil auf der Landstraße geradeaus. Wahrscheinlich hat sich der Jakobusverein von Gipuzkoa angesichts des etwas komplizierten Wegverlaufs für die einfachste Alternative entschieden. Wenn Sie jedoch gut auf die rot-weißen Wegmarkierungen und auf meine Wegbeschreibung achten, werden Sie sich nicht verlaufen.

Der Betonweg, der links von der Landstraße wegführt, gabelt sich nach 100 m und es geht halbrechts steil bergauf. Nach weiteren 150 m müssen Sie gut auf die Wegmarkierungen achten, denn unvermittelt geht es links auf einen Pfad in den Wald; dieser Abzweig ist sehr leicht zu übersehen. Nach 250 m geht man an einer Wegkreuzung links und nach weiteren 150 m kurz vor einem Bauernhof rechts. Nach 250 m gibt es hinter einer Lichtung eine Gabelung, wo man halbrechts weitergeht. Nach 450 m kommt wieder eine Weggabelung, und es geht halblinks einen steinigen Pfad steil bergauf. Nach 150 m stößt der Weg oberhalb der Küste auf eine Betonpiste, der man in westlicher Richtung folgt.

Nach 150 m trifft die Piste auf eine Straße, und es geht links weiter. Nach 600 m mündet diese in eine andere Straße, in die man wieder links einbiegt. Nach 500 m geht es vor dem Restaurant (jatetxea) "San Juan" rechts auf eine Asphaltpiste, die nach 100 m Betonbelag erhält. Nach 150 m endet sie, und es geht weiter geradeaus einen Waldweg steil bergab, bis er nach 200 m auf eine Schotterpiste trifft. Geradeaus geht es weiter abwärts, und nach 150 m führt die Schotterpiste nach rechts, unser Wanderweg aber geradeaus auf einen Pfad, der steil bergab nach 300 m die GI-638 am Ortseingang von Mutriku erreicht. Man geht links, aber nach nur 50 m rechts in den Ort. Nach 150 m gibt es eine Straßengabelung, wo es halblinks weitergeht, und nach 200 m in der gleichen Richtung steigt man zur zentralen Plaza Goikoa an (4,7 km), wo das Rathaus steht.

Mutriku

i Txurruka Plaza, ☎ 943603244; im Sommer.

Hotel Kofraixar Zaharra, am Hafen (*puerto/kaia*), ☎ 943603954, etwas teuer: Pta 7.500 für EZ oder DZ.

🚶🚶 100 m hinter der Plaza Goikoa kommt man wieder auf die GI-638, folgt ihr 400 m in westliche Richtung bis zum Ortsausgang und biegt dann in die GI-3562 Richtung Olatz links ab.

☺ Gelbe Pfeile zeigen auf der Hauptlandstraße GI-638 weiter geradeaus - der Jakobusverein von Gipuzkoa hat es wohl aufgegeben, einen leicht zu findenden Weg über die Berge zu markieren und schickt die Pilger jetzt auf der Landstraße über Ondarroa nach Markina. Dabei ist es so einfach - folgen Sie meiner Wegbeschreibung! Sie werden sich nicht verlaufen und 3 km Weg sparen.

🚶🚶 Nach 4 km erreicht die kleine Landstraße BI-3562 das Dörfchen **Olatz** (9,2 km). Die Straße führt nach rechts, unser Weg aber in der gleichen Richtung, an der Bar "Zelaieta Taberna" links vorbei, in eine schmalere Straße. Nach 150 m gibt es eine Weggabelung, man geht halbrechts und nach 50 m an der nächsten Gabelung halblinks auf eine Betonpiste Richtung "Isasi-Mendi" (Name eines Bauernhofes). Wenn Sie dieses Schild sehen, haben Sie die Gewähr, auf dem richtigen Weg zu sein.

Nach 1,2 km gibt es wieder eine Weggabelung, aber nun geht es halblinks, während der Abzweig nach

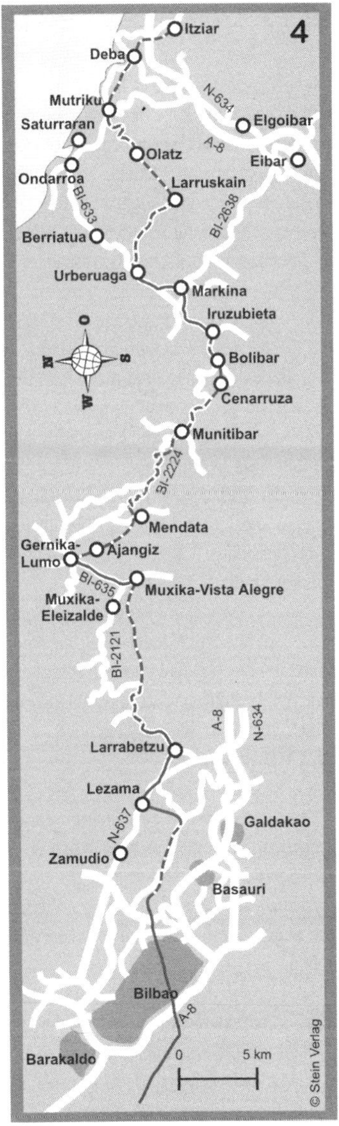

"Isasi-Mendi" halbrechts liegen bleibt. Nun geht es 1,7 km bergauf bis auf die Höhe, und kurz vor einem Bauernhof, an dem die Betonpiste endet, scharf links auf eine schmale Asphaltpiste. Hier oben, an der Grenze der baskischen Provinzen Gipuzkoa und Bizkaia, kreuzt auch ein GR-Wanderweg, dessen rot-weiße Markierungen jedoch nichts mit dem Jakobsweg zu tun haben. Nach 1,2 km stößt die Asphaltpiste auf eine Betonpiste, auf der es rechts 2 km teilweise steil bergab in das hübsche Dörfchen **Larruskain** (15,5 km) geht.

Die kleine Landstraße GI-4403 führt von hier 5,8 km bis zur Kreuzung mit der recht stark befahrenen BI-633, wo es links geht. Nach 600 m werden die Ruinen des ehemaligen Kurortes Urberuaga (21,9 km) durchquert, und nach weiteren 2 km gelangt man zum Ortsrand von Markina. Von der neuen BI-633 geht man halblinks auf die alte Landstraße und nach 200 m an einem Kreisverkehr vorbei halblinks in den Ort.

Nach 300 m wird der Fluß Artibai überquert, und direkt dahinter geht man links in die Urbitarte Kalea. 200 m folgt man ihr im Rechts- und Linksbogen, überquert dann links den Fluß Urko und kommt nach weiteren 100 m zu einer runden Kirche (23,7 km).

Kirche San Miguel de Aretxinaga: Diese unscheinbare Kirche aus dem 18. Jh. ist um einen megalithischen Altar herumgebaut, der aus drei gigantischen Felsblöcken besteht und aus dem Hochmittelalter stammt. Die bizarre Form des Altars inspirierte diverse Legenden.

♦ ständig.

Vor der Kirche ist eine Ochsenrennbahn mit ihrem typischen Kopfsteinpflaster zu sehen. Es handelt sich um einen der traditionellen ländlichen Wettkämpfe des Baskenlandes. Ein Ochse muß in einer bestimmten Zeit einen schweren Stein mehrmals auf diesem schwierigen Pflaster hin- und herziehen, wobei er vom Bauern angetrieben wird. Mehrere dieser Steine sind auf dieser Ochsenrennbahn zu sehen.

Nach dem Besuch der Kirche geht man in die entgegengesetzte Richtung südlich auf einer schmalen Straße 600 m am Hang entlang an der Hauptkirche von Markina vorbei und dort rechts in die Straße, über die nach 300 m der Hauptplatz El Prao erreicht wird (25,5 km).

Markina-Xemein 🛏 ✕ ⛳ ⚕ ✓ ⊞ ⇧ 72 m, 4.800 Ew.

ℹ Xemein Etorbidea 13, ☎ 946167838; im Sommer.

🛏 Hostal Vega, Abesua Kalea 2, ☎ 946166015; Preise: EZ Pta 3210, DZ Pta 6.420.

Vom Hauptplatz geht es auf der Hauptstraße Richtung Süden, und nach 800 m kommt man zur Landstraße BI-633 und geht links. Gelb-weiße Markierungen zeigen zwar an, daß es auf der anderen Seite der Landstraße und des Flusses Artibai einen Wanderweg gibt, dieser war jedoch Anfang 2001 derart zugewachsen, daß ein Durchkommen unmöglich war. Dies kann sich natürlich in Zukunft ändern, im momentanen Zustand ist es aber vorzuziehen, ein Stück auf der BI-633 zu gehen.

Der Berg Txindoki

Nach 600 m kommt man an einer hübschen Kapelle vorbei, und 100 m weiter geht es rechts auf eine kleine Asphaltstraße, wo auch wieder gelb-weiße Markierungen erscheinen. Nach 100 m wird die Straße zur Piste, die wiederum nach 100 m endet.

Nach einem Tor geht es am Flußufer auf einem Pfad weiter. Nach 300 m geht dieser in einen roten Fußweg über - hier wird in Zukunft gebaut werden -, der nach 300 m an einer Kreuzung mit einer kleinen Straße endet.

☺ Die nun folgenden eineinhalb Kilometer muten etwas umständlich an, man kann sich aber nicht verlaufen, denn es geht immer in der Nähe des Flusses Artibai entlang.

Rechts geht es auf einer Betonpiste über den schmalen Fluß und nach 100 m links durch ein Tor auf einen Feldweg. Nach 200 m steigt dieser Weg an und führt in den Wald. Nach 100 m geht es über eine Wegkreuzung in gleicher Richtung geradeaus auf einen Pfad. 150 m führt dieser etwas unwegsam am Hang entlang, dann geht der Pfad in einen breiten Weg über, der 150 m zum Fluß hinunter führt. Dieser wird nicht überquert, sondern es geht auf dem breiten Weg geradeaus. Nach 300 m wird eine Betonpiste überquert, und man geht 500 m weiter geradeaus auf einem Feldweg in der Nähe des Flußufers, bis man rechts vom Dorf Iruzubieta auf die BI-2224 stößt (29 km), auf der es nach rechts geht.

Nach 1,9 km steht rechts an der Straße (dort wo linker Hand eine Straße hinauf ins Dorf **Arta** führt) eine kuriose Holz- und Steinskulptur des Künstlers Juan Regillaga, die aber leider total verwittert ist. Weiter geht es auf der BI-2224, aber nach 150 m geht man besser rechts über eine Brücke und dann auf einer Piste parallel zur Straße 450 m bis zum Ortseingang von **Bolibar**. Hier steht linker Hand das Simon-Bolívar-Museum; 100 m weiter befindet sich der hübsche zentrale Dorfplatz (31,5 km).

⌘ **Simón-Bolívar-Museum**: Der Großvater von Simón Bolívar, dem Befreier Südamerikas zu Beginn des 19. Jh., wurde hier am Stammsitz der Familie geboren. Das kleine Museum erinnert an die Familiengeschichte, ihren bedeutendsten Sproß und die Geschichte der Unabhängigkeit der südamerikanischen Staaten.

♦ Di bis Fr 10:00 bis 13:00, Sa + So 12:00 bis 14:00 sowie im Juli und August auch 17:00 bis 19:00, Mo geschlossen; Eintritt frei.

Es geht auf der BI-2224 weiter, aber nur 150 m, dann geht man am westlichen Ortsausgang auf die letzte Straße links und nach 50 m wieder rechts auf den berühmten mittelalterlichen Weg zum Kloster Cenarruza; das alte Pflaster ist teilweise gut erhalten oder restauriert. Ein Wegweiser zeigt an "Ziortzara", ("nach Ziortza", der baskische Name für Cenarruza), das nach 900 m auf dem Fußweg und weiteren 200 m auf einer Straße erreicht wird.

✝ **Kloster Cenarruza**: Der Ursprung dieses Klosters liegt im 10. Jh., als es den einzigen christlichen Vorposten in den damals noch nicht christianisierten baskischen Küstenprovinzen darstellte. Der heutige Bau stammt im wesentlichen aus dem 16. Jh.

♦ ständig; Eintritt frei.

Bisher haben die Zisterziensermönche immer gerne kostenlos Pilger aufgenommen, wenn die Unterkunft auch mehr als karg war. Im Jahr 2001 gibt es wegen Bauarbeiten jedoch keinen Platz, obwohl man letztlich wohl kaum abgewiesen wird. Ein richtiger Raum für Pilger ist geplant, hängt aber davon ab, ob es dafür Subventionen gibt.

Eine gute Alternative ist das Gasthaus "Ziortza-Beitia", das nur 300 m entfernt bzw. 100 m abwärts von der Einmündung des Wanderweges an der Straße vom Kloster Richtung Bolibar liegt. Neben dem Restaurantbetrieb und normalen EZ und DZ hat es auch einen Herbergsteil mit sechs Zimmern mit je sechs Liegen zu günstigeren Preisen.

♦ Gasthaus (*hospedería/aterpetxea*) "Ziortza-Beitia", ☎ 946165259; Preise im Herbergsteil Pta 2.140, Bettzeug Pta 100.

Cenarruza - Gernika (20 km)

Vom westlichen Haupteingang des Klosters geht man 100 m nach Westen und dann rechts genau über dem tiefer liegenden Parkplatz auf auf eine Betonpiste, die nach 100 m endet. An der dortigen Weggabelung geht es halblinks auf einen breiten Weg, der aussieht, als würde er in Zukunft befestigt werden. Das wird aber sicher nicht geschehen, bevor er nicht weitergebaut wird. Nach 350 m endet er plötzlich mitten im Wald und führt als schmaler Pfad 200 m bergauf weiter. Dann stößt er auf einen Weg, der sehr schmal nach rechts führt, bald aber immer breiter wird und schließlich nach 800 m auf eine kleine Asphaltstraße trifft.

Hier gibt es zwei genau gleich lange Möglichkeiten weiterzugehen: Entweder man folgt den gelben Pfeilen des Jakobsweges 50 m nach rechts zur Landstraße BI-2224 und geht dort links 2,8 km bergab bis Munitibar (Arbazegi-Gerrikaitz), oder man folgt den rot-weißen Markierungen des Wanderweges, was im Anschluß beschrieben wird:

Wo der von Zenarruza kommende Weg auf die kleine Asphaltstraße trifft, geht man nicht rechts, sondern links (aber auf der Asphaltstraße und nicht auf einer Betonpiste, die kurz vorher einmündet). Nach 1 km endet die Straße bei einem Bauernhof, an dem es in der gleichen Richtung links vorbei auf einen Feldweg geht. Nach 100 m geht man an einer Weggabelung halbrechts und auf einem Feldweg 150 m bis in den Wald. Dort geht es nicht auf dem breiteren Weg halbrechts am Waldrand entlang, sondern geradeaus auf einen schmaleren, aber sehr schönen Waldweg, der teilweise altes Pflaster hat, 400 m steil bergab bis zu einer Häusergruppe. Hier beginnt eine Betonpiste, die 800 m bis ins Dorf **Gerrikaitz** führt, wo eine Landstraße erreicht wird. Rechts geht man 250 m bis zur Kreuzung mit der BI-2224, auf der man links nach 200 m das Zentrum von **Arbazegi** (Gemeinde Munitibar), (4,4 km) erreicht.

Im Ortszentrum geht man links auf die BI-2224 Richtung Gernika, aber nach nur 100 m zweigt halblinks eine kleine Straße ab, die nach 1,2 km das Dorf **Aldaka** (5,7 km) erreicht. An der Weggabelung vor dem Ort - hier steht die kleine Santiago-Kapelle aus dem 18. Jh. - geht es halblinks weiter auf der kleinen Asphaltstraße, die nach 1 km wieder zur BI-2224 führt. Aber die Landstraße wird nicht betreten, sondern 50 m davor geht es links auf eine schmale Asphaltstraße, die 300 m steil bergab zu einem Bauernhof führt. Dort geht es links auf eine Piste, die nun bergauf nach 200 m endlich auf die BI-2224 trifft.

Nach links geht es knapp 2 km auf der Landstraße, vorbei an dem Ortsanfangsschild von **Mendata**, und noch 500 m bis zu einer Kreuzung, wo rechts ein Schild anzeigt, daß die umliegenden Häuser zum Ortsteil Olabe gehören. Hier geht es links auf die schmalere Landstraße BI-3224. Nach 900 m ist man auf der Höhe am Ortsteil **Olabe-Zarrabenta** (10,4 km), wo man die Landstraße verläßt, um auf dem Asphaltweg rechts durch dieses Dorf zu gehen.

500 m folgt man dem Verlauf dieses Weges bergauf mit all seinen Kurven durch das Dorf bis zum letzten Haus, wo auch der Asphalt endet. Geradeaus geht es auf einen Fußweg und nach 150 m an einer Weggabelung halbrechts. 1,1 km führt dieser Waldweg zumeist leicht bergab, bis man auf der anderen Seite eines engen Tales ein kleines Dorf mit einer Kirche sieht. Der Jakobsweg führt auf dem breiten Weg nach links, aber die Jakobusvereinigung von Bizkaia hat sich mit dieser Markierung vertan. Schöner ist es, noch 150 m auf einem Pfad geradeaus zu gehen und den Bach über eine malerische alte Brücke zu überqueren. Gegenüber geht es auf einem Pfad 150 m hinauf bis zu einem Asphaltweg, der links 50 m zur Kirche von Eleizalde (12,4 km) führt. Es handelt sich um den Ortsteil von Arratzu, in dem sich die Hauptkirche befindet.

Vor der Kirche befinden wir uns wieder auf dem Jakobsweg, und es geht rechts auf einen Asphaltweg leicht bergab. Nach 200 m zeigt ein gelber Pfeil auf dem Asphalt an, daß der Jakobsweg halblinks weitergeht, und nach 50 m geht es wieder scharf links auf einen Asphaltweg. 150 m führt dieser hinunter zum Bach, wo man an einer eindrucksvollen Wassermühlen-Ruine vorbeikommt, und wieder 150 m hinauf zu einem Bauernhof, wo der Asphalt endet. Links-rechts geht es durch das Gehöft hindurch auf eine Piste, 300 m steil bergauf und weitere 500 m geradeaus, bis der Weg wieder auf die BI-3224 stößt.

Es geht rechts 1,6 km bis zur Straßenkreuzung von Marmiz und geradeaus auf der nun breiteren Straße 2 km bis **Ajangiz**, 🍷, (17,4 km).

Weitere 1,8 km geht es auf der Landstraße bis zur Kreuzung am Ortseingang von **Gernika** und dort links, wo man nach 200 m die Brücke von Rentería über das Flüßchen Oka überquert. Noch weitere 450 m geht es geradeaus durch die San Juan Kalea, dann links in die Hauptstraße Artekale 50 m bis zur zentralen Foru Plaza.

Der Strand von Covachos abseits des Jakobswegs zwischen Santander und Boo de Piálagos

Gernika-Lumo ⇧ 10 m, 16.000 Ew.

- Artekale 8, ☏ 946255892; ganzjährig.
- Hostal Iratxe, Industria Kalea 6-1º links, ☏ 946256463 + ☏ 689707133 (Anmeldung in Bar Frontón, Industria Kalea 2).
- ♦ Hotel Boliña, Barrenkale 3, ☏ 946250300.
- ♦ Pension Akelarre, Barrenkalea 5, ☏ 656762217.
- ♦ Das Fremdenverkehrsamt verfügt über eine lange Liste von Fremdenzimmern.

Gernika wurde am 26. April 1937 durch einen dreieinhalbstündigen Bombenangriff der deutschen **Legion Condor** vernichtet. Die Deutschen griffen damals als Hilfstruppen der aufständischen spanischen Militärs unter dem Oberbefehl von General Franco in den Spanischen Bürgerkrieg ein.

Vorrangiges Ziel der Legion Condor war die Erprobung des neuen Kriegsgeräts und der modernen Taktik des Luftkrieges zur Vorbereitung auf den Zweiten Weltkrieg. Die **Bombardierung** von Gernika war der erste massive Luftangriff auf eine ungeschützte und nicht direkt am Kriegsgeschehen beteiligte Stadt und ihre Zivilbevölkerung, die von den Flugzeugen aus sogar unter Maschinengewehrfeuer genommen wurde.

Die Spreng- und Brandbomben zerstörten das gesamte Stadtzentrum und Hunderte fanden den Tod. **Pablo Picasso** verewigte das Grauen des modernen Krieges in seinem Bild "Guernica" (in der damals noch gebräuchlichen spanischen Schreibweise), dem berühmtesten Gemälde des 20. Jahrhunderts.

Angesichts dieser Tragödie ist es umso bemerkens- und anerkennenswerter, daß Deutsche heutzutage gerngesehene Gäste sind und keinerlei Haß zurückgeblieben ist, sondern nur der ehrliche Wille zur Versöhnung.

⌘ **Casa de Juntas** und **Heiliger Baum**: Gernika ist das Symbol der baskischen Selbstbestimmungsrechte, die auf das Mittelalter zurückgehen. Damals versammelten sich die Abgesandten der Ortschaften Bizkaias unter dem Baum von Gernika, um über politische, soziale und wirtschaftliche Angelegenheiten zu beraten. Das heutige Parlamentsgebäude (Casa de Juntas) stammt aus dem 19. Jahrhundert.

- ♦ Täglich 10:00-14:00 + 16:00-19:00, im Winter nur bis 18:00; Eintritt frei.

Gernika - Bilbao

(33,2 km)

☺ Diese Etappe ist sehr lang, denn auf dem Weg gibt es keine Übernachtungsmöglichkeiten.

Vom Ortszentrum geht man auf der Hauptstraße nach Süden Richtung Bilbao und Amorebieta 1,5 km bis zum Ortausgang. Von dort geht es 1,5 km geradeaus weiter auf der Landstraße BI-635 über die Straßenkreuzung von Muxika, ✕ (3 km) hinweg, bis es 200 m danach vor einer Holzfabrik rechts auf eine kleine Asphaltstraße geht.

Der baskische Volkssport ist das **Pelota-Spiel** (pelota heißt Ball). In einer speziellen Halle, dem Frontón, wird ein kleiner und recht schwerer Lederball gegen eine Wand geschlagen, wobei auch die linke Seitenwand zu Hilfe genommen werden kann. Pelota kann mit der bloßen Hand, mit einem Holzschläger oder mit einem Korb gespielt werden. Letztere Variante heißt auf spanisch "Cesta Punta" und auf baskisch **"Jai Alai"** (übersetzt "Fröhliches Fest"). Es wird als schnellster Sport der Welt bezeichnet, und seine Hauptstadt ist Gernika. Jeden Montag nach dem Wochenmarkt findet nachmittags ein Wettkampf im berühmten Frontón "Jai Alai" statt.

Nach einer Rechts- und einer Linkskurve steigt sie schnell an und bietet gute Blicke auf die umliegenden Berge, aber auch auf die häßliche Holzfabrik. Nach 700 m kommt man an der hübschen mittelalterlichen Kapelle von San Román vorbei. Nach weiteren 1,5 km führt die Straße zwischen zwei Bauernhöfen hindurch und gleich danach rechts bergab.

Nach 400 m macht die Straße eine scharfe Rechtskurve und führt nun wieder nach Norden. Nach weiteren 800 m zweigt links eine breite Piste ab. Hier gibt es theoretisch zwei Möglichkeiten weiterzugehen:

Nicht zu empfehlender Hauptweg: Gelbe Pfeile an den Bäumen zeigen an, daß der markierte Jakobsweg geradeaus führt, wo er nach 600 m in Eleizalde (Ortsteil von Muxika) die Landstraße BI-2121 erreicht (7,5 km). Links geht es 3,7 km bergauf zur Paßhöhe von Gerekiz, wo man links in die kleine Landstraße BI-4137 Richtung Eskerika einbiegt. Nach 700 m verläßt man die Straße bei einer Häusergruppe rechts auf eine Piste; diese führt 500 m bergab und wieder 900 m bergauf, bis sie erneut auf die Landstraße trifft (13,3 km), wo man nach rechts geht. Hier kommt von links die empfehlenswertere Wegalternative dazu.

Empfehlenswerte, angenehmere und kürzere Wegalternative: Es mutet unglaublich an, daß dem Jakobusverein von Bizkaia diese Wegalternative entgangen ist. Unsere Empfehlung ist 3,2 km kürzer und vermeidet die vielbefahrene und für zwei Autos schon fast zu schmale Landstraße BI-2121. Von dem besagten Abzweig geht es links auf die breite Piste in ein weites Tal. Die Piste ist leicht als die richtige zu erkennen, denn am Eingang zum Tal gibt es beidseitig einen großen Holzzaun und auf dem Boden ein Gitter, das verhindern soll, daß Vieh das Tal verläßt. Auf dieser Piste geht es also 2,7 km ständig leicht ansteigend bis zur kleinen Landstraße BI-4137, in die man links einbiegt. Nach 500 m ist die Stelle erreicht, wo der markierte Jakobsweg von rechts dazukommt (10,1 km). Da diese Wegalternative unbedingt zu empfehlen ist, gelten im folgenden nur die entsprechend kürzeren Kilometerangaben.

300 m geht es auf der BI-4137 weiter bis zu einer Straßengabelung bei einem freistehenden Haus. Man geht links und nach 70 m wieder rechts auf eine Piste bergab. Nach 500 m kommt man an eine Pistenkreuzung und geht links bergauf. Dieser Piste folgt man 1,8 km mit vielen Kurven und abwechselnd bergauf und bergab, bis sie auf einen Asphaltweg mündet, wo es nach links geht. Nach 400 m wird der Paß Aretxabalagana (13,4 km) erreicht, von dem man prächtige Blicke auf die umliegenden Berge und Täler genießt.

Von der Paßhöhe geht es auf der Landstraße BI-2713 2,2 km bergab. Man kommt am Abzweig Richtung Mungia vorbei und geht 50 m danach halblinks auf einen Feldweg bergab, gelbe Pfeile zeigen den Weg an. 200 m geht es am Zaun entlang, dann geradeaus auf eine Piste und nach 200 m rechts auf einen Asphaltweg. Im Tal geht es nun 1,4 km immer geradeaus bis ins Dorf Goikolexea, (17,4 km), wo wieder die BI-3751 erreicht wird, auf der man links 1,3 km auf der Landstraße nach Larrabetzu geht.

Larrabetzu

⇧ 100 m, 1.500 Ew.

An der Kreuzung im Zentrum geht es rechts 2,5 km auf der BI-3713 bis zur Einmündung in die vielbefahrene Nationalstraße N-637, der man rechts folgt und nach 1 km Lezama,

Es geht rechts 400 m bis zu einer Kreuzung, wo die Straße einmündet, die von Lezama kommt. Am Stopschild der einmündenden Straße geht es halbrechts auf einen Bergweg, der dann im Linksbogen an den Antennen eines Fernsehsenders vorbeiführt. 1 km geht es bergauf, dann kommt man erneut an Antennen vorbei. Danach geht es 1,5 km auf dem Bergrücken bergab. Auf diesem Weg bieten sich prächtige Ausblicke nach links in das Tal des Nervión, auf Bilbao und die umliegenden Industriegebiete sowie nach rechts in das weite Tal von Asua mit viel Industrie und dem Flughafen.

Wo der Bergweg wieder auf die BI-3732 trifft (28,3 km), geht es schräg gegenüber - ein Schild des Jakobsweges zeigt es an - halblinks auf eine Piste. Nach 50 m geht man rechts an einem Holztor vorbei und nach 250 m an einer Weggabelung halblinks. Nach 300 m ist eine Aussichtsplattform mit Bänken erreicht. Tief unten im Tal liegt die Großstadt Bilbao, der die Berge kaum Expansionsmöglichkeiten lassen, und gegenüber erheben sich Berge, die bis 1.000 m hoch sind.

An der Aussichtsplattform geht es vorbei und halbrechts am Hang entlang. Nach 250 m geht man halblinks auf eine breite Piste, und nach 900 m kommt man zum Restaurant und Festsaal "Monte Avril" (30 km). Vor dem Parkplatz geht es links auf einen Asphaltweg und 1 km bergab bis zu einer Schnellstraße, die auf einer schmalen Brücke überquert wird. Von der Brücke führt gegenüber links eine Treppe hinunter, und von der großen und vielbefahrenen Landstraße entfernt man sich und geht über eine andere Straßenkreuzung gegenüber genau geradeaus 1,2 km bergab auf der Straße Camino Acheta/Atxeta Bidea bis zu einer Schnellstraße, die sich schon mitten in Bilbao befindet.

Durch eine Unterführung geht man auf die andere Seite, wo sich der Park Etxebarria erstreckt. Am Schornstein, der sich als einziges Relikt einer ehemaligen Fabrik mitten im Park erhebt, geht es links vorbei und dann die Treppen hinunter durch die Calle Quintana zum sehenswerten Rathaus am Ufer des Nervión.

Bilbao

i im Arenal-Park bzw. Paseo del Arenal, ☎ 944795760; ganzjährig.

Bilbao liegt im Zentrum eines großen Industriegebiets mit mehr als einer Million Einwohnern. Seit Mitte des 19. Jh. entwickelte sich auf der Basis des in der Nähe abgebauten hervorragenden Eisenerzes eine leistungsfähige Stahlindustrie, deren Bedeutung erst in den siebziger Jahren dieses Jahrhunderts zurückgegangen ist. Der Fluß Nervión ist 20 km vom Meer bis Bilbao schiffbar, bildet damit einen hervorragenden Naturhafen und war eine der Voraussetzungen für den industriellen Aufschwung der Stadt.

Vom Rathaus gehen Sie zur Altstadt nach links 600 m am Fluß entlang durch den Arenal-Park, in dem sich das Fremdenverkehrsamt befindet. Zum 1 km entfernten Guggenheim-Museum gehen Sie vom Rathaus nach rechts, wobei Sie über eine moderne Fußgängerbrücke auf die andere Seite des Flusses müssen, während Sie den besten Fotoblick vom rechten Ufer haben.

Zur Jugendherberge, die auch Pilger aufnimmt, fahren Sie am besten mit dem Bus von der Plaza Circular (bis vor kurzem Plaza España genannt), zu der Sie vom Rathaus über die Brücke und 400 m weiter geradeaus gehen.

✝ **Santiago-Kathedrale**: Gotischer Dom im Zentrum der Altstadt; neben der Kathedrale von Santiago ist es die einzige Hauptkirche Spaniens, die dem Apostel Santiago geweiht ist, was auf die Bedeutung hinweist, die die Jakobus-Pilgerschaft hier einst hatte.

⌘ **Guggenheim-Museum**: Das spektakuläre Museum kann wohl als das modernste Gebäude der Welt bezeichnet werden; es wurde vom amerikanischen Architekten Frank Gehry entworfen und 1997 eingeweiht. Es ist ein gigantisches Museum für moderne Kunst und beherbergt Kunstwerke der wichtigsten Maler dieses Jahrhunderts. Das bedeutendste Kunstwerk ist jedoch das Gebäude selbst.

♦ Am Nervión in Abandoibarra; Di bis So 11:00 bis 20:00; Mo geschlossen; Eintritt Pta 700, mit dem Kunstmuseum zusammen Pta 1.000.

⌘ **Kunstmuseum** (Museo de Bellas Artes): Eines der wichtigsten Kunstmuseen Spaniens; es beherbergt Malerei vom Mittelalter bis ins 19. Jh. sowie moderne baskische Malerei und Skulptur.

♦ Am Nervión hinter dem Guggenheim-Museum an der nächsten Brücke; Mo bis Sa 10:00 bis 20:00, So 10:00 bis 14:00, Mo + feiertags geschlossen; Eintritt Pta 600.

⌘ **Baskisches Museum** (Museo Vasco/Euskal Museoa): Archäologisches und Ethnographisches Museum, das die verschiedenen Aspekte des baskischen Lebens im Laufe der Geschichte darstellt.

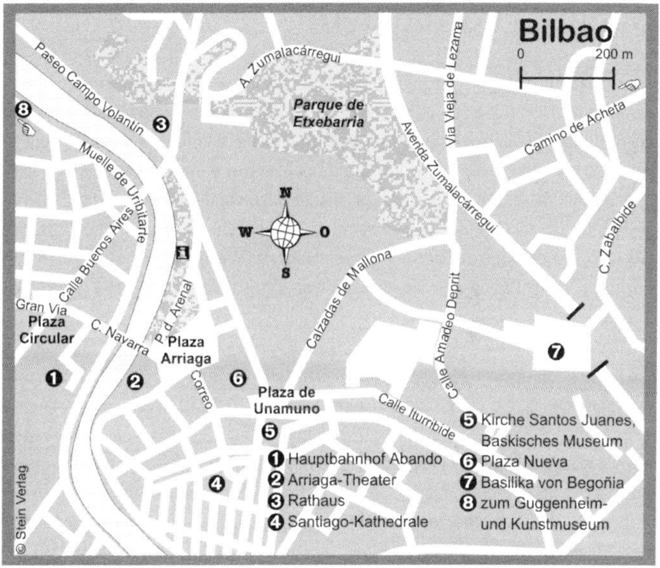

♦ In der Altstadt, Calle Cruz 4; Mo bis Sa 10:30-13:30 + 16:00-19:00, So 10:30-13:30, Mo + feiertags geschlossen; Eintritt Pta 300.

Die hervorragende Jugendherberge wurde erst 1998 eingeweiht und liegt 3 km vom Stadtzentrum entfernt. Der Weg dorthin ist kein Vergnügen, so daß Sie am besten mit dem Bus Nummer 58 fahren, dessen Haltestelle sich an der Plaza Circular (baskisch Biribila Plaza) befindet. Jakobspilger werden zum Vorzugspreis aufgenommen.

♦ "Albergue Bilbao Aterpetxea", an der Landstraße (carretera) Basurto - Castrejana, nahe der Autobahn, ☎ 944270054; Preis: Übernachtung mit Frühstück und Bettzeug, Pta 700.

Bilbao – Portugalete (16,4 km / 12 km)

☺ Der historische Jakobsweg verläuft links vom Nervión, von 16,4 km jedoch nur 4 km auf angenehmen Wegen, der Rest durch Großstädte, Industriegebiete und auf vielbefahrenen Landstraßen. Darum empfehle ich eine angenehmere und kürzere Alternative am Ufer des Nervión entlang; von dort hat man interessante Ausblicke hinüber auf die Hafenanlagen und die Zeugen der Industrialisierung, deren Dekadenz unübersehbar ist. So geht es bis zur Mündung des Nervión, wo der Fluß auf der berühmten Hängebrücke überquert wird. Auch von dort führt unser Weg weiter am Ufer entlang. Dort treffen sich beide Wegalternativen wieder.

☺ Die Etappe ist sehr kurz, aber wenn man vorher Bilbao besichtigt und dann losgeht, ist die Länge angemessen.

❶ **Hauptweg**: Von der Herberge geht man auf der Landstraße BI-3736 bergauf aus der Stadt hinaus. Nach 1,2 km führt diese Straße unter einem Autobahn-Zubringer hindurch, aber vorher geht man links auf die BI-636 Richtung Balmaseda. 2 km geht es bergab bis zu einer Kreuzung am Fluß **Cadagua**, der rechts auf einer alten Steinbrücke überquert wird.

Auf der anderen Seite, im Ortsteil **Zubileta**, kommt man nach 200 m zur Bahntrasse: Links führt eine andere Variante des Jakobswegs ins Landesinnere, der Küstenweg aber geradeaus über die Gleise und gegenüber auf einer schmalen Straße 1,2 km steil bergauf bis zur Kapelle Santa Agueda. Dort geht es rechts auf einer Asphaltpiste am Berg entlang, von wo man einen fantastischen Blick auf Bilbao und das Industrie- und Hafengebiet genießt.

Nach 1,7 km gibt es einen großen grünen Wasserspeicher; es geht rechts auf einer Piste 1 km bergab bis zur Einmündung in eine Straße und weiter 200 m geradeaus bis kurz vor die Autobahn. Dort wendet sich die Straße nach links, wo nach 400 m ein Kreisverkehr erreicht wird, im Zentrum von **Cruces** (8 km), wo sich rechter Hand das größte Krankenhaus des Baskenlandes befindet.

Es geht aber nicht rechts über die Autobahnbrücke, sondern über den Kreisverkehr hinweg geradeaus in eine Straße und nach 100 m halbrechts auf einen Fußweg an der Autobahn entlang. Nach 200 m gibt es wieder einen Kreisverkehr. Weiter geradeaus geht es auf einer Straße links neben der Autobahn 500 m durch ein Wohngebiet, bis sich die Straße nach links wendet und in die Nationalstraße

N-634 einmündet. Auf den nächsten Kilometern wird es nun unvermeidlich sein, auf der Nationalstraße zu bleiben, denn die ohnehin schon unangenehme wirkliche Route des Jakobswegs durch Großstädte und Industriegebiete ist unmöglich zu finden.

In der gleichen Richtung geht es darum auf der N-634 weiter, nach 400 m über die Kreuzung im Ortsteil **Retuerto** und nach weiteren 1,3 km am riesigen Einkaufszentrum Max-Center vorbei. Nach 1 km wird der Ortsteil **Ugarte** verlassen und es geht für 1 km übers Land (und ohne Fußgängerweg neben der Nationalstraße) bis zum Ortsanfang von **Valle de Trápaga - Trapagaran** (13,5 km).

Nach 1 km erreicht man das Zentrum, wo es an der Landstraßenkreuzung rechts Richtung Portugalete geht. Nach 800 m geht man an einer Kreuzung rechts weiter Richtung **Portugalete**. Nach 200 m wird die Autobahn überquert und 300 m danach kommt man zu einem großen Kreisverkehr (15 km). Hier zweigt links der Jakobsweg auf eine einfache Straße ab, die nach 400 m zum roten Rad- und Fußweg "Bidegorri" führt. Da in Portugalete jedoch übernachtet werden müßte, geht man wohl über den Kreisverkehr geradeaus 1,4 km nach Portugalete (16,4 km), ins Zentrum bei der berühmten Hängebrücke.

Felsenbucht mit glasklarem Wasser am Küstenweg

❷ **Empfehlenswerte Wegalternative**: Mit dem Bus 58 fährt man am besten wieder zurück zur Plaza Circular (Biribila Plaza) und kann von dort entweder durch die Calle Navarra und die Arenal-Brücke in die Altstadt gehen, um diese zu besichtigen, oder man macht sich gleich auf den Weg durch die Calle Buenos Aires 300 m hinunter zum Nervión und dort am Ufer links.

Auf einer schönen Uferpromenade kommt man nach 1,3 km am Guggenheim-Museum vorbei. Nach weiteren 400 m steht man vor dem Kunstmuseum, hinter dem sich der Doña-Casilda-Park erstreckt, durch den man, in Ufernähe, nach 500 m den neuen Kongreß- und Musikpalast Euskalduna erreicht. Von dort geht man in weitem Bogen über die 400 m lange Euskalduna-Brücke auf die andere Seite des Flusses zu einem Kreisverkehr (2,9 km).

Parallel zum Fluß geht es weiter, aber nicht auf der Straße direkt am Fluß, denn die endet auf einer Halbinsel ohne Ausgang, sondern daneben auf der Calle Morgan. 1,2 km geht man auf dieser Straße, die dann in die Avenida Zarandoa übergeht, auf der man auch 1,2 km geradeaus geht, bis diese Straße in die große Uferstraße einmündet, die weiter am Fluß entlang führt. Hier endet Bilbao und es beginnt der langgestreckte Ort Erandio. Nach 1,5 km geht es unter der Autobahnbrücke von Rontegi hindurch (6,8 km).

Erandio

+ 5 m, 24.800 Ew.

Auf der gegenüberliegenden, linken Seite des Flusses Nervión sind von Bilbao kommend die Arbeitervorstädte Barakaldo, Sestao und Portugalete aufgereiht, die zusammen 200.000 Einwohner haben. Halbverfallene Industrieanlagen und schäbige Arbeiterwohnungen sind die traurige Zeugen des Industrieabbaus. Das ganze Gebiet des sog. Groß-Bilbao ist einem ungeheuren Strukturwandel unterworfen, aber die Spuren einstigen Reichtums und heutigen Verfalls werden noch lange zu sehen sein. Die Uferstraße auf der rechten Seite des Nervión bietet wahrhaftig eine Panoramastrecke mit Blick auf ein Gelände, das getrost als "Museum der Industrialisierung" bezeichnet werden kann und in Europa heute einmalig ist.

Es geht weiter am Fluß entlang, wo die Hafenanlagen immer umfangreicher werden, und nach 5 km beginnt der elegante Ort Getxo, wo es halblinks auf eine Nebenstraße geht, die genau am Fluß nach 500 m die berühmte Hängebrücke erreicht (12 km), auf der Sie auf die andere Seite des Nervión nach Portugalete übersetzen.

Getxo

🛏 ✕ 🏁 ⚕ ✓ ⊞ ⇧ 51 m, 79.000 Ew.

⌘ **Hängebrücke (Bizkaia-Brücke)**: 1893 erbaut, ist sie noch heute in Betrieb und gilt als Wahrzeichen von Groß-Bilbao.

♦ Die Plattform fährt rund um die Uhr hin und her; Preis: Pta 35, mit Fahrrad Pta 65, nachts etwas teurer; man kann auch mit dem Fahrstuhl auf schwindelnde Höhe hinauf fahren und die Brücke auf einem oberen Übergang überqueren, der als Museum hergerichtet ist und Pta 500 kostet.

Portugalete

🛏 ✕ 🏁 ⚕ ✓ ⊞ ⇧ 6 m, 55.000 Ew.

ℹ Paseo de la Canilla, ☎ 944958741; ganzjährig.

In Portugalete gibt es nur zwei einfache Unterkünfte und ein Hotel.

🛏 Hostal Santa María, Calle Salcedo 1 (neben Hängebrücke), ☎ 944722489.

♦ Pension La Guía, Calle Virgen de la Guía 4 (600 m von der Hängebrücke entfernt, aber nur 200 m von der Hauptstraße Avenida de Carlos VII.), ☎ 944837530.

☺ Auf der linken Flußseite gelangt man nach nur 1,5 km in die Hafenstadt **Santurce**, in der es reichlich Unterkünfte gibt.

Portugalete – Castro Urdiales

(26,5 km / 33,8 km)

Von der Hängebrücke geht es in rechtem Winkel vom Fluß weg, 300 m über die Straßen Calle Iturrizar und Calle Casilda hinauf bis zum Beginn der großen Straße Avenida de Carlos VII. 1,1 km geht es geradeaus aus der Stadt bis zum großen Kreisverkehr, der weiter oben unter der ersten Wegalternative von Bilbao nach Portugalete beschrieben worden ist. Von diesem Kreisverkehr geht es rechts auf eine einfache Straße. Der rote Rad- und Fußweg "Bidegorri" ist schon ausgeschildert und wird nach 400 m erreicht. Nach 7 km durchquert dieser Weg **Ortuella**, ✕ ⚕ ⊞ und führt, ohne ihn zu verlassen, noch weitere 4 km bis in den Strandort **La Arena**, 🛏 ✕ (10,8 km), der im Sommer belebt, im Winter aber fast ausgestorben ist.

☺ Auf Landstraßen führt der markierte Jakobsweg, zuerst auf kleineren Straßen 4,4 km bis **Muskiz** und dann 5,8 km auf der Nationalstraße N-634 bis

Ontón, dem ersten Ort in Kantabrien. Hier hat man sich wirklich keine Mühe mehr bei der Suche nach angenehmen Wanderwegen gegeben, denn es wäre so einfach gewesen, die Strecke zu finden, die ich im folgenden beschreibe und die immer genau an der Küste entlang führt, so daß man sich unmöglich verlaufen kann. Zudem ist meine Strecke fast 3 km kürzer.

800 m geht es am Strand von La Arena entlang und am Ende über die weithin sichtbare blaue Fußgängerbrücke nach **Pobeña** (11,8 km). Am anderen Ende der Brücke geht es sofort rechts auf einen Beton-Fußweg, der zwischen ein paar Häusern hindurch und dann 100 m über Treppen hinauf führt. Auf einem schönen Panoramaweg oberhalb der Küste kommt man nach 500 m zu einer Weggabelung und nimmt halblinks die ansteigende Alternative, obwohl beide später wieder zusammentreffen. Weiter geht es 1,7 km auf dem Panoramaweg, der als heimatkundlicher Lehrpfad hergerichtet ist. An seinem Ende geht es geradeaus auf eine Betonpiste, die auf das Dorf **El Covarón** zuführt, vorher jedoch nach nur 500 m wieder rechts über eine Piste auf die Küste zustrebt. 2,7 km der Küstenlinie folgend kommt man schließlich unter der Autobahnbrücke hindurch.

Sobald man diese unterquert hat, geht man rechts steil bergab und kreuzt die Brücke zwei Mal, bis man nach 200 m das Tal erreicht. Eine Brücke wird überquert, und links geht es 300 m nach **Ontón**, dem ersten Ort in Kantabrien. Das Dorf wird 200 m durchquert, und die Straße führt am Ende leicht rechts auf die N-634 (18,2 km).

Bei der römischen Besetzung der Iberischen Halbinsel waren die Kantabrier dasjenige Volk, das am hartnäckigsten Widerstand leistete, und in einem erbitterten Krieg wurden sie im Jahr 19 v. Chr. endgültig niedergeschlagen. Während andere Randvölker ihre kulturellen Eigenheiten und im Falle der Basken sogar ihre Sprache beibehalten konnten, wurden die Kantabrier daraufhin völlig romanisiert. Von den vier Regionen an der spanischen Nordküste - Baskenland, Kantabrien, Asturien und Galicien - weist Kantabrien am wenigsten einen vom Rest Spaniens differenzierten Charakter auf.

Nach 2 km auf der N-634 kommt man am Restaurant "Saltacaballos" vorbei. Genau 1 km danach verläßt man die Nationalstraße in spitzem Winkel rechts auf einen Pfad. **Achtung**: Dieser Abzweig ist schwer zu sehen; an der Stelle steht ein alter verwitterter rot-weißer Kilometerstein, und auf der anderen Straßenseite führt eine Piste halblinks bergauf. Es geht also in spitzem Winkel rechts bergab und nach 100 m wieder scharf links auf einen Pfad, der einen Eukalyptuswald durchquert und nach 200 m auf den Strand von **Mioño**, 🛏 ✕ 🛒 (19,7 km), trifft.

☺ Der Jakobsweg ist ab hier gut markiert und führt ins Landesinnere über **Baltezana** (19,7 km), **Otañes** (24,3 km), **Santullán** (27,3 km) und **Sámano** (29,3 km), bis er in **Castro Urdiales** wieder die Küste erreicht (33,8 km). Der Jakobusverein von Kantabrien hat jedoch im Bemühen, authentische Wege zu finden, nicht an die Etappenlängen gedacht und der Umweg ist einfach zu groß, zumal die Strecke landschaftlich kaum schöner ist und auch nicht weniger Landstraßenkilometer aufweist. Natürlich vermeidet man auf dem markierten Weg die Nationalstraße N-634, aber seit die kostenlose Autobahn nebenherführt, gibt es nur noch wenig Verkehr.

Darum empfehle ich hier weiterhin die von mir ausgearbeitee Wegalternative an der Küste entlang. Wer sich zutraut, die weite markierte Strecke bis Castro Urdiales zurückzulegen, kann die Wegbeschreibung auf der Internet-Homepage des Conrad Stein Verlags unter den Updates dieses Nebenrouten-Führers finden:
💻 <http://outdoor.tng.de>

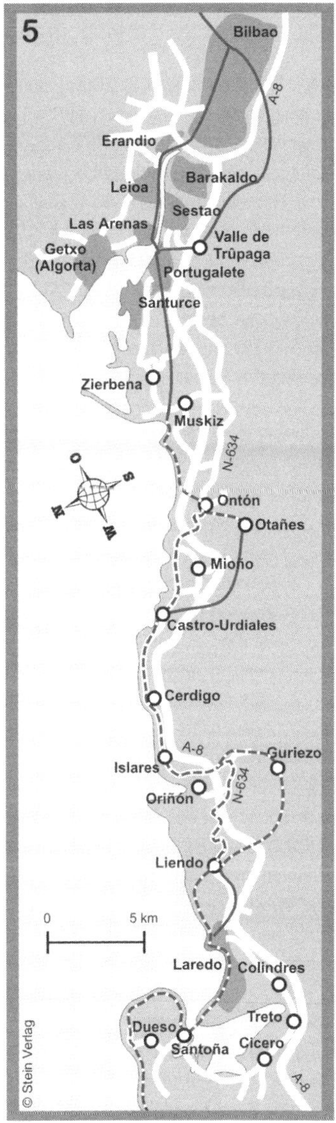

Am Strand geht es 200 m entlang und am Ende Stufen hoch zur Straße, wo man links geht. Nach etwa 100 m bietet sich hinter einem großen verlassenen Haus die erste Möglichkeit, die Straße rechts zu verlassen; hier geht es auf einem steinigen und schwer erkennbaren Pfad steil bergauf. Nach 400 m stößt man auf der Höhe wieder auf die N-634, geht auf ihr weiter Richtung Westen und erreicht nach 1 km den Stadtrand von Castro Urdiales. Links gibt es eine Tankstelle, und gegenüber geht es rechts auf einen Weg Richtung Zentrum und Strand (*playa*).

Nach 300 m stößt der Weg auf eine Straße, und es geht wieder rechts 500 m zum kleinen Strand. Auf der Uferpromenade geht man dann am Hafen entlang (S. 129) und am Fremdenverkehrsamt vorbei zur gotischen Kirche und zur Festung (26,5 km).

Castro Urdiales

⇧ 19 m, 13.500 Ew.

Av. de la Constitución 1, ☎ 942871512 + ☎ 942871337; ganzjährig.

Pension La Marina, La Plasnola 20, ☎ 942861345.

- Pension Catamarán, Calle Victorina Cainza 2-1º, ☎ 942870066.
- Pension El Viejo Baracaldo, Calle Ardigales 4, ☎ 942872404.
- Pension La Mar, Calle La Mar 27, ☎ 942870524.
- Pension La Ronda, Calle La Ronda 18, ☎ 942864040.
- Pension La Sota, Calle Correría 1, ☎ 942871188.
- Pension Alberto, Calle República Argentina 2, ☎ 942862757; nur im Sommer.
- Pension El Cordobés, Calle Ardigales 15, ☎ 942860089; im Sommer.

Von der Kirche geht es in westliche Richtung durch die Calle Arturo Duo, die nach 500 m den westlichen langen Strand von Castro Urdiales erreicht. Man folgt der 900 m langen Strandpromenade und weitere 500 m der Küste, bis der Weg an einem Steilküstenabschnitt endet. Hier geht es links die Stufen hoch und über eine Wiese. Nach 300 m kommt man rechts am Friedhof vorbei und folgt dem Pfad über die Wiese weitere 200 m, bis eine Piste beginnt. Nach 500 m führt diese nach links und mündet nach weiteren 200 m in eine kleine Straße, auf der es rechts geht. Nach 200 m stößt die Straße auf die N-634 und es geht westlich weiter. Nach 200 m kann man auf einer Piste rechts daneben gehen, muß nach nur 100 m aber wieder zurück zur Nationalstraße, denn die Piste führt ins Nichts. Nach 900 m geht man links durch einen Tunnel unter der Autobahn hindurch Richtung **Allendeagua**.

Der Ort wird jedoch nicht betreten, sondern sofort nach Unterquerung des Tunnels geht es rechts auf eine schmale Straße. Nach 1,6 km links neben der Autobahn geht es wieder rechts durch einen Tunnel und sofort danach links eine steile Piste hinauf zur Kirche von **Cérdigo** (6,5 km).

Dort geht man rechts und nach 50 m wieder links eine Dorfstraße hinunter. Nach 100 m geht es wieder links und aus dem Ort hinaus 300 m zur N-634. Diese wird überquert und gegenüber geht man in eine schmale Straße 400 m bis zum Friedhof. Dahinter geht es rechts auf eine Piste und nach 100 m geradeaus weiter auf einen Pfad. Nach 300 m geht es bei einer Weggabelung halblinks. Ab hier ist der Weg mit zahlreichen gelben Pfeilen markiert, was auch nötig ist, denn sonst verläuft man sich hier garantiert. Nach 50 m wird eine Lichtung überquert, wobei man sich halbrechts hält. Nach 100 m stößt der Pfad auf eine unwegsame Piste und es geht links weiter. Nach 150 m kommt man an einem seltsamen Turm aus Stahl und Beton vorbei; nach weiteren 100 m macht die Piste eine Linkskurve und nach weiteren 100 m wieder eine Rechtskurve, bis sie, inzwischen als guter Fahrweg, die N-634 erreicht. Die Nationalstraße wird jedoch nicht betreten, sondern es geht sofort wieder auf einer anderen Piste auf der rechten Seite weiter, die sich langsam von der N-634 entfernt. Nach 150 m stößt sie auf eine breite Piste, und links erreicht man nach 1,3 km **Islares**, 🛏 🍽 (10 km).

An der Kirche vorbei geht man nach 100 m über eine etwas verwinkelte Kreuzung geradeaus auf eine schmale Straße. Wo diese nach 400 m in eine Piste übergeht, führt der Weg nicht geradeaus weiter, sondern links auf einen Schotterweg 100 m zwischen ein paar Häusern hindurch und dann rechts auf eine andere Straße. Nach 600 m, genau oberhalb des kleinen Strandes **Las Arenillas**, ✗ kommt man wieder auf die N-634. Nun ist es unvermeidlich, auf der Nationalstraße zu gehen, die dank der kostenlosen Autobahn jedoch wenig befahren wird. Die N-634 führt hier weit ins Landesinnere hinein, weil der gerade Weg von einem Meeresarm (*ría*) versperrt wird, obwohl der gegenüberliegende Strand von Oriñón zum Greifen nahe scheint.

Nach 2,5 km, genau unterhalb der Autobahnbrücke, verläßt der markierte Jakobsweg die N-634 halblinks auf eine ansteigende Piste (13,5 km).

☺ Auch hier stellt sich, wie bei der vorigen Etappe, das gleiche Problem dar: Der markierte Weg ist zwar sehr schön, mit 34,5 km aber einfach zu lang; er durchquert verschiedene Ortsteile von **Guriezo**, um dann in weitem Bogen über die Berge nach **Liendo** zu führen, wobei sogar noch die Gefahr besteht, sich in einem großen Eukalyptuswald zu verlaufen. Vom oben genannten Abzweig des Jakobsweges von der N-634 sind das 14,5 km, während ich vorschlage, einfach 6,5 km auf der Nationalstraße zu gehen, also ganze 8 km weniger!

Der markierte Weg von Liendo nach Laredo ist dann ebenfalls nicht zu empfehlen, weil er umständlich dem Verlauf von Nationalstraße und Autobahn folgt, was nicht sehr schön ist, während ich eine landschaftlich viel attraktivere Wegalternative an der Küste gefunden habe; diese ist etwas umständlich zu beschreiben, dadurch, daß es die Küste entlang geht, aber nicht zu verfehlen.

Trotz dieser Nachteile ist die Beschreibung des markierten Weges über Guriezo und des direkten Weges von Liendo nach Laredo auf der Homepage des Conrad Stein Verlags unter den Updates zu finden: <http://outdoor.tng.de>

Wir lassen also den markierten Abzweig des Jakobsweges links liegen und gehen auf der wenig befahrenen Nationalstraße weiter, die nach 800 m den Fluß **Agüera** überquert und dann 6 km zuerst bergauf und dann bergab die langgezogene Streusiedlung **Liendo,** (20,3 km) durchquert. (Das Ortszentrum mit der Kirche befindet sich 1 km weiter links; dort führt der markierte Jakobsweg vorbei.)

Für Radfahrer ist der Abschnitt von Liendo nach Laredo stellenweise sehr schwierig. Steile Aufstiege und halsbrecherische Abfahrten empfehlen gelegentlich das Schieben. Am schwersten jedoch ist der Kilometer an der Steilküste, wo man schieben und einen Zaun überwinden muß. Hier bietet sich die Alternative, vorher auf der Piste zu bleiben und den Pfad an der Steilküste nicht zu betreten.

Am Ortsende, genau vor dem Ortsausgangsschild, geht es halbrechts auf eine kleine Straße. Nach nur 150 m geht es wieder rechts auf einen anderen Asphaltweg Richtung "Villanueva". Nach 500 m wird die kleine moderne Kapelle von **San Julián** erreicht. Man könnte nun der Straße weiter folgen, aber der kurze Umweg über die Ruinen der alten Kapelle ist unbedingt zu empfehlen. Dazu wird die Straße gleich nach der modernen Kapelle rechts auf eine unwegsame Piste verlassen, die steil bergauf nach 400 m die Ruine erreicht, die malerisch und einsam vor dem mächtigen Bergmassiv von Candina liegt.

Noch 40 m vor der Kapelle führt unser Weg links leicht bergauf und nach weniger als 100 m rechts auf einen anderen Weg steil bergauf. Nach 100 m ist man oben und geht halblinks 100 m über eine Wiese. Dann geht der Weg in eine Piste über, die nach 200 m wieder auf die schmale Straße stößt, die von Liendo kommt und sogleich oberhalb eines Parkplatzes entlangführt; unten liegt der Strand von San Julián de Liendo.

Die Straße führt halbrechts hinab zum Parkplatz, unser Weg dagegen geradeaus auf einer Piste 400 m bergauf zu ein paar verlassenen Gebäude. Vor der Höhe - genau dann, wenn man beginnt, das Meer zu sehen -, verläßt man die Piste links. An einem Stein zeigt ein roter Pfeil, der jedoch nichts mit dem Jakobsweg zu tun hat, die richtige Richtung an. Auf einem steinigen Weg geht es 350 m steil bergauf. Wo dieser in einem Linksbogen von der Küste wegführt, wird dem roten Pfeil nicht mehr gefolgt, sondern der Weg wird rechts verlassen und man geht auf einem schmalen Pfad am Zaun entlang. Nach 150 m steht man direkt an der Steilküste gegenüber einem von der Küste abgebrochenen Felsblock, der von üppiger Vegetation überwuchert ist.

An dieser Stelle muß ein Zaun überwunden werden, entweder an einem Durchgang am rechten Rand, aber genau am Abgrund, oder mit Hilfe von großen Steinen, die etwas weiter links liegen. Danach folgt man 700 m einem Pfad, der sehr unwegsam ist, aber immer erkennbar bleibt, mehr oder weniger der Küstenlinie folgt und gelegentlich mit rot-weißen Wegmarkierungen versehen ist. Schließlich wird eine Hausruine erreicht, die schon von weitem erkennbar ist und gut als Orientierungspunkt dient. Von hier hat man einen herrlichen Panoramablick auf die Bucht von Laredo.

Vor der Hausruine geht es links, und nach 100 m wird ein improvisiertes Eisentor überwunden. Dahinter geht es 100 m hinab und dann rechts auf einer Piste weitere 150 bergab. Wo die Piste in eine Asphaltstraße übergeht, biegt man rechts in eine andere Piste, die weiter bergab führt. Nach 200 m geht es vor einem Haus scharf links in einen Hohlweg, der 1 km abwärts führt; die ersten 200 m bewahren noch das jahrhundertealte, heute halsbrecherische Pflaster; dann folgen 200 m, die fast völlig von dichter Vegetation überwuchert sind, man kann hier aber auch links über die Felder ausweichen; und der Rest ist gut zu begehen. Schließlich öffnet sich der Hohlweg und geht in eine kleinc Asphaltstraße über, die 1 km lang den Ortsteil **El Secar** durchquert, und dann durch ein Tor in die Altstadt von Laredo führt.

Die erste Querstraße - die Calle Santa María - führt rechts hinauf zur Kirche.

Unser Weg geht jedoch in die Calle Santa María links bergab zur Plaza Marqués de Albaida und an ihrem Ende rechts durch die Rua del Medio und anschließend durch die Ruamayor zum Hauptplatz von Laredo, Plaza Capuchín, wo sich das Rathaus (16. Jh.) befindet (27,3 km).

Wenn man gegenüber in die Calle López Seña geht, findet man am nächsten kleinen Platz links das Fremdenverkehrsant

Laredo

⇧ 5 m, 13.000 Ew.

Alameda de Miramar, ☏ 942611096; ganzjährig.

Blick auf Laredo

Im Sommer steigt die Einwohnerzahl von Laredo um ein Vielfaches an und die zahlreichen Hotels sind meist komplett ausgebucht. Außer den Hotels gibt es zwei Herbergen, die jedermann zugänglich sind.

In den einfachen Unterkünften im Zentrum, beispielsweise in der Calle Menéndez Pelayo, ist normalerweise immer noch ein Bett frei.

Albergue El Buen Pastor, Calle Fuente Fresnedo, in der Altstadt, ☏ 942606288, pta 1.500.

♦ Albergue La Trinidad, Calle San Francisco, in der Altstadt, ☏ 942606141, pta 1.000.

☺ In Laredo findet man Hinweisschilder auf "La Ruta de Carlos V." - die Route Karls V., des spanischen Königs, der gleichzeitig Kaiser des Deutschen Reiches war. Nach seiner fast vierzigjährigen Herrschaft legte er am 28. September 1556 im Hafen von Laredo an, um zu seiner letzten Reise zum Kloster Yuste in Zentralspanien aufzubrechen, wo er sich zur Ruhe setzte und zwei Jahre später verstarb.

Im Jahr 2000, im Gedenken an seine Geburt vor genau 500 Jahren, wurde diese kunst- und kulturgeschichtliche Route eingerichtet, die in Laredo ihren Ausgangspunkt hat.

Laredo - Santoña (0 km/5 km)

☺ Schon im Mittelalter setzten die Pilger mit der Fähre nach **Santoña** über; allein aus diesem Grund ist es sinnvoller dies zu tun, als dem umständlich markierten Jakobsweg um die weite Bucht von Laredo herum zu folgen. Ein weiterer Grund spricht jedoch auch noch dafür, nämlich die spektakuläre Landschaft, die uns nach Santoña erwartet, wenn wir dem Verlauf der Küste folgen, während der markierte Weg die Küste nie berührt. Dazu kommt der Vorteil, daß der Weg an der Küste erheblich kürzer und einfacher zu finden ist, obwohl es keine Wegmarkierungen gibt. Lediglich in den Wintermonaten Januar und Februar - wenn Pilger auf dem Küstenweg sowieso eine absolute Ausnahme sind - gibt es keine Fähre, so daß man zu Fuß um die Bucht herumgehen muß, wenn man nicht mit dem Bus nach Santoña fahren möchte. Für diesen Ausnahmefall bitten wir Sie, die Wegbeschreibung unter den Updates auf der Homepage des Conrad Stein Verlags zu konsultieren: 💻 <http://outdoor.tng.de>

☺ Im Sommer gibt es die Möglichkeit, mit einem Schiff vom Hafen von Laredo aus eine Panoramafahrt am Strand von Laredo und an der Steilküste von Santoña entlang bis zum Leuchtturm (*faro*) El Caballo zu machen. Auf der Rückfahrt legt das Schiff in Santoña an, wo Sie aussteigen können, um die Wanderung auf dem Jakobsweg fortzusetzen. Diese Überfahrt ist absolut zu empfehlen.

⛴ Das Schiff (*barco*) nach Santoña fährt von der rechten Hafenseite ab.

♦ 1.7. bis 15.9., 🚪 11:00-13:00 + 16:00-20:00 mindestens zu jeder vollen Stunde. Dauer der Überfahrt bis Santoña 40 Minuten; Preis: etwa Pta 750.

🚶 Außerhalb der Sommermonate muß man 5 km am Strand von Laredo entlanggehen, um an der schmalsten Stelle der Bucht mit der Fähre nach Santoña überzusetzen: Von der Plaza Cachupín geht man durch die Calle López Seña 400 m bis zum Strand, dann 4,5 km am Strand entlang bis zum äußersten westlichen Ende der Halbinsel, **El Puntal** genannt. Santoña, dessen Festungen im 18. und 19. Jh. als uneinnehmbar galten, liegt genau gegenüber.

⛴ Eine Fähre (*barco, ferry*) setzt Fußgänger nach Santoña über.

♦ Sie fährt von Juli bis September von morgens bis abends ständig hin und her; Oktober bis Dezember und März bis Juni möglicherweise nachmittags nicht, vormittags aber auf jeden Fall; Preis voraussichtlich etwa Pta 200. Im Januar und Februar wird der Fährbetrieb wahrscheinlich eingestellt. Fragen Sie trotzdem vorsichtshalber im Fremdenverkehrsamt nach!

Santoña ⇧ 7 m, 11.000 Ew.

Calle Santander 5, ☏ 942660066; ganzjährig.

Santoña - Isla (23 km)

☺ Isla ist der ideale Etappenort, um am nächsten Tag bis Santander zu kommen, obwohl Noja erheblich mehr Unterkünfte bietet als Isla.

☺ Von Santoña könnte man auf der Landstraße direkt die 3 km bis zum Strand von Berria zurücklegen. Es empfiehlt sich hier jedoch einmal, einen erheblichen Umweg von mehr als 5 km um das Felsmassiv des Buciero herum zu machen, um einen der schönsten Küstenabschnitte Nordspaniens in seiner wilden Faszination kennenzulernen. Dabei wird ein kleiner, aber anstrengender Abstecher zum alten Leuchtturm El Caballo gemacht, den man in den Sommermonaten vorher bei der Panoramafahrt mit dem Schiff vom Meer gesehen hat.

☺ Auch der weitere Weg über die Strände von Berria und Trengandín ist reizvoll. Bei Noja könnte man wiederum abkürzen, aber auch hier ist es dem Wanderer nur nahezulegen, unserer Beschreibung zu folgen und den Strand von Ris entlang und anschließend durch das Schwemmland zu gehen, um die Gezeitenmühle von Santa Olaya kennenzulernen.

Die Umwege sind zum größten Teil mit Rad befahrbar. Teilweise technisch anspruchsvoll, sind sie besonders für geübte Mountain-Biker interessant.

Von der Landungsbrücke geht man rechts 600 m am Strand entlang bis zur Festung San Martín (19. Jh.). Linkerhand geht es Treppen hinauf zum Eingang der Festung, wo eine kleine Straße beginnt, die der Küstenlinie nach Norden folgt. Bleiben Sie auf dieser Straße, die 500 m beständig ansteigt und dann in eine steinige Piste übergeht! Nach weiteren 2 km macht die Piste einen scharfen Rechtsbogen, steigt noch etwas steil an und führt dann bergab. Inzwischen ist die Piste schmaler geworden und eher als breiter steiniger Bergweg zu bezeichnen.

Nachdem es 500 m bergab gegangen ist, ereicht man die Wegkreuzung "Cruce de Cuatro Caminos" (3,7 km). Unser Weg führt geradeaus weiter, aber den Abstecher nach rechts zum Leuchtturm El Caballo sollten Sie sich nicht entgehen lassen, wenn Sie gut zu Fuß sind.

☺ **Abstecher zum Leuchtturm El Caballo**: Von der Wegkreuzung geht es rechts 250 m auf einem Waldweg bergab und dann eine atemberaubende Treppe mit fast 700 unregelmäßigen und teils verwitterten Stufen hinab bis zum Leuchtturm. Bizarre Felsnadeln und kristallklares Wasser lohnen die Anstrengung.

Von der besagten Wegkreuzung "Cruce de Cuatro Caminos" geht man dann in der gleichen Richtung weiter, aus der man von Santoña gekommen ist. 1,3 km geht es auf einem steinigen und recht breiten Waldweg bergab, bis der Weg unwegsamer wird und Radfahrer wahrscheinlich absteigen müssen.

50 m weiter gabelt sich der Weg; Sie befinden sich an der einzigen Stelle auf dem Weg um das Massiv des Buciero, wo Sie sich verlaufen können; passen Sie darum gut auf die Beschreibung der folgenden 300 m auf! Der falsche Pfad führt halbrechts bergab und wird bald an der Steilküste enden; der richtige Pfad führt halblinks 50 m bergauf, verläuft dann 50 m ebenerdig und danach 100 m steil bergab, bis er auf einen Pfad mündet, dem man nach rechts zu folgen hat. Nach nur 20 m beschreibt dieser Pfad jedoch eine scharfe Linkskurve, und 50 m geht es weiter im Zickzack bergab, bis der Weg endlich wieder breiter wird und in westliche Richtung führt.

Nach 200 m kommt man oberhalb des modernen Leuchtturms an einer kleinen Straße heraus, der man nach links 2 km folgt. Am Ende bieten sich interessante Blicke von oben in den Hof des Gefängnisses El Dueso. Wo dessen Mauer erreicht wird, gabelt sich die Straße, und es geht rechts 1 km an der Mauer entlang hinab zum Strand von **Berria,** (8,5 km).

1,5 km geht es am Strand entlang, und an dessen Ende muß ein Hügel überwunden werden, der den Weiterweg versperrt. Dazu geht es auf einem Pfad 200 m direkt bergauf und dann in beträchtlicher Höhe, dem Verlauf der Küste folgend, rechts um den Hügel herum. Die Überquerung dieses Hindernisses ist anstrengend und unwegsam, aber unproblematisch, weil alle Pfade an die richtige Stelle führen, nämlich an den Strand von Trengandín. An diesem langen und oft einsamen Strand entlang geht es nun 3,5 km bis nach Noja (14,5 km).

Noja

⇧ 10 m, 1.600 Ew.

Plaza de la Villa, ☎ 942631516; ganzjährig.

Noja vervielfacht seine Einwohnerzahl im Sommer und bietet zahlreiche Unterkünfte, die schnell ausgebucht sind. Da als Etappenziel der Ort Isla empfohlen wird, seien hier nur zwei Unterkunftsmöglichkeiten genannt, die das ganze Jahr geöffnet sind.

Hostal El Socaire, Avenida Santander 7, ☎ 942630003.

♦ Hotel La Casona, Plaza de la Villa, ☎ 942630024.

Am westlichen Ende des Strandes von Trengandín, wo der Ort Noja beginnt, führt ein Fußweg 500 m an der Küste entlang. Wo dieser Weg auf eine

Straße trifft, geht es sofort wieder rechts auf einen Pfad, der weiter der Küstenlinie folgt. Nach 600 m beginnt ein Trimmpfad, der 500 m durch einen Pinienwald und weitere 700 m die Küstenlinie entlang verläuft. Schließlich erreicht man den Strand von **Ris**, 🛏 ✕ (17 km).

🚶 1,5 km geht man am Strand entlang fast bis zu seinem Ende, wo ein Meeresarm (*ría*) den Weiterweg versperrt, so daß man kurz vor Ende des Strandes links geht. Der deutlich erkennbare Weg verläuft zwischen dem Ufer und einem Zaun, der zunächst zum Campingplatz und dann zu einem Tierpark gehört. Nach 500 m überquert man links einen verfallenen alten Zaun und geht am zweiten Zaun - dem des Tierparks - weiter geradeaus auf einem von weitem kaum erkennbaren, von nahem aber deutlich sichtbaren schmalen Pfad zwischen Zaun und Ufer.

Nach 300 m auf diesem unwegsamen Pfad gelangt man zu einer Staumauer, die einen Teil des Meeresarms überwindet. Dann geht es auf einem Pfad 150 m rechts um einen Hügel herum und danach über die zweite Staumauer. Dieses alte Stausystem gehört zur einstigen Gezeitenmühle von Santa Olaya (18. Jh.), die jetzt linkerhand sehr gut erkennbar ist.

🚶 Man folgt dem Pfad geradeaus zwischen Feldern hindurch, wobei einige niedrige Zäune überwunden werden müssen, und nach 400 m kommt man auf eine Piste und geht rechts 200 m bis zur Landstraße SP-403. Hier geht es wieder rechts, und nach 700 m zweigt eine kleinere Landstraße links Richtung "Isla" ab, nicht zu den Stränden, sondern zum eigentlichen hübschen alten Ort **Isla**, 🛏 ✕ 🛒 der im Landesinnern liegt und nach 1,8 km erreicht wird (23 km).

🛏 Casa Javier, am Hauptplatz, ☎ 942679611.

♦ Bar La Chata, an der Landstraße am Ortsanfang links, ☎ 942679372.

♦ Casa Manuel, an der Landstraße, 400 m vor dem Ort links, ☎ 942679611.

Isla - Santander (24 km)

☺ Obwohl es auf dem Weg zahlreiche Hotels und Hostals gibt, sollten Sie unbedingt in Santander übernachten, denn auf der nächsten Etappe mangelt es erheblich an Unterkünften.

Auf der Landstraße geht es weitere 600 m bis auf eine Höhe zu einer Häusergruppe - am linken weißen Haus befindet sich ein Ortsschild "Isla" -, wo es rechts auf einen Asphaltweg geht. 200 m lang wird dieser Ortsteil von Isla durchquert; am Ende macht der Asphaltweg einen Linksbogen und führt dann 900 m geradeaus bis zum Ortsanfang von **Arnuero**, (1,7 km).

Vor dem ersten Gebäude, genauer gesagt vor der Begrenzungsmauer des ersten Bauernhofs, kann man 70 m rechts über das Feld bergab auf die von oben sichtbare Piste abkürzen, wo es wieder rechts geht. Die Piste führt dann 1,1 km auf den Ausläufer des nächsten Meeresarms (*ría*) zu, in dessen Nähe man zu einer Straßenkreuzung kommt. Gegenüber geht es geradeaus weiter auf einer kleinen Straße, die nach 1 km auf die SP-4141 stößt, auf der man rechts geht. Nach 1 km sieht man linkerhand die romanische Kirche Santa María de Bareyo (12. Jh.)

Die Landstraße, die von dort herunterkommt, ist der markierte Jakobsweg, der seit Laredo durchs Landesinnere führte. Die Vereinigung des markierten Weges und meiner Wegalternative an der Küste wird jedoch nur von kurzer Dauer sein, denn hier hat sich der Jakobusverein komischerweise keine besondere Mühe gegeben und läßt den Jakobsweg jetzt 7 km lang der Landstraße SP-4141 bis Galizano folgen, um von dort durch den Ort nach weiteren 3,3 km auf kleineren Straßen wieder mit meiner Alternative zusammenzutreffen, die zwar etwa 1,5 km länger, aber viel beschaulicher ist.

Von der Einmündung der Straße, die von der Kirche von Bareyo kommt, geht es 300 m weiter auf der SP-4141 und dann rechts auf eine schmalere Straße Richtung "Campo de Vuelo". Nach 500 m geht man wieder links auf eine andere Straße Richtung Ajo, dessen Kirchturm schon von weitem sichtbar ist. Nach 500 m gibt es eine Straßengabelung; halblinks kommt man nach 500 m zur Kirche und nach weiteren 200 m zum zentralen Hauptplatz von **Ajo**, (6,7 km), wo das Rathaus steht.

Vom Hauptplatz geht es nördlich auf der Landstraße Richtung Strand, aber nach nur 200 m, noch im Ortszentrum, geht es hinter dem Restaurant "Mesón La Casuca" links in eine schmale Querstraße, die aus dem Ort hinausführt und nach 700 m den bäuerlichen Ortsteil **La Peña**, (7,7 km), erreicht. Dort gibt es eine Straßenkreuzung, an der man zunächst links und dann sofort wieder rechts auf eine Straße geht, die zwischen der Mauer des ehemaligen Gutshofs und heutigen Restaurants "La Casona de la Peña" (linkerhand) und einem Bauernhof (rechterhand) hindurchführt. Dieser Straße folgt man mit all ihren Kurven, bis sie nach 2,4 km auf der Höhe vor einer großen Viehfarm in eine andere Straße einmündet, auf der es links geht.

Auf dieser kleinen Straße kommt man nach 1,4 km an eine Kreuzung, an der ein kleiner Kuhstall steht und wo es auf einem Asphaltweg rechts in westliche Richtung geht. Nach 1 km, während man den ersten Panoramablick auf die Bucht von Santander hat, geht es an einer Wegkreuzung auf einen Asphaltweg rechts Richtung Norden.

Nach 300 m geht es an der nächsten Wegkreuzung wieder links auf eine Piste in westliche Richtung. Zur zusätzlichen Orientierung sei erwähnt, daß die Piste rechts von einer einfachen Stromleitung verläuft. Nach 300 m steht links die Ruine der Kapelle San Pantaleón (13 km).

Die Piste wird hier zu einem Feldweg, der nach 100 m in scharfem Linksbogen in einen Eukalyptuswald führt. Wieder als Piste geht es 400 m durch diesen Wald bergab bis zu einem Bauernhof, wo die Piste zum Asphaltweg wird. Weitere 500 m geht es bergab bis zu einer Wegkreuzung, an der es zunächst rechts steil bergauf geht. Wo dieser Asphaltweg nach 500 m endet, geht es links auf einem steilen Pfad hinunter zum Strand von Galizano (14,8 km).

Der kleine Strand wird überquert und auf der gegenüberliegenden Seite führt eine kleine Asphaltstraße von ihm weg. Nach 500 m kommt man an einer Häusergruppe vorbei, hinter der rechts ein Asphaltweg abzweigt, der ansteigt und zurück zur Küste führt. Nach 500 m geht dieser kurvenreiche Weg bei einem Bauernhof in eine Piste über. Nach 300 m geht es hinter einer großen Villa rechts auf eine andere Piste, die wieder sehr nahe der Küstenlinie folgt. Nach 500 m endet diese Piste; es geht aber genau geradeaus über Felder 600 m an der Steilküste oberhalb des Strandes von Langre entlang, bis eine Treppe den Zugang zum Strand ermöglicht.

An der Treppe führt eine Piste links vom Strand weg, die nach 100 m am Friedhof auf eine Straße trifft, der man rechts folgt. Nach etwa 1 km werden zuerst das langgestreckte Dorf **Langre**, (18,3 km), und dann nach 2 km Landstraße **Loredo**, (20,3 km), durchquert.

☺ Hier gibt es wieder zwei Möglichkeiten weiterzugehen: entweder meiner Empfehlung folgend am Strand entlang bis zur Fähre von Somo und dann mit dem Boot nach Santander oder auf umständlichen, aber markierten Wegen über fast 30 km um die gesamte Bucht von Santander herum und durch das Industriegebiet von Astillero in den Ortsteil **Guarnizo**, wo eine Pilgerherberge ist.

♦ In einem Nebengebäude der Kirche Nuestra Señora de Muslera; die örtliche Polizei - *policía municipal* - hat den Schlüssel.

Da es sich um den Sitz der Jakobusvereinigung von Kantabrien handelt, ist deren Interesse verständlich, die Pilger zu ihrer Herberge zu führen, aber dann verzichtet man auf die schöne Bootsüberfahrt - übrigens machten das auch schon die mittelalterlichen Pilger - und auf den Besuch von Santander, einer der schönsten Städte Nordspaniens, wo es ebenfalls eine Pilgerherberge gibt.

Ich empfehle, im Ortszentrum von **Loredo** rechts Richtung Strand zu gehen, dem Schild "Playa" folgend, der nach 500 m erreicht wird. Gegenüber ist Santander zu sehen, wo von rechts nach links der Leuchtturm von Cabo Mayor, die Insel Mouro und die Halbinsel La Magdalena mit dem Königspalast zu sehen sind. Nun geht es 1,8 km am Strand entlang und bei den ersten Reihenhäusern links 400 m ins Ortszentrum zur Hauptstraße Avenida Trasmiera, wo sich auf einem Platz Schilder zur Touristeninformation von **Somo**, (23 km), befinden.

Der Avenida Trasmiera folgt man rechts. Nach 200 m geht sie in eine größere Landstraße über, und nach weiteren 200 m ist das Ortsende erreicht. Man geht hier nicht weiter geradeaus auf die Brücke Richtung Pedreña, sondern rechts zum kleinen Hafen (23,3 km), wo rechts die Fähre nach Santander abfährt.

Fähre von Somo nach Santander

Die kleine Personenfähre fährt von Somo über Pedreña nach Santander.

♦ Ungefährer Fahrplan: im Sommer 8:00 bis 21:30 alle 15 Min., Rest des Jahres bis 20:00 alle 30 Min.; Fahrzeit etwa 30 Min.; Preis: Pta 225 pro Person und Pta 375 für ein Fahrrad.

Santander

🏠 🛏 ✕ 🛒 ⚕ ✓ ➕ ⇧ 15 m, 196.000 Ew.

ℹ Jardines de Pereda, ☏ 942203000, ganzjährig.

Von der Anlegestelle geht man gegenüber in den Park Jardines de Pereda und dort links. Nach 300 m durch den Park wird eine Straße überquert und zwischen der Hauptpost (*correos*) und der Kathedrale geht man in die Calle Somorrostro. Nach 200 m macht sie eine Linkskurve, aber zur Herberge geht es geradeaus die Treppen hinunter und gegenüber in die Calle Emilio Pino, wo es nach 100 m wieder Treppen hinauf zur Ruamayor geht, der heute verschlafenen, aber einstigen mittelalterlichen Hauptstraße der Stadt. Dort geht man links und findet nach 200 m links den Eingang zur Herberge.

Ausgezeichnete Herberge mit 18 guten Liegen, Küche, Waschmaschine in den Nebenräumen eines Maklerbüros, weil der Chef Don Bautista ein begeisterter Jakobusfreund ist und auch schon mehrmals nach Santiago gepilgert ist.

♦ Albergue Santos Mártires, Ruamayor 9; Schlüssel im Haus Nr. 11 im Maklerbüro, wo man nach Doña Maruja fragen sollte; Mo bis Fr tagsüber ☏ 942213200 (Maklerbüro), sonst eines dieser Handys: ☏ 607298699, ☏ 610446461, ☏ 607250122 (Mitarbeiter von Don Bautista, die sich alle bereitwillig um die Pilger kümmern); ganzjährig; Spenden.

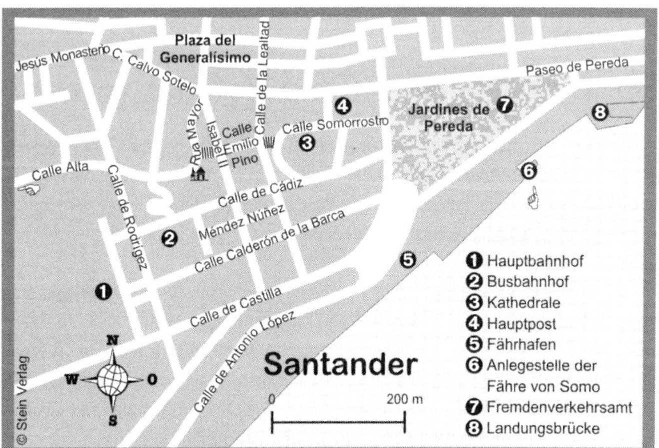

Am 15. Februar 1941 wurde Santander von einem fürchterlichen Tornado zerstört und danach als elegante Stadt in einheitlichem Stil wieder aufgebaut. Heute ist Santander mit seinen kilometerlangen Stadtstränden und seiner unvergleichlichen Lage am Nordrand einer weiten Bucht einer der elegantesten Badeorte Nordspaniens.

Das Stadtzentrum ist nicht sehr sehenswert, aber wenn man Zeit hat (hin und zurück mindestens 6 km), sollte man es nicht versäumen, teilweise um die Stadt herumzugehen: Dazu geht man zurück zur Landungsbrücke und neben der Hauptstraße und an den Hafenanlagen entlang Richtung offenes Meer.

Nach 800 m geht es über einen Parkplatz und am modernen Festival-Palast vorbei auf eine kleine Uferstraße, auf der man nach 1 km zum Peligros-Strand kommt. Nach 700 m am Strand, dort wo er sich etwas verengt, bevor er sich zum nächsten Strandabschnitt weitet, wird er links über eine Fahrrampe verlassen und man geht links durch die Calle La Horadada. Nach nur 100 m kommt man zu einem Parkplatz; rechter Hand ist der Zugang zur Halbinsel Magdalena, wo sich der Königspalast befindet, und geradeaus beginnt sofort der 2 km lange Strand des eleganten Stadtviertels Sardinero, wo sich die Luxushotels der Stadt befinden.

⌘ **Königspalast**: Auf der Halbinsel Magdalena erstreckt sich ein weitläufiger Park mit einem kleinen Zoo und dem Königspalast, der Ende des 19. Jh. erbaut wurde und heute Sitz der bekannten Internationalen Sommeruniversität ist.

Santander - Santillana del Mar (37 km)

Wir folgen jetzt dem markierten Jakobsweg. Diese Etappe ist sehr lang, aber es gibt kaum eine Alternative, denn die Unterkünfte auf dem Weg sind äußerst spärlich und zumeist recht teuer. In Boo de Piélagos und in Mogro und Miengo gibt es im Sommer allerdings auch Fremdenzimmer, die nicht in den offiziellen Verzeichnissen erwähnt sind.

Da man sich jedoch nicht darauf verlassen kann, eine solche Unterkunft frei vorzufinden, muß man entweder die lange Etappe in Kauf nehmen oder ein Stück mit dem Zug fahren, z.B. bis **Boo de Piélagos** oder **Mogro**, womit Sie 14 bzw. 15,5 km einsparen. Am besten würden Sie mit dem Nahverkehrszug der Gesellschaft FEVE fahren, deren Bahnhof sich links neben dem Fernbahnhof der Gesellschaft Renfe befindet (siehe unsere Santander-Karte). Die Züge fahren montags bis freitags stündlich um Viertel vor jeder vollen Stunde ab und am Wochenende ebenfalls stündlich, aber um Viertel nach, und die Fahrt dauert nach Boo de Piélagos etwa 15 Min. und nach Mogro 3 Min. länger.

Da der Jakobusverein von Guarnizo den Weg von der dortigen Herberge bis Santander markiert hat, leiten die Pfeile den Pilger zunächst zur Kathedrale und auf einer Hauptstraße aus der Stadt hinaus, um nicht den gleichen Weg zu nehmen, wie beim Betreten der Stadt. Da wir jedoch mit der Fähre übergesetzt sind und den Dom schon gesehen haben, empfehle ich, das Zentrum direkt auf der historischen und ruhigen Rua Mayor zu verlassen, indem man von der Herberge links hinauf geht.

Nach 100 m geht sie in die Calle Alta über, die erst nach 1,5 km auf den großen und vielbefahrenen Platz Cuatro Caminos trifft, wo sogar sechs Straßen zusammenkommen. Man nimmt die zweite Straße halblinks, die Avenida de Valdecilla. Nach 500 m kommt eine Straßengabelung und halblinks geht es weiter auf der gleichen Straße, die nach 200 m in die Avenida de Cajo übergeht. Weiter geht es 2,7 km durch Wohngebiete am Stadtrand und durch ein Industriegebiet bis zum Ortsausgangsschild von Santander und Ortseingangsschild von **Peñacastillo** (5 km); links auf dem Berg befindet sich die hübsche Kirche San Lorenzo.

Hier biegt man rechts in eine einfache Straße ab. Nach 200 m geht es über eine Bahnbrücke und dann links in eine schmale Straße, die nach 50 m in einen Feldweg übergeht. Nach 300 m rechts der Gleise endet der Feldweg und es geht rechts in die Calle Lluja, die 600 m lang den gleichnamigen Ortsteil durchquert. Am Ende stößt man auf eine schmale Straße, der man links bergab folgt und die nach 200 m in eine Piste übergeht. 600 m geht es bis zu einem Bahnübergang, den man jedoch nicht überquert, sondern rechts in eine schmale Straße einbiegt, die nach 150 m unter der Autobahn hindurchführt. 500 m folgt man dieser Straße mit all ihren Windungen bis zu einer Weggabelung, wo es rechts weitergeht. Nach 400 m, so gut es geht geradeaus, erreicht man den Ortsteil Bezanía, wo man rechts zwischen ein paar Häusern hindurchgeht, um nach 50 m auf eine Landstraße zu treffen, auf der man sich nach links wendet. Nach 1 km erreicht man das Zentrum von **Bezana** mit seiner Kirche (9 km).

Geradeaus geht es auf eine schmalere Landstraße, nach 1,6 km an der Kirche von **Mompía** vorbei und nach weiteren 200 m zu einer Kreuzung, wo man eine Landstraße links bergab geht. Nach 700 m kommt man über eine Bahnbrücke und am Krankenhaus von Mompía vorbei zu einem Kreisverkehr, wo man sich rechts Richtung Boo de Piélagos wendet. Nach 1 km auf der Landstraße biegt man bei einem orangebraun gekachelten Haus rechts in eine Asphaltpiste. Nach 500 m überquert man einen Bahnübergang und geht 50 m danach bei einer Weggabelung halblinks an den Gleisen entlang. Nach 1 km erreicht man **Boo de Piélagos**, (14,2 km), wo man unterhalb des Bahnhofs auf eine Landstraße trifft, der man links folgt.

Nach 200 m überquert man eine Eisenbahnbrücke und nach weiteren 100 m biegt der Jakobsweg rechts auf eine Asphaltpiste ab. Nach 300 m Gefälle zweigt rechts eine andere Asphaltpiste ab,die durch einen Tunnel unter den Gleisen hindurchführt. Dieser Piste folgt man 250 m und geht dann auf eine einfache Piste links.

Nach 200 m überquert man die Gleise und geht dann rechts. 200 m geht man auf der linken Seite der Gleise auf einer Schotterpiste; dann wird die Brücke über den Fluß **Pas** auf dem "Eisenpfad" überquert.

Hinter der Brücke geht es auf einem Pfad links der Gleise 500 m weiter bis zum Bahnhof von Mogro. Hier geht man rechts und gelangt nach 200 m über eine Zubringerstraße zur S-471, wo man wieder rechts nach 1,3 km **Mogro**, (17,5 km) erreicht.

Im Zentrum geht man links hinauf zur Kirche San Martín, an ihr vorbei und dahinter in eine kleine Straße links (Hier sind wieder gelbe Pfeile, die zuletzt fehlten). Nach 200 m kommt man am Ortsausgang zu einer Quelle und geht dort rechts auf eine Straße, die 400 m bis zum Friedhof führt. Auf der Straße geht es links am Friedhof vorbei und immer geradeaus, mit schönen Ausblicken auf die Berge und das Meer, bis nach 1,7 km eine andere Straße rechts abzweigt.

Hier geht es bergab Richtung **Miengo**, aber nach 1 km nicht im Rechtsbogen weiter, sondern auf einer schmaleren Straße auf eine Häusergruppe zu und hindurch.

Dahinter gibt es nach 500 m eine Straßengabelung, von der man links nach 800 m auf die Landstraße S-471 stößt. Hier geht es rechts und nach 50 m vor der "Bar La Cantera" im Dorf **Carabias** (22 km) von der Landstraße links weg, aber scharf links, denn hier münden zwei Straßen ein.

Nach nur 50 m bergauf gelangt man zu den Rohranlagen des multinationalen Chemiekonzerns Solvay. Hier geht man links auf eine Piste, die diese Pipeline bergab begleitet. Hier bietet sich ein interessanter Blick auf den Meeresarm (*ría*), der sich weit ins Land zieht; an der Küste befindet sich ein Bergwerk, von dem die

Firma Solvay das Material mit einer Seilbahn abtransportiert, die unseren Weg begleiten wird.

3,5 km geht es auf der Piste bergab, dann wird sie zum Asphaltweg, der weitere 2,3 km links der Pipeline entlangführt, bis das Fabriktor erreicht wird (28 km). Hier überquert man die links gelegenen Gleisanlagen sowie den Fluß und geht an dessen gegenüberliegender Seite 200 m auf einem Fußweg bis zur Nationalstraße N-611 und dort geht es rechts durch den langgestreckten Ort **Barreda**, 🛏 ✕ 🛒 ⚕ ⊞. Nach 1 km biegt man von der Nationalstraße rechts in die Landstraße C-6316 nach Santillana del Mar.

🚶🚶 800 m geht es durch die Industrieanlagen des Chemie-Giganten Solvay und dann über den Fluß **Saja** zu einer Straßenkreuzung im Ort **Viveda**, 🍷 (30 km). Links geht es nach Santillana del Mar, aber wir gehen rechts Richtung Suances und biegen nach 450 m links ab in die kleine Landstraße Richtung Camplengo. Nach 150 m macht die Straße eine Rechtskurve, und nun folgt man immer dieser Hauptstraße, die zwar im Laufe der Zeit schmaler wird und sich von den Nebenstraßen kaum unterscheidet, deren Verlauf nach der besagten Kurve aber eindeutig ist.

Es werden verschiedene Häusergruppen passiert, ohne daß diese wirklich als Ortschaften bezeichnet werden können. 4,6 km nach der oben genannten Rechtskurve steht auf der linken Seite die hübsche Kapelle **San Cipriano** von **Camplengo** (📷 S. 2-3), dessen Dorfzentrum auch nicht zu erkennen ist. 300 m danach befindet sich der Abzweig nach Santillana del Mar, der jedoch nur schwer zu erkennen ist; passen Sie also gut auf! Hinter einem Haus, dessen Vorderfront völlig grün gekachelt ist, von dem Sie aber zuerst nur die weiße Seitenwand sehen, geht es rechts auf eine kleine Landstraße. Auch ein Hinweisschild gibt es - Richtung Yuso -, es ist jedoch nur von der uns abgewandten Seite lesbar. Es ist nicht schlimm, wenn Sie den Abzweig verpassen, denn dann machen Sie einen Umweg, stoßen auf die C-6316 und gehen rechts nach Santillana.

🚶🚶 Wenn Sie hinter dem grün gekachelten Haus richtig Richtung Yuso abgebogen sind, geht es nach 200 m vor dem ersten Haus auf der linken Straßenseite wieder links und nun auf einem Asphaltweg zwischen Viehweiden 900 m immer geradeaus bergab bis Santillana del Mar, das man am nördlichen Ortsrand genau vor der Stiftskirche betritt. Zum Hauptplatz sind es noch 300 m: vor der Kirche zunächst links und dann wieder rechts.

Santillana del Mar ⇧ 82 m, 3.800 Ew.

Plaza Mayor, ☏ 942818251; ganzjährig.

In Santillana gibt es seit langem Bestrebungen, mehr für die Pilger zu tun, aber es gibt noch keine Pilgerherberge. Erkundigen Sie sich trotzdem im Fremdenverkehrsamt, ob es eine günstige Unterkunft für Pilger gibt: Möglicherweise werden auf dem Campingplatz Räumlichkeiten oder Zelte zur Verfügung gestellt.

- Hostal El Emperador, Avenida Le Dorat 12, ☏ 942818054.
- Hostal Roiz, Avenida le Dorat, ☏ 942818351.
- Posada Santa Juliana, Calle Carrera, ☏ 942840106.
- Posada Araceli, Campo Revolgo, ☏ 942840194 + ☏ 942818083.
- Posada Carmen, Castío, ☏ 942818255.
- Hostal Vega, Landstraße Richtung Höhlen von Altamira, ☏ 942818088.
- Casa de Labranza (Landhaus) La Solana, Calle Los Hornos 12, ☏ 942818102.
- Pension El Cantón, Calle Carrera 2, ☏ 942818014.
- Casa de Labranza (Landhaus) Herrán, Ortsteil Herrán (500 m vom Zentrum entfernt), ☏ 942818112.
- Hostal Miguel Angel, Avenida Antonio Sandei 11, ☏ 942716093 + ☏ 942840160.

Das kleine Städtchen Santillana del Mar hat sein mittelalterliches Stadtbild fast vollständig bewahren können, was es zum spanischen "Rothenburg ob der Tauber" macht, mit den unvermeidlichen Touristenströmen (S. 133). Im Spätmittelalter erlebte der Ort seine Blütezeit, wovon zahlreiche wappengeschmükkte Adelspaläste zeugen.

Stiftskirche Santa Juliana: 12./13. Jh. mit schönem romanischem Kreuzgang.

- Täglich 10:30-13:30 + 16:00-19:30; Eintritt einschl. Museum Pta 400 (kann aber je nach Ausstellung variieren).

⌘ **Höhle von Altamira**: Diese 2 km südlich von Santillana gelegene Höhle zeigt einige der besten prähistorischen Höhlenmalereien der Welt. Am berühmtesten sind die 14.000 Jahre alten Zeichnungen im Saal der Büffel, der zu Recht als die "Sixtinische Kapelle der prähistorischen Kunst" bezeichnet wird. Als die

Blick auf Santillana del Mar

Höhle vor 120 Jahren entdeckt wurde, war ihre Bedeutung stark umstritten, weil man damals nicht glauben konnte, daß die Höhlenmenschen auf derart perfekte Weise Tiere darstellen konnten. Da die Besucherströme den sensiblen Kunstwerken schadeten, war die Höhle lange Zeit geschlossen, bevor eine exakte Kopie der Höhle angelegt wurde, die mit dem dazugehörigen Museum im Sommer 2001 eröffnet wird und voraussichtlich zu einer der bedeutendsten Sehenswürdigkeiten Nordspaniens wird.

♦ Öffnungszeiten und Eintrittspreise waren Anfang 2001 noch nicht bekannt..

Santillana del Mar - Comillas (25 km)

Vom Hauptplatz geht man links neben dem Rathaus durch die Calle de los Hornos aus dem Ort. Nach 500 m geht man am Campingplatz vorbei auf eine Piste. Nach 300 m wird eine Landstraße gekreuzt und es geht geradeaus auf eine Asphaltpiste. Nach 600 m gibt es eine dreifache Weggabelung, wo man halbrechts weitergeht und nach 1 km **Arroyo**, ✕ erreicht. Am Ende dieses kleinen Dorfes geht es links auf eine Straße, die nach nur 50 m zur Piste wird. Auf dieser erreicht man nach 1,2 km den Ortsrand von **Oreña**, ✕ (3,6 km), geht aber nicht ins Zentrum zur Landstraße, sondern am Ortsanfang rechts.

Am Ortsrand entlang folgt man nach 300 m einer schmale Straße rechts bergauf und gelangt nach 1 km zur großen, allein auf der Höhe stehenden Kirche San Pedro. An dieser vorbei kommt man zu einer Kreuzung, über die hinweg es geradeaus auf eine Piste geht. Nach 600 m erreicht man das erste Haus des Ortsteils **Caborredondo** und geht dort links auf eine andere Piste, die sogleich zur kleinen Straße wird und nach 200 m auf die Hauptstraße trifft, auf der das Dorf nun 700 m lang durchquert wird.

Danach geht es auf der Landstraße weitere 400 m bergauf bis zur Kreuzung mit der C-6316. Es geht geradeaus über diese große Landstraße hinweg; nicht rechts, wie andere große Pfeile anzeigen, die aber nicht zum Jakobsweg gehören. Geradeaus geht es also weiter auf der kleinen Landstraße 800 m zumeist bergauf, aber dann noch vor der Höhe halbrechts auf eine schmale Straße wieder bergab. Nach 1,5 km geht man am Ortsanfang von **Cigüenza** rechts und nach 100 m wieder links, wo man nach 200 m die große freistehende Kirche San Martín erreicht (9,4 km). Cigüenza ist ein malerischer Ort: Inmitten einer fruchtbaren Landschaft befinden sich hier zahlreiche alte, halbverfallene Adelspaläste verstreut.

An der Kirche vorbei geht es 200 m weiter geradeaus bis zu einer Gabelung und dort halblinks in eine schmale Straße. Nach 400 m geht es an der nächsten Gabelung wieder halblinks; viele gelbe Pfeile auf dem Asphalt zeigen den Weg an. Nach 300 m mündet das Sträßchen in eine kleine Landstraße ein. Obwohl der Jakobsweg eigentlich rechts weiterführt, sollte man es nicht auslassen, den reizenden Ort Novales zu besuchen, der nach nur 300 m erreicht wird, wenn man auf der Landstraße links geht. In **Novales**, (10,7 km), ist das Rathaus sehenswert, sowie die großen Zitronen, die hier zum Verkauf angeboten werden. Dies mag zunächst überraschen, aber Novales liegt hier in Meeresnähe und im Schatten der Berge in einer Niederung, die ein solch mildes Mikroklima aufweist, daß hier ganzjährig Zitrusfrüchte gedeihen.

Von Novales geht es 300 m wieder zurück, an der Einmündung vorbei, von der wir gekommen sind, und nach weiteren 300 m auf der Landstraße halbrechts hinunter 100 m zum Fußballstadion und über die alte Pilgerbrücke in den Ortsteil La Herrería. Dieser wird 400 m durchquert, dann geht es am Ortsende bergauf, gleich links und 100 m zurück zur Landstraße, auf der es rechts weitergeht. Nach 1 km erreicht man den Ortsanfang von **Cóbreces**, (S. 34).

Nach weiteren 300 m auf der Landstraße, noch am Ortsrand, geht es rechts eine schmale Straße bergab. Nach 300 m biegt man links in eine Asphaltpiste ein und nach 200 m wieder links in eine andere Asphaltpiste. Nach 50 m kommt man zu einem alten Pilgerbrunnen. Weitere 200 m geht man auf dieser Asphaltpiste am unteren Ortsrand entlang und dann links eine Straße hinauf. Nach nur 50 m gibt es jedoch wieder eine Weggabelung, wo man halbrechts 250 m steil bergauf geht, um wieder die Hauptstraße des Ortes zu erreichen. Hier wendet man sich rechts, nach nur 30 m aber wieder links, wo man auf einer schmalen Straße zum Hintereingang der stattlichen und auffälligen Kirche San Pedro Ad Víncula gelangt (14,3 km).

Hinter der Kirche vorbei geht man auf dieser schmalen Straße 600 m weiter, immer dem Hauptverlauf der Straße folgend, bis man direkt am Ortsrand scharf links auf eine Piste bergab geht. Nach 600 m geht es nicht geradeaus weiter auf einem Weg ins Dickicht, sondern man folgt dem Hauptweg in eine Rechtskurve. Auf den nächsten 500 m ist erkennbar, daß es sich hier um einen uralten Weg handelt, der stellenweise noch verwittertes Pflaster aufweist. Schließlich mündet der Weg in eine kleine Landstraße, der man rechts folgt.

Nach 600 m zeigt ein gelber Pfeil links auf eine Piste, die hinauf in einen Eukalyptuswald führt. Hier hat sich der Jakobusverein von Kantabrien jedoch vertan, denn man kann sich wunderbar verlaufen (ich habe trotz langen Suchens den Weg aus dem Wald nicht gefunden), so daß es empfehlenswert ist, auf der Straße zu bleiben, bei der es sich ebenfalls um eine markierte Jakobsweg-Variante handelt. Nach 1,4 km stößt man bei **La Venta de Tramalón** (18,4 km) auf die Landstraße C-6316; hier befindet sich rechter Hand eine Santiago-Kapelle.

Der markierte Weg führt zwar nach links, ist aber schwer zu finden und weniger schön als eine Variante, die ich vorzuschlagen habe: Auf der anderen Seite der C-6316 geht es eine kleine Straße bergauf Richtung **Sierra**. 800 m geht man auf dieser Straße – bis auf vereinzelte Häuser ist vom besagten Ort nichts zu sehen, weil er weiter unten liegt –, dann geht sie in eine Piste über. Nach 200 m mündet diese in eine Straße; es geht links und an einer Gabelung gleich wieder halbrechts. Auf einer schönen Höhenstraße mit Blick aufs Meer erreicht man nach 1,7 km die Kapelle Nuestra Señora de los Remedios.

Auf einem Fußweg geht man links an ihr vorbei auf die alte Straße, die bergab nach 200 m in die neue Straße mündet, die weitere 150 m bergab führt, wo sie auf die C-6316 stößt, auf der es rechts geht. Nach 700 m erreicht man den Ortsanfang von **Casasola** und geht dort links auf eine kleine Landstraße Richtung **Concha**. Am Ortsanfang geht es rechts auf eine Straße, die nach 100 m in eine Piste übergeht. Nach 150 m geht man an einer Weggabelung halblinks und nach weiteren 150 m vor einem Privatgrundstück scharf rechts bergauf. Auf dieser Piste geht man nun 1,1 km bis zur Einmündung in die Landstraße am Ortsanfang von Comillas. Nach 150 m auf der Landstraße biegt man links in die Calle Antonio López, und erreicht nach 700 m das Zentrum, wo man halblinks 100 m bis zum Rathaus (*ayuntamiento*) geht.

Comillas 🛏 ✕ 🛒 ⚕ ✚ ⇧ 23 m, 2.400 Ew.

ℹ Calle La Aldea 6, ☏ 942720768; 🚪 im Sommer.

🛏 Hostal Fuente Real, Calle Sobrellano 19, ☏ 942720155.

♦ Pension La Aldea, Calle La Aldea 5, ☏ 942721046.

- Pension Bolingas, Calle Gonzalo de la Torre de Trasierra 3, ☏ 942720841.
- Pension Villa, Plaza Ibáñez 3, ☏ 942720217.
- Pension Tuco, Calle Antonio López 4, ☏ 942721030; nur im Sommer.
- Pension Los Abetos, an der C-6316, rechts vom Eingang der Kirchlichen Universität, ☏ 942720227.

Das kleine Küstenstädtchen hat ein gut erhaltenes historisches Zentrum und in den Parkanlagen westlich der Altstadt einige herausragende Bauwerke im Stil des Art Nouveau des ausgehenden 19. Jh.: die Kirchliche Universität, der Palast der Grafen von Comillas (Palacio de Sobrellano) und besonders das kleine, von Gaudí erbaute Schlößchen "El Capricho", in dem sich heute ein elegantes Restaurant befindet.

Comillas - San Vicente de la Barquera (15 km)

☺ Auf dieser Etappe gebe ich wieder der von mir selbst ausgearbeiteten Route den Vorzug. Schon am Anfang besteht die Wahl zwischen der offiziellen Landstraße oder der von mir vorgeschlagenen Höhenstraße. Kurz nachdem beide Wege wieder zusammengetroffen sind, trennen sie sich auch wieder, und während der markierte Weg auf uninteressanten Wegen durchs Landesinnere führt, läßt meiner das Meer nicht mehr aus den Augen.

Vom Rathaus geht es durch die Calle de los Arzobispos über die Plaza de Joaquín Piélago westlich durch die Calle Marqués de Comillas am Sobrellano-Palast vorbei 400 m bis zur C-6316, auf der es nach rechts geht. Nach 400 m kommt man am Eingang zur Kirchlichen Universität vorbei, und vor der Pension "Los Abetos" geht es links auf eine Piste steil bergauf und zwischen ein paar Häusern hindurch, um nach 300 m auf einen Asphaltweg zu münden, der links hinter der Universität an der Küste entlang führt und nach 1,5 km **Trasvía**, (3 km), erreicht.

An der ersten Kreuzung geht man rechts, durchquert das Dorf, geht 800 m bergab und genießt schöne Ausblicke auf den Naturpark von **Oyambre**. Unten an der C-6316 - offiziell markierter Jakobsweg seit Comillas - geht man rechts und überquert nach 300 m die Brücke von **La Rabia**, (4,1 km).

Nach 400 m auf der Landstraße biegt der markierte Weg links in eine schmale Straße. Da der Weg an der Küste jedoch unvergleichlich schöner ist, empfehle ich, den Abzweig links liegen zu lassen und 600 m auf der Landstraße weiterzugehen, bis rechts ein Damm von der Straße wegführt, auf dem der Meeresarm (*ría*) überquert wird, der sich weit ins Land zieht. Dieses Gebiet gehört zum Naturpark von Oyambre: Im Landesinnern befindet sich das Schwemmland mit einem uralten überfluteten Wald und auf der anderen Seite des 300 m langen Dammes der schöne Strand von La Rabia. Dort angelangt, geht es rechts zum offenen Meer, das nach 400 m erreicht wird und wo der Strand im Linksbogen in den Strand von Oyambre übergeht.

Nach 900 m kommt man zum Parkplatz und Campingplatz, wo man den Strand verläßt, denn der westliche Teil des Strandes bietet keinen Ausgang mehr. Stattdessen betritt man die kleine Landstraße, die inzwischen von der C-6316 abgezweigt ist, und geht rechts 2 km bergauf nach **Gerra**, (8,7 km).

Bei Ebbe - stellen Sie das vorher am Strand fest! - geht man im Dorf rechts und nach 400 m vor zwei ausgedienten Silos (rund, mit Kuppeln, 3,5 m hoch, 2 m Durchmesser)

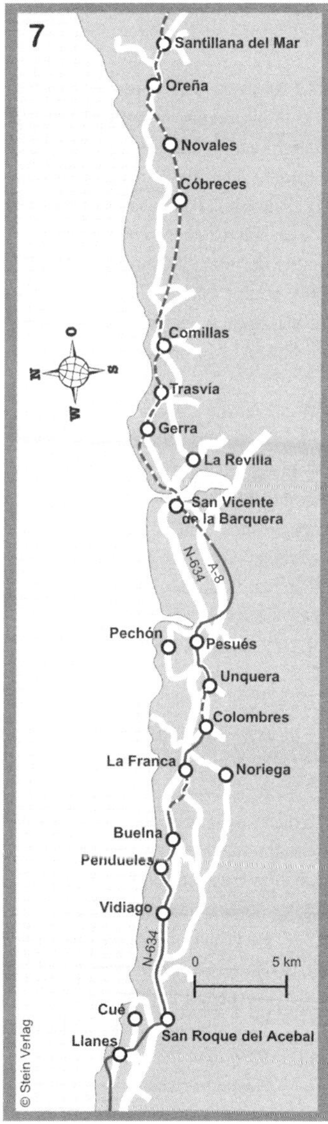

links auf einen Asphaltweg, der nach dem letzten Bauernhof zur Piste wird und 700 m hinab zum Strand führt. Nun geht es 2,9 km an dem herrlich einsamen Strand Merón entlang bis zu den Anlagen der Strandwacht, wo das urbanisierte Gebiet beginnt (bei Flut gehen Sie von Gerra weiter auf der Landstraße 1,5 km bis zu einem Parkplatz, ab dem Sie weitere 1,5 km am Strand gehen können; das ist zwar kürzer, aber weniger schön).

Bei der Strandwacht geht man auf eine Straße, die am Campingplatz vorbei führt, schöne Blicke auf das gegenüber liegende San Vicente de la Barquera bietet und nach 1,2 km auf die Nationalstraße N-634 trifft, auf der es rechts über die 600 m lange Brücke geht.

Wer von Comillas direkt nach Unquera weiterziehen möchte, kann von der Brücke über die Straßenkreuzung direkt geradeaus bergauf gehen, denn der Jakobsweg führt dort weiter. Wer jedoch in San Vicente ausruhen möchte, geht von der Brücke rechts 400 m ins Zentrum dieser hübschen Stadt in einmaliger Lage auf einer Halbinsel zwischen zwei Meeresarmen (S. 162). Gehen Sie unbedingt hinauf zur mittelalterlichen Burg und Kirche und genießen Sie den fantastischen Ausblick!

San Vicente de la Barquera

⇧ 15 m, 4.300 Ew.

Avenida del Generalisimo 20, ☎ 942710797; im Sommer.

In San Vicente wurde im Sommer 2000 wegen der lokalen Pilgerfahrten ins nahegelegene Heiligtum von Santo Toribio de Liébana eine Pilgerunterkunft eingerichtet. Dabei wurde bemerkt, daß es auch zahlreiche Jakobuspilger gibt, und möglicherweise wird man in Zukunft für eine Übernachtungsmöglichkeit sorgen, vielleicht während der Sommermonate in der Sporthalle. Fragen Sie vorsichtshalber im Fremdenverkehrsamt nach!

- Pension La Paz, Calle Mercado, ☎ 942710180.
- Pension Liébana, Calle Ronda, ☎ 942710211.
- Hostal La Barquera, Paseo de la Barquera, ☎ 942710075.
- Hospedaje El Nido, Calle Carlos V., ☎ 942712628.
- Hospedaje Granada, Los Llaos, 2 km östl. am Strand Merón, ☎ 942712113.
- Hospedaje Los Llaos, Ortsteil Los Llaos, 2 km östlich am Strand Merón, ☎ 942710758.

San Vicente de la Barquera - Unquera (15,6 km)

Man geht vom Zentrum zurück zur Brücke am Ortseingang, dort geht's rechts die Straße Ronda de la Encrucijada hinauf. Nach 200 m biegt man links in die Straße Camino Alto de Santiago und verläßt die Stadt. Nach 1,8 km wird die Autobahn auf einer Brücke überquert, und nach weiteren 500 m erreicht man das Dorf **La Acebosa**, 🍷 (2,5 km).

An der zentralen Kreuzung geht es links in die Hauptstraße und nach 200 m wieder halbrechts in eine kleine Straße. Nach weiteren 200 m biegt man rechts auf eine Piste ab, die 600 m steil zum Friedhof hinauf führt. Daran vorbei geht man geradeaus auf einer Straße noch 200 m bergauf bis zu einer Kreuzung und dort gegenüber auf einer schmalen Straße bergab, wobei man einen prächtigen Blick auf die Berge genießt.

Nach 1 km stößt diese Straße auf eine kleine Landstraße, die links nach 600 m am Dorf **Hortigal** vorbei führt. Nach 50 m, bereits am Ortsende, zeigen gelbe Pfeile nach links; das ist jedoch verwirrend, denn es handelt sich um einen anderen Pilgerweg, nämlich den nach Santo Toribio de Liébana. Der Jakobsweg führt dagegen geradeaus auf der Landstraße weiter, ohne daß die Wegmarkierungen an dieser Stelle deutlich genug darauf hinweisen; kurz darauf gibt es jedoch eine Orientierungstafel, die alles genau erklärt.

Pilgerweg nach Santo Toribio de Liébana: Es handelt sich um einen klassischen Abstecher, den zahlreiche frühe Pilger des Küstenweges unternahmen. Rund 55 km führt dieser Weg von Hortigal über Lebeña und Potes in die bizarre Bergwelt der **Picos de Europa**, wo im Kloster von Santo Toribio de Liébana die **größte Reliquie des Kreuzes Christi** aufbewahrt wird. Der Heilige Toribius soll sie im 5. Jh. aus Jerusalem mitgebracht haben. Dieser besondere Besitz brachte dem Kloster das päpstliche Privileg ein, immer wenn der Festtag des Heiligen, der 16. April, auf einen Sonntag fällt, ein **Heiliges Jahr (Jubileo)** zu begehen, in dem den Pilgern vollständiger Ablaß von ihren Sünden gewährt wird. Damit reiht sich Santo Toribio neben Jerusalem, Rom und Santiago de Compostela in die einzigen Wallfahrtsorte der Christenheit ein, die ein Jubileo begehen dürfen. Das letzte Heilige Jahr endete am 16. April 2001.

In diesem Kloster schrieb um das Jahr 776 der Mönch Beatus seine Apokalypsekommentare, deren Illustrationen zu den schönsten des frühen Mittelalters gehörten, immer wieder abgeschrieben wurden und das Kloster von Santo Toribio de Liébana in der gesamten Christenheit berühmt machten.

☺ Um der Bedeutung dieses Pilgerweges gerecht zu werden, obwohl er in diesem OutdoorHandbuch keinen Platz finden kann (weil es sich nicht um einen Jakobsweg handelt), wird er noch 2001 auf der Webseite des Conrad Stein Verlags aufgenommen werden: 💻 <http://outdoor.tng.de>

Der Jakobsweg führt auf der oben beschriebenen Landstraße 1,4 km weiter bis zur Kreuzung am Ortsanfang von **Estrada**. Geradeaus geht es 400 m weiter, bis man bei der kleinen Burgruine (7,3 km) rechts auf eine Asphaltpiste abbiegt. (Hier gibt es wieder gelbe Pfeile.) Nach 150 geht man über eine Wegkreuzung hinweg geradeaus auf eine einfache Piste, der man 400 m mit einigen Kurven folgt, bis sie bei einem Haus Asphaltbelag erhält. Nach weiteren 100 m stößt man auf eine kleine Landstraße und geht links 400 m bis ins Dorfzentrum von **Serdio**, 🍷 (8,3 km).

Neben der Kirche geht es über eine Kreuzung genau geradeaus auf eine schmale Asphaltstraße. Nach 250 m ist das Dorfende erreicht und geradeaus geht es weiter auf einer schmalen Landstraße. Nach 200 m geht es an einer Gabelung halblinks und dann weitere 2,4 km immer geradeaus, wobei im Jahr 2001 etwa auf der Hälfte der Strecke die Autobahn gebaut wurde. Schließlich stößt man aber auf die Landstraße CA-181, geht rechts und nach 500 m unter der Autobahnbrücke hindurch. Nach weiteren 300 m geht man am Ortseingangsschild von Pesués, von dem trotz des Schildes noch keine Häuser zu sehen sind, links über die Brücke über die **Ría de Tina Menor**. Nach 300 m trifft man unvermeidlich auf die vielbefahrene N-634, auf der man links nach 900 m das Zentrum von **Pesués**, 🛏 🍴 (13,2 km), durchquert.

Nach weiteren 1,2 km auf der N-634 befindet sich links bei einer Tankstelle und einem Restaurant 🍴 auch das Fremdenverkehrsamt 🛈 von Unquera. Noch 200 m auf der Nationalstraße, dann geht es links in die N-621, die nach 1 km das Zentrum von Unquera erreicht.

Unquera

🛏 🍴 ⇧ 50 m, 2.300 Ew.

🛈 An der Nationalstraße N-634, bei km 279, ☎ 942719680; ganzjährig.

🛏 Hostal Ríomar, an der Landstraße am Ortseingang rechts, ☎ 942717186.

- Pension La Granja, Hauptstraße gegenüber dem Bahnhof, ☏ 942717124.
- Hostal Río Deva, an der Landstraße Richtung Potes, ☏ 942717157.

Unquera - Llanes (23,4 km)

☞ Eine Einführung zu Asturien finden Sie bei Oviedo.

Von der zentralen Kreuzung geht es rechts über die Brücke über den Ausläufer des Meeresarms (*ría*) Tina Mayor, der die Grenze zwischen Kantabrien und Asturien bildet. Am Zugang zur Brücke befindet sich der erste gelbe Pfeil, den die asturischen Jakobusvereine angebracht haben.

Auf der anderen Seite liegt **Bustío**. Über die Straßenkreuzung geht geradeaus eine Betonpiste - achten Sie auf den gelben Pfeil! - steil bergauf, die nach 100 m in eine einfache Piste übergeht.

Nach 1,5 km wird der Ortsanfang von Colombres erreicht. Nach 200 m kommt eine Straßengabelung, wo es halblinks bergab Richtung Hauptplatz Plaza Manuel Ibáñez (2 km) geht.

Colombres ⇧ 113 m, 1.000 Ew.

Plaza Manuel Ibáñez, in einem Metallhäuschen links am Hauptplatz, vor einem Park; ☏ 646718352, im Sommer.

Wer direkt auf dem Jakobsweg weitergeht, betritt den Hauptplatz nicht, sondern geht, bevor er erreicht wird, rechts in die Calle Pío Noriega. Nach 100 m geht man halbrechts und weitere 500 m geradeaus bis zum Ortsende. Dort gibt es eine Straßengabelung, aber es geht nicht auf einer Straße weiter, sondern geradeaus auf einem Feldweg steil bergab. Nach 700 m biegt man links in eine Straße, die nach 400 m auf die N-634 im Ort **El Peral**, (3,7 km), stößt.

Auf der Nationalstraße geht es westlich 1 km bis **La Franca**, und im Zentrum (5 km) halblinks auf die AS-346. Nach 800 m macht die Straße einen Linksbogen, aber der Jakobsweg führt geradeaus weiter auf eine Piste. Nach 450 m geht man rechts über eine beeindruckende alte Brücke, die wegen der immensen Vegetation kaum erkennbar ist. Von hier geht man geradeaus auf einen Waldweg und erreicht nach 700 m bei einem alten Gehöft wieder die N-634, auf der man sich links wendet.

Nach 2,5 km wird **Buelna**, (9,4 km), durchquert, und 500 m danach wird die Nationalstraße halbrechts Richtung Pendueles verlassen. Nach 200 m geht man am Ortseingang halbrechts auf eine Betonpiste, nach 100 m von dieser halblinks auf eine einfache Piste und nach weiteren 100 m hinter dem zweiten Haus halbrechts auf eine Piste, der man 700 m folgt.

Am Ende stößt man zwischen Kirche und Friedhof auf eine Straße, auf der man rechts weiter durch das Zentrum der Streusiedlung **Pendueles**, (11 km), geht, bis sie nach 900 m wieder in die N-634 mündet. Rechts kommt man nach 1,9 km nach **Vidiago**, (13,8 km).

Auf der N-634 geht man über **Riego**, (14,4 km) und **Puertas de Vidiago**, (15,6 km), über die Brücke über den Fluß **Purón**, (16,7 km). 1,4 km danach zeigt ein Monolith des Jakobsweges an, daß es halbrechts auf eine Piste geht, die 700 m parallel zur N-634 verläuft.

Wieder auf der Nationalstraße, geht es nach 200 m am Ortseingang von **San Roque del Acebal**, (19 km), rechts auf einen Asphaltweg. Dann hält man sich links und umgeht den Ort am nördlichen Rand, bis man nach 500 m wieder auf die N-634 trifft. Nach 400 m auf der Straße geht es vor der Campsa-Tankstelle auf einer Piste links neben der Nationalstraße weiter.

Man geht 400 m links der N-634 und überquert sie erneut genau am Ortsausgang (20,4 km). Gegenüber führt ein Feldweg 300 m weiter; dann wird eine kleine Landstraße überquert und links gegenüber führt ein schöner Waldweg 700 m leicht bergauf zur Kapelle des Cristo del Camino (Christus des Weges, des Jakobsweges natürlich). Davor führt rechts eine Piste 350 m bergab und über eine Kreuzung, wo es auf einer kleinen Asphaltstraße weitergeht, die nach 700 m auf eine Landstraße stößt. Geradeaus geht es 1 km ins Zentrum von Llanes (23,4 km).

Llanes

⇧ 11 m, 13.400 Ew.

Calle Alfonso IX, La Torre, im mittelalterlichen Turm, ☎ 985400164; ganzjährig.

In Llanes gibt es zahlreiche einfache Unterkünfte (viele Pensionen); eine Pilgerherberge gibt es nicht, dafür aber eine andere Herberge, die ebenfalls Pilger aufnimmt.

Schöne Herberge im ehemaligen Bahnhofsgebäude der Bahngesellschaft FEVE; 52 Liegen in 9 Zimmern und Aufenthaltsräumen. Auch günstige Speisen werden angeboten. Da es sich nicht um eine eigentliche Pilgerherberge handelt, wird der Platz nicht garantiert, und man sollte besser vorher anrufen. Auf der Hauptstraße geht man am zentralen Platz am Hafen vorbei 200 m weiter westlich, und dort wo sich rechts ein Park befindet, ist auf der linken Straßenseite die Herberge.

♦ Albergue La Estación, ☎ 985401458; ganzjährig; Preis: Ostern, Juli und August ca. Pta 2.000, Rest des Jahres ca. Pta 1.600.

Auch im nächsten Ort **Poo** gibt es eine Herberge (siehe dort). Llanes ist einer der bekanntesten Badeorte der asturischen Küste, was der glücklichen Verbindung von Badefreuden an seinen drei Stränden und Kultur mit der mittelalterlichen ummauerten Altstadt und der Marienkirche (13.-15. Jh.) zu verdanken ist.

Llanes - Piñeres (21 km)

☺ Auf dem weiteren Weg bis Oviedo ist es nicht mehr nötig, Hotels, Hostals oder Pensionen anzugeben, denn es gibt Pilgerherbergen in Abständen, die gut als Tagesetappen zurückgelegt werden können

Von der ummauerten Altstadt geht man nordwestlich zum kleinen Strand Playa del Sablón und von dort die Treppen hoch auf die Uferpromenade Paseo de San Pedro, der man nach Westen 1 km zum Ortsende folgt. Auf Höhe der letzten Häuser läßt man das letzte Mauerstück oberhalb der Steilküste rechts liegen, weil der Weg dort sowieso bald endet, und geht stattdessen links an den letzten Häusern der Stadt entlang 300 m bis zur Landstraße AS-263. Dort geht man rechts und auf dem Fußgängerweg neben der Straße 1,5 km bis ins Zentrum von **Poo**, (3 km).

Schöne große Herberge in einem Park am Ortseingang rechts; 110 Betten und Aufenthaltsräume. Da es sich nicht um eine eigentliche Pilgerherberge handelt, wird der Platz nicht garantiert, und man sollte besser vorher anrufen.

♦ Albergue La Fonte del Cai, ☎ 985400205 + ☎ 65933783; ganzjährig; Preis für Übernachtung mit Frühstück etwa Pta 1.700.

1 km nach diesem Ort zeigen ein Monolith des Jakobsweges und ein gelber Pfeil an, daß die Straße halbrechts auf eine Piste verlassen wird. Nach 300 m geht es an einer Weggabelung halblinks an einem alleinstehenden Haus vorbei. Nach 500 m kommt man an den Ortsrand von **Celorio**, und nach weiteren 400 m geradeaus folgt man den gelben Pfeilen nach rechts 150 m bis zum Kloster, das direkt am Strand steht (5,6 km).

Am Kloster geht es links am Strand entlang, am zweiten Strandabschnitt hinter dem Restaurant "El Tabanu" links zu einer kleinen Landstraße und auf ihr rechts 1,5 km nach **Barro**, (7,6 km). Diese Straße mündet am Ortsende in eine andere, in die man rechts einbiegt. Nach 700 m mit schönem Blick auf die Bucht wird eine Brücke überquert, und bei der dortigen Kapelle El Santín - nicht bei der 100 m weiter am Strand befindlichen Pfarrkirche - geht es links einen Weg bergauf.

Dieser führt südlich am Ort **Niembro**, vorbei und erreicht nach 1 km die Landstraße, überquert diese und führt gegenüber in eine Nebenstraße, von der man nach 70 m links auf eine Betonpiste abbiegt. Sie geht nach 200 m in eine einfache Piste über und erreicht nach 400 m wieder die Landstraße, der man nur 100 m nach Westen folgt, dann geht es wieder rechts auf einen Waldweg.

Nach 500 m überquert dieser Weg eine Betonpiste und gegenüber geht es auf einer einfachen Piste 1,2 km weiter, die allmählich schmaler wird, aber schließlich die AS-263 erreicht.

An dieser Stelle (11,8 km), wo sich die Nationalstraßenbrücke über den Fluß **Bedón** spannt, liegen rechts malerisch die verlassenen Klosteranlagen von **San Antolín de Beón**.

Es geht auf der AS-263 weiter. Nach 150 m wird der Fluß überquert, und 1 km geht es oberhalb der Küste entlang, bis die Straße in einer Linkskurve unter der Autobahn hindurch führt. Nach 250 m geht man halblinks in eine kleine Straße, die nach 500 m das Ortszentrum von **Naves**, (13,8 km), erreicht.

Über den Hauptplatz geht man geradeaus durch das Dorf und am Ortsende an einer Straßengabelung halbrechts auf eine Straße, die sogleich in eine Piste übergeht. Nach 600 m erreicht man die ersten Häuser von **Villahormes** (14,8 km). Am linken Ortsrand geht es nach 300 m an der Kirche vorbei, und wo die Straße leicht nach rechts führt, geht es geradeaus auf eine Piste.

Nach 1 km wird eine Häusergruppe durchquert, und weiter geht es geradeaus auf der Piste, die jetzt teilweise Asphaltbelag zeigt. Nach 800 m kommt von links eine kleine Straße, der man über eine Brücke folgt. Dahinter führt die Straße nach rechts, der Jakobsweg aber geradeaus auf eine Betonpiste, die nach 1 km auf die AS-263 im Ort **Nueva**, (18 km), stößt.

Die Landstraße wird überquert, gegenüber geht es nach 50 m links über den Bahnübergang und auf dieser Straße 500 m bis zum Ortsende. An der letzten Kreuzung gehen Sie geradeaus weiter - ein gelber Pfeil nach links ist trügerisch und weist in die falsche Richtung - 300 m bis zur AS-263.

Dieser folgt man 800 m westlich bis zum ersten Ortsteil der Streusiedlung **Piñeres**, nach dem es rechts von der Landstraße weg über die Bahngleise und unter der Autobahn hindurchgeht. Nach dem Tunnel geht man links und nach 50 m rechts auf einen Feldweg, an dem nach 100 m rechts die Pilgerherberge steht (21 km).

Hafen von Castro Urdiales (S. 98)

Schöne kleine Herberge auf dem Land mit 10 Liegen und Küche; 1999 eröffnet.

♦ Den Schlüssel gibt es in einem nahegelegenen Haus: Man geht 50 m auf dem Feldweg weiter und dann links 150 m; rechts wohnt in einem freistehenden rosa Haus Helena, die den Schlüssel hat; ☎ 985410157. ständig, aber wenn Helena mal später kommt, ist ein Hinweis an der Herbergstür. Um eine Spende von Pta 500 wird gebeten, um die wichtigsten Kosten zu bestreiten.

Piñeres - San Esteban (16,8 km)

Von der Herberge geht man weiter auf dem Feldweg 50 m und dann links 150 m, bis man wieder auf die Straße trifft. Rechts geht es 800 m bis zum Abzweig, an dem scharf links eine Straße 700 m hinauf zur Kirche (*iglesia*) von **Pría** führt; rechts unten im Tal liegt das Dorf **La Pesa**.

Auf der Höhe geht es an der Kirche vorbei und links am Friedhof eine einfache Piste bergab. Nach 600 m wird sie bei einer Häusergruppe zur Betonpiste und führt in gleicher Richtung weitere 600 m bergab. Kurz vor einer kleinen Brücke über die Bahngleise geht es rechts auf einer einfachen Piste 100 m hinab, wo eine kleine Straße überquert wird. Gegenüber geht man geradeaus 200 m auf der rechten Seite der Bahntrasse entlang.

Dann führt eine Brücke über die Gleise, und nach 50 m stößt man auf eine kleine Landstraße, die in gleicher Richtung nach 200 m das Dorf **Cuerres** (3,5 km) durchquert.

Nach weiteren 500 m folgt man der Straße vor einem Bahnübergang in einer Linkskurve - hier kommt von der anderen Seite der markierte Jakobsweg herein, den wir aufgrund seines umständlichen Verlaufs bei der Kirche von Pría verlassen hatten.

500 m verläuft die Straße auf der linken Seite der Bahntrasse. Wo die Straße eine Linkskurve macht, wird sie halbrechts auf eine kleinere Straße verlassen, die durch einen Ortsteil von **Toriello**, ✕ (4,6 km), führt. Nach 600 m zeigt ein Monolith des Jakobsweges an, daß es von dieser Straße halbrechts auf eine Piste geht. Nach 150 m geht man an einer Pistengabelung halbrechts. Nach 250 m überquert diese Piste die Bahntrasse.

Nun geht es auf dieser Piste 1,8 km geradeaus, wobei sämtliche Kreuzungen ignoriert werden, bis ein Monolith anzeigt (der gelbe Pfeil daneben ist eher irreführend), daß halbrechts auf einen Feldweg abgebogen werden muß, der zwar breit, aber mit dichtem Gras überwachsen ist. Nach 150 m mündet er in eine bessere Piste ein, auf der man 450 m in gleicher Richtung und dann halblinks auf einer Betonpiste weitergeht.

Nach 600 m überquert sie die Bahngleise und nach weiteren 400 m trifft sie auf die AS-263, auf der man sich nach rechts wendet. Nach 1 km erreicht man den Ortsanfang von Ribadesella und dem Verlauf der Hauptstraße folgend erreicht man nach 1 km das Zentrum und den Hafen (11 km).

Ribadesella

⇧ 3 m, 6.200 Ew.

Am Ostufer des Flusses Sella, 50 m rechts neben der Brücke in einem modernen freistehenden Gebäude, ☏ 985860038; ganzjährig (von November bis Februar nur am Wochenende).

Ribadesella ist ein Touristenzentrum, das im Sommer seine Einwohnerzahl vervielfacht. Das Stadtzentrum und der Hafen befinden sich am rechten, östlichen Ufer des Sella, während sich der touristische Stadtteil mit Ferienwohnungen und Hotels am westlichen Ufer erstreckt, wo sich auch der Strand befindet (S. 60).

Der Fluß **Sella** wird über die lange Brücke überquert, und dahinter geht es direkt rechts am Ufer entlang, wo nach 400 m der Strand beginnt. 1,3 km geht man die schöne Uferpromenade entlang und kurz vor ihrem Ende in die letzte Straße links (nicht die Straße, die weiter vorne am Wald zum Leuchtturm ansteigt). Nach 100 m biegt man rechts in eine Landstraße, die immer geradeaus nach 1,5 km das Dorf **San Pedro** (15 km) durchquert.

Die Straße wird nun schmaler und führt weitere 1,5 km geradeaus, am Ende steil bergauf, bis zu einer

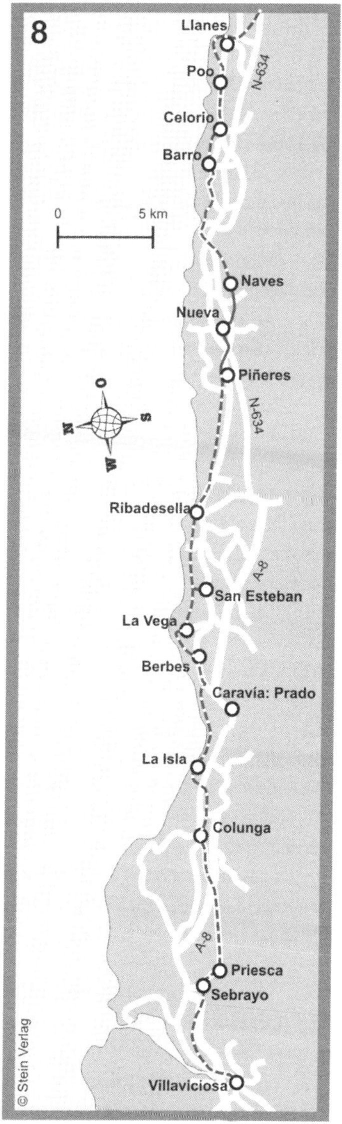

Kreuzung (16,5 km). Rechts liegt das Dorf **Abeu**, geradeaus führt der Jakobsweg auf einer Betonpiste bergauf, aber links geht es 300 m zum Dorf **San Esteban**, (16,8 km), wo sich an der Einmündung in die Nationalstraße N-632 links die weithin sichtbare Kirche und rechts das orangefarbene alte Schulhaus befinden, das heute die Pilger aufnimmt.

Schön gelegene, sehr geräumige, aber einfache Herberge mit 16 Liegen und Aufenthaltsraum.

♦ An der Nationalstraße N-632 gelegen; die Familie, die sich darum kümmert, wohnt im 1. Stock darüber; ☏ 985857611; ständig; Pta 300.

San Esteban - La Isla (12,6 km)

Von der Herberge geht es die 300 m zurück zur Kreuzung bei **Abeu** und dann links auf die oben genannte Betonpiste, die nach 100 m die Höhe erreicht und dann als einfache Piste 1,4 km bergab führt bis zu einer Pistenkreuzung, an der es rechts wieder bergauf geht. Nach nur 100 m geht es wieder bergab und nach 300 m durch das idyllische Dorf **La Vega**, , das 400 m bergab durchquert wird, bis die Dorfstraße auf eine kleine Landstraße trifft. Rechts kommt man nach 400 m zum Strand, ✕ (3 km).

Links geht man über eine kleine Brücke auf den Strand zu und folgt der Piste, die sich von der Brücke fortsetzt. Hier beginnt ein überraschender Aufstieg: Nach 200 m biegt man von der Piste halblinks in einen breiten Weg. Nach weiteren 200 m geht man an einer Weggabelung halbrechts auf den schmaleren Weg, der nun 600 m bergauf führt, wobei teilweise noch das alte grobe Pflaster hervorkommt, das schon vor Jahrhunderten die Jakobspilger beschritten haben. Schließlich mündet dieser Weg auf eine Piste, die 400 m bergauf führt und am Ortsanfang von **Berbes**, 🍷 (4,4 km), auf die N-632 trifft.

Auf dem eben beschriebenen Weg müssen Radfahrer sicher 1 km schieben, aber es lohnt sich und der Umweg auf der Landstraße wäre zu weit.

Die N-632 wird jedoch nicht betreten, sondern es geht kurz davor rechts auf eine Betonpiste 250 m bergauf und dann 100 m bergab, bis die Piste auf eine

Mauer stößt, wo es rechts geht. Die Piste macht nun einen weiten Linksbogen und führt nach 150 m an einem orangefarbenen Haus vorbei. Dahinter geht es rechts 200 m bergab, bis die Piste auf einen Asphaltweg trifft, auf dem es wieder rechts hinab 150 m bis zur N-632 geht, bereits am westlichen Ortsrand von Berbes (5,2 km).

Die Nationalstraße wird überquert, und gegenüber geht es halbrechts einen steilen steinigen Pfad 100 m hinab; wieder auf der N-632 wendet man sich nach links. Nach 1,3 km, kurz hinter einer kleinen Brücke, führt von der Nationalstraße rechts eine steinige Piste steil bergauf. Nach 300 m ist die Höhe erreicht, und es geht auf einem Weg 300 m bergab zum Strand **Las Tejas** (7,2 km).

Hier steht ein Monolith des Jakobsweges, aber der Verlauf des Weges wird damit nicht klarer und bedarf einer genauen Beschreibung: Es geht weder auf dem Weg halblinks hinauf noch direkt hinab zum Strand, sondern in der gleichen Richtung weiter, aus der man gekommen ist, 10 m oberhalb des Strandes. Bald wird

Malerische Gassen in Santillana del Mar (S. 116)

der Weg besser erkennbar und führt 350 m weiter leicht bergab bis zur Straße, die vom Strand kommt. Hier geht es links 350 m am Campingplatz entlang leicht bergauf und dann rechts auf eine Piste. Nach 200 m endet sie, aber es geht den Fahrspuren folgend weiter 150 m über die Wiese und dann 200 m auf einem Pfad, bis wieder ein breiter Feldweg und 150 m weiter eine Piste erreicht wird. Dieser folgt man 200 m bis zu einer Weggabelung und von dort rechts 300 m bis zur kleinen Brücke über den Bach **Caravia**.

Am anderen Ufer geht es auf einem Pfad 200 m oberhalb eines kleinen Strandes, dann geht der Pfad in einen breiten Weg über, und nach 400 m geht man geradeaus wieder auf einem Pfad 100 m bis zum Strand **La Espasa**, ✕ (9,9 km).

Man kann entweder am Strand oder an dessen Rand gehen, schließlich ist es aber empfehlenswert, den nach 1 km einmündenden Bach **Duesos** am Strand zu passieren, statt den Umweg über die Straßenbrücke zu nehmen, denn an der flachsten Stelle ist das Wasser nur 5 cm tief. Der Strand bietet bald keinen Ausgang mehr, so daß man ihn 100 m nach dem Bach rechts neben einem alten, aber noch bewirtschafteten Bauernhof verläßt und auf eine Piste geht. Nach 100 m geht diese in eine kleine Straße über, und nach weiteren 200 m kann man rechts zwischen zwei Grundstücken - das eine ummauert, das andere umzäunt - über einen schmalen Weg hinunter zum Strand von La Isla gehen, der vom Strand La Espasa durch Felsen getrennt ist.

Der markierte Jakobsweg betritt den Strand zwar nicht und führt auf der Straße weiter und vom Strand weg, aber es handelt sich hier um den letzten Strand, den der Jakobsweg berührt und den Sie darum besonders genießen sollten. 900 m geht man am Strand entlang bis zum Ferienort **La Isla**, und dann links 70 m, bis sich die Straße gabelt: Halblinks führt der Jakobsweg weiter, aber rechts geht es ins alte Ortszentrum und zur Pilgerherberge.

Schöne Herberge in herrlicher Lage direkt am Meer mit 18 Liegen und Aufenthaltsraum.

♦ Den Schlüssel gibt es bei Doña María in der Calle Avelino Herrera 38 im 1. Stock; das ist direkt das erste Haus rechts an der besagten Kreuzung. Zur Herberge geht es dann durch diese Straße im Rechtsbogen 150 m bis zur Plaza del Horrón und dort in die erste Straße links; nach 150 m verläßt man das alte Ortszentrum und nach weiteren 50 m befindet sich die Herberge auf der rechten Seite. ständig, Spenden.

La Isla - Sebrayo (16,4 km)

Auf der obengenannten Straße, die vom Strand wegführt, geht man 400 m bis zur N-632. Um wieder zurück zum markierten Jakobsweg zu kommen, geht man links, und nach 100 m, gegenüber dem Hotel und Restaurant "Monte y Mar" rechts auf eine Piste, wo nach 50 m wieder ein gelber Pfeil zu sehen ist.

Es geht rechts auf einen Waldweg, der nach 150 m eine alte malerische Brücke erreicht, die märchenhaft von Wald und dichter Vegetation umgeben ist (S. 137). Die Brücke wird überquert, und gegenüber geht es 200 m auf einem schmalen Pfad durch dichtes Gestrüpp. Schließlich kommt man auf einen besseren Weg und nach 100 m auf eine kleine Straße am Anfang des Dorfes **Bueño** (13,3 km).

Weiter geht es auf der Straße 1,5 km geradeaus, und bevor sie auf die N-632 stößt, was mit einem Schild "Stop 80 m" angekündigt wird, geht es diesem Schild gegenüber links auf eine kleine Straße und nach 100 m wieder halbrechts auf eine schmale Piste. Nun geht es immer geradeaus: Nach 400 m wird eine Landstraße überquert, es geht geradeaus auf der Piste weiter, nach 400 m erreicht man den Ortsanfang von Colunga bei der Schule, wo die Piste Asphaltbelag erhält, und nach 900 m gelangt man zum Hauptplatz im Zentrum (4,7 km).

Colunga ⇧ 21 m, 4.900 Ew.

Plaza de la Iglesia, vor dem Park, in einem Maisspeicher (*hórreo*), ☏ 985852200; im Sommer.

Vom Zentrum geht es auf der Hauptstraße westlich Richtung Villaviciosa. Nach 500 m biegt man am Ortsrand in die AS-258 Richtung Infiesto und nach 200 m wieder rechts in die CL-1 Richtung Pernús. Nach 2,2 km wird die neue Autobahn über- oder unterquert; 1998 war Baubeginn und es ist noch nichts Genaues zu erkennen. Weiter geht es auf der CL-1 nach 2,1 km am Dorf **Pernús** vorbei (21,6 km), das von seiner unverhältnismäßig großen Kirche überragt wird.

Bald folgt eine lange Steigung und 1,9 km nach Pernús geht es halblinks auf eine Piste die restlichen 500 m hinauf in das Dorf **La Llera**, wo man wieder auf die CL-1 kommt. 1,4 km geht es auf der Straße zuerst bergauf, dann bergab bis **Priesca** (13,3 km) mit seiner prächtigen Kirche, die Reste aus präromanischer Zeit bewahrt (Schlüssel in Haus Nr. 2).

Man folgt dem Verlauf der Landstraße rechts an der Kirche vorbei, und dann geht es sofort halbrechts auf einen Feldweg, der 400 m steil bergab führt. Dann geht man an einer Weggabelung halblinks und weitere 500 m bis zur CL-1, wo man sich wieder nach rechts wendet. Nach 400 geht man durch eine Häusergruppe und über den Bach **Sebrayo**. 100 m danach geht es links auf eine Piste, die etwas unwegsam 900 m bergab führt und dann auf einen Weidezaun stößt, wo es rechts auf eine andere Piste geht.

Nach 300 m kommt man unter der gigantischen Autobahnbrücke hindurch, nach weiteren 100 m über eine kleine alte Brücke (welcher Kontrast!) und auf eine kleine Straße, die zum Dorf **Sebrayo** gehört.

400 m geradeaus liegt rechts die Pilgerherberge, 14 Liegen und Küche.

♦ Haus Nr. 21; im 1. Stock wohnt die Familie, die sich um die Herberge kümmert; ☏ 985974011; ständig; Spenden.

Sebrayo - Vega de Sariego (23,8 km)

☺ Es besteht die Möglichkeit, nach 15,8 km im Zisterzienserkloster **San Salvador de Valdediós** zu übernachten, was zweifellos ein ganz besonderes Pilgererlebnis darstellt. Von dort sind es nur noch 7,7 km bis zur nächsten Pilgerherberge in Vega de Sariego, was als Tagesetappe jedoch zu wenig ist.

Auf der Straße geht es 800 m weiter und dann links unter der Autobahnbrücke hindurch. Im Frühjahr 2001 gab es hier noch keinen gelben Pfeil, sondern erst etwas weiter bei der nächsten Asphaltpiste, die links ansteigt, dann aber wegen des Autobahnbaus ins Nichts führt. Unter der Autobahn muß man also hindurch und gleich danach bei einer Weggabelung halbrechts 300 m bis ins Dörfchen El Fresno, wo der Weg wieder markiert ist. Nach 100 m geht es an einer Straßengabelung halblinks bergauf. Von dieser Straße hat man einen schönen Blick auf den Meeresarm, der sich tief ins Landesinnere bis Villaviciosa zieht.

Nach 500 m wird diese Straße halbrechts auf einen buschigen Feldweg verlassen, der nach 200 m - es geht immer geradeaus - zu einem schmalen Waldweg mit üppiger Vegetation wird. Nach 300 m wird der Weg wieder breiter, und nach weiteren 300 m gabelt er sich, und es geht halbrechts bergab, bis nach 300 m eine kleine Landstraße überquert wird.

Früher ging es gegenüber auf einem Waldweg weiter, im Jahr 2001 war hier jedoch die Autobahn-Baustelle und damit natürlich unklar, ob der Weg wie früher weiterführen kann, wenn die Bauarbeiten einmal beendet sind. Darum muß man hier auf der kleinen Landstraße rechts gehen. Nach 250 m wird die Autobahn überquert und nach weiteren 300 m bergab geht man kurz vor der N-632 links auf eine kleine Parallelstraße. Nach 150 m geht man bei einer Häusergruppe halblinks und nach 50 m geradeaus auf eine Piste. Diese führt nach 100 m halbrechts weiter und mündet nach 100 m auf die Nationalstraße, auf der man nun weitergehen muß.

Nach 1,4 km kann man die N-632 bei einem blau-bemalten Surf-Shop halbrechts verlassen, um auf einer ruhigeren Nebenstraße weiterzugehen. Nach 700 m überquert man eine Kreuzung und geht auf eine breite Straße, eigentlich zwei parallele Straßen, von denen man nach 100 m diejenige nimmt, die halblinks nach 100 m zur Hauptstraße (N-632) zurückführt. Auf dieser geht es in der gleichen Richtung 250 m am zentralen Park von Villaviciosa entlang bis zur zentralen Kreuzung beim Rathaus (6,4 km).

Malerische Brücke zwischen La Isla und Bueño (S. 135)

Villaviciosa

⇧ 4 m, 15.100 Ew.

Im zentralen Vallina-Park, ☏ 985891759; im Sommer.

Im September des Jahres 1517 legte hier das Schiff an, mit dem der junge spanische Thronfolger aus Flandern kam, um als Karl I. von seinem neuen Königreich Besitz zu nehmen. Zwei Jahre später wurde er als Nachfolger Maximilians I. als deutscher Kaiser unter dem Namen Karl V. gekrönt.

Am Park und am Rathaus vorbei folgt man nicht der N-632 in eine Rechtskurve, sondern geht geradeaus in die Altstadt und nach 50 m rechts in die zentrale Calle Sol. Nach 250 m hat man die Altstadt schon wieder verlassen und geht an der hübschen mittelalterlichen Kirche Santa María de la Oliva links auf die Landstraße Richtung Oviedo und nach 200 m halbrechts auf die AS-113.

300 m geht es geradeaus und dann 30 m vor der Brücke über den Fluß links ein paar Stufen hinunter zu einem Häuserblock und auf die Straße Paseo de la Alameda, die am linken Ufer entlangführt.

Nach 200 m geht es rechts 600 m durch einen schönen Park am Ufer entlang. Am Ende wird eine Straße erreicht, auf der man in gleicher Richtung nur 50 m weitergeht. Dann folgt man an einem kleinen Platz den gelb-weißen Markierungen halblinks eine Betonpiste hinauf. Nach 150 m geht man rechts und steht nach weiteren 100 m vor der romanischen Kirche San Juan (13. und 18. Jh.), die zum Ort **Amandi**, (8,4 km) gehört.

Die Straße rechts geht es 100 m hinunter, auf der Hauptstraße links 200 m geradeaus und dann von der nächsten Kreuzung halbrechts 200 m bis zu einer hübschen Kapelle. Hier geht es nach rechts!

Auch geradeaus auf eine Piste zeigen gelbe Pfeile, dabei handelt es sich jedoch um den lokalen Pilgerweg nach Covadonga. Lassen Sie sich auch nicht von den Pfeilen irritieren, die auf den nächsten Metern des Jakobsweges in die Gegenrichtung zeigen!

Es geht bei der Kapelle also nach rechts, man überquert den Fluß **Valdediós** und trifft nach 300 m auf die AS-113. Es geht links weiter und nach 200 m halbrechts auf die kleine Landstraße VV-10 Richtung Rozadas. Nach 900 m erreicht man den Ortsanfang von **Grases**, und zwar im Ortsteil **Casquita** (10,3 km).

Der Jakobsweg teilt sich hier und ist in zwei Richtungen markiert: Der Küstenweg (*Camino de la Costa*) führt geradeaus weiter über Gijón nach Ribadeo in Galicien, aber im vorliegenden OutdoorHandbuch beschränken wir uns auf die Beschreibung des Weges, der hier ins Landesinnere (*Camino del Interior*) führt, um bei Oviedo in den ältesten aller Jakobswege, den "primitiven" Weg nach Santiago (*Camino de Santiago Primitivo*), überzugehen.

Am Dorfanfang bei einer Kapelle und der Sidrafabrik "El Traviesu" geht es nicht geradeaus weiter - das ist der Küstenweg -, sondern auf eine kleine Straße halblinks Richtung Camoca. Passen Sie gut auf: Der Markierungsstein des Jakobsweges ist nicht eindeutig genug! Geradeaus geht es auf den Küstenweg nach Gijón, links nach Oviedo.

Nach 500 m macht die Straße einen Rechtsbogen hinauf in das Dorf **Camoca de Abajo**, aber unser Weg führt geradeaus auf eine Betonpiste und nach 100 m rechts auf einen Feldweg, auf dem das Dorf umgangen wird. Nach 100 m geht es wieder auf der Landstraße in der gleichen Richtung weiter, und nach 600 m wird der Ortsanfang von **Camoca de Arriba** erreicht.

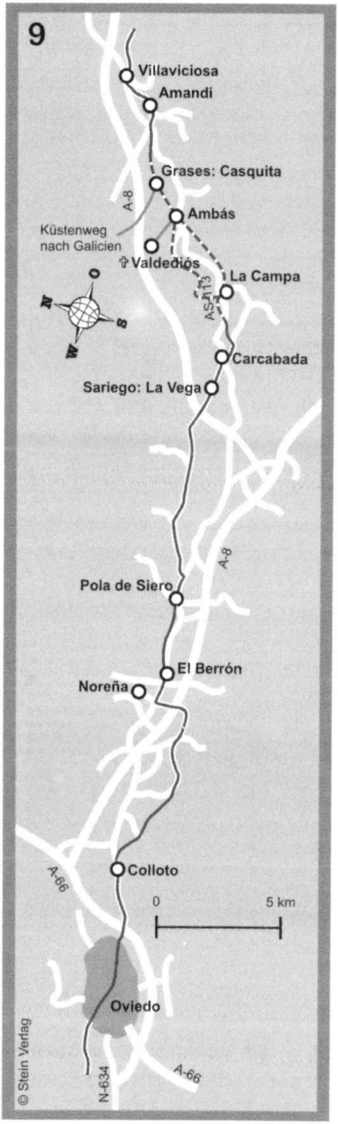

Links kann man einen Abstecher zur 150 m entfernten hübschen Kirche San Juan Evangelista machen, dann geht es aber weiter auf der Straße, und nach 200 m gibt es im Dorfzentrum eine Straßenkreuzung, über die es geradeaus auf einen Asphaltweg geht. Nach 600 m wird in einem Tal eine Häusergruppe durchquert, es geht weiter geradeaus, und nach 200 m wird der Straßenbelag schlechter. Nach weiteren 500 m kommt man zu einer Wegkreuzung und geht halblinks auf einen Weg, der nach 100 m in eine Straße mündet, der man links folgt und die nach 300 m die Häuser von **Castiello** durchquert.

Nach weiteren 100 m geht es halbrechts eine Betonpiste bergauf, nach 300 m kommt man wieder zur Straße, geht rechts und erreicht nach 200 m die AS-113 bei der Kirche San Pedro, Pfarrkirche des Ortes **Ambás** ✕, durch den rechts die Landstraße führt. Man geht 100 m bis zum Ortsanfang und dann halblinks auf die Betonpiste, die den Ort oberhalb der Landstraße 300 m lang durchquert.

Am Ortsende (14,4 km) führt der Jakobsweg oberhalb der AS-113 geradeaus weiter auf einen steinigen Feldweg; unterhalb sieht man an der Landstraße die Kreuzung, von der rechts eine Straße 1,7 km hinunter ins Tal führt.

☺ Diese Straße führt zum **Zisterzienserkloster Santa María de Valdediós** ✕ (16,1 km), einem kunsthistorisch hochinteressanten und landschaftlich malerischen Ort. Der Weg von dort auf die Paßhöhe ist ebenfalls sehr schön und zudem sehr einfach zu finden, wohingegen der markierte Weg von Ambás über das Dorf Arbazal auf den Alto de Campa schwer zu begehen ist und trotz der gelben Pfeile die Gefahr besteht, sich zu verlaufen. Darum werde ich im folgenden dem Weg über das Kloster von Valdediós den Vorzug geben, zumal er nur 600 m länger ist als der markierte Weg. Mir ist völlig unverständlich, warum die Jakobusvereine sich nicht auch für diesen Weg entschieden haben.

Kirche des Klosters von Valdeiós

✝ Kirche **San Salvador de Valdediós**: Die präromanische Kirche aus dem 9. Jh. ist das beste Beispiel der Spätzeit der asturischen Kunst. Das Kloster stammt aus dem 13. Jh.

♦ 11:00-13:00 + 16:30-18:30; etwa alle 45 Min. gibt es eine geführte Besichtigung, die etwa 45 Min. dauert; Eintritt Pta 300. Montags sind keine Führungen, aber die präromanische Kirche kann von außen und die Klosterkirche auch von innen besichtigt werden; Eintritt dann frei.

Die Klosterherberge (*hospedería monástica*) nimmt Pilger auf.
♦ Anmeldung am Haupteingang des Klosters, ☏ 985892324; gratis.

Weiter geht es in der gleichen Richtung, aus der wir gekommen sind, am Parkplatz vorbei und bei der Kreuzung halblinks die Straße an der Mauer des Klosterbereichs entlang. Nach 100 m geht man bei einem Nebengebäude des Klosters links auf die Betonpiste Richtung Vallinaoscura. Nach 500 m geht es über eine Kreuzung geradeaus weiter auf der Betonpiste, die 700 m leicht ansteigt, bis Vallinaoscura (17,4 km - Die Dörfer sind in diesem Tal ausnahmsweise ausgezeichnet ausgeschildert).

Im Rechtsbogen wird das Dorf durchquert, und auf einer verwitterten Asphaltpiste geht es 600 m am Hang entlang bis zum Anfang des Dörfchens **Villarrica**. Hier geht man gleich halblinks auf eine Betonpiste, die sich nun unmißverständlich in Serpentinen auf den Paß hochschraubt: Nach 100 m geht es links, nach 400 m rechts, nach 100 m wieder links und nach 250 ist man oben, wo es links auf eine kleine Straße geht, die nach 150 m die Tankstelle an der Landstraße AS-113 auf der Paßhöhe **Alto de Campa** ✕ (19 km) erreicht. Hier oben wendet man sich nach rechts.

Der markierte Jakobsweg umgeht die Landstraße durch das links oberhalb gelegene Dorf **La Campa**, aber der Umweg ist unnötig, denn es geht nur 200 m auf der AS-113, und noch auf der Paßhöhe rechts auf eine Betonpiste, von der man nach 100 m wieder links auf eine einfache Piste abzweigt. Nach 500 m, zuerst bergauf, dann bergab, stößt man wieder auf die AS-113, geht rechts 100 m bis zum Ortsanfang von **Figares** (20,2 km) und dort halblinks von der Landstraße weg bergab. Auf der Dorfstraße geht es 300 m durch den Ort und am Ende rechts bergab auf eine Betonpiste, die bald Asphaltbelag bekommt.

Nach 500 m verläßt man diesen Asphaltweg wieder halbrechts auf eine einfache Piste, die nach 400 m auf die Landstraße SR-1 trifft. Rechts kommt man nach 900 m zur Landstraßenkreuzung mit der AS-113 im Dorf **La Carcabada**, 🍷 Gegenüber geht es auf der SR-1 weiter 1,5 km nach **Vega de Sariego** (23,8 km).

Sariego (Streusiedlung) ⇧ 260 m, 1.500 Ew.

Schöne Herberge mit 16 Liegen, Küche und Aufenthaltsraum.

♦ Den Schlüssel gibt es in der Bar "Casa Rufo" am benachbarten Dorfplatz, ☏ 985748120; ständig; gratis.

Vega de Sariego - Oviedo (27,3 km)

Auf der SR-1 geht es über **Barbecho** (1 km), **Aramanti** (2,5 km) und **El Castro** (3,4 km), wo diese Landstraße in die AS-331 mündet, der halblinks gefolgt wird über **Aveno** (4,2 km), **Careses** (5,8 km), **Vega** (7 km), **El Lugarín**, (7,5 km), und **El Rayu** (8,2 km) bis zum Ortsanfang von Pola de Siero (8,9 km).

Hier führt die AS-331 links zur Nationalstraße N-634, aber vorher, wo das Schild "Stop 100 m" steht, geht es auf einer anderen Straße geradeaus. Nach 100 m zeigen Pfeile auf der Straße nach rechts, sie gehören aber nicht zum Jakobsweg, und es geht stattdessen weitere 800 m genau geradeaus, bis diese Straße, die Calle de San Antonio, im Zentrum von **Pola de Siero** auf die Plaza de Argüelles stößt (9,8 km).

Siero (Streusiedlung) ⇧ 207 m, 45.200 Ew.

Links gegenüber geht es in die Calle de Celleruelo, die nach 100 m an der Hauptkirche San Pedro vorbeiführt und nach 500 m die Stadt verläßt. Nach 300 m geht es im Ort **La Carrera** rechts auf eine kleine Straße Richtung Fußballplatz "Campo Municipal El Fonganón". Auf dieser kleinen Straße geht man 2,3 km immer geradeaus, dann über eine Straßenkreuzung mit Stop-Schild hinweg und weitere 600 m bergab bis zum Ortsanfang von **El Berrón**, (13,6 km), einem großen Ort, der zur Gemeinde Siero gehört.

Über die große Straßenkreuzung am Ortsanfang geht es auf die N-634 Richtung Oviedo und nach 700 m links in die SI-6, die hier Avenida de Buenavista heißt, Richtung Hevia. Nach 300 m geht es am Ende dieses westlichen Stadtteils rechts auf eine kleine Landstraße, die nach 500 m die Bahn- und Autobahntrasse überquert und nach weiteren 1,3 km auf die große Landstraße AS-17 trifft. Hier geht es rechts, aber nach nur 100 m wieder links auf eine Nebenstraße, die nach 400 m zur Piste wird. Nach 400 m geht es über eine Kreuzung geradeaus auf eine Straße und nach weiteren 400 m an der nächsten Kreuzung rechts.

Nach 100 m geht es an einer Straßengabelung halblinks und nach 300 m an der nächsten Gabelung rechts. Nach 200 m biegt man links ab auf eine Piste, die nach 300 m auf den mächtigen Palast von Meres trifft (18,6 km).

Vor dem Palast geht es auf der Piste links, und nach 200 m bergab überquert man eine Landstraße und geht geradeaus auf der Piste Richtung Granda. Nach 200 m wird die Bahntrasse überquert, und weitere 500 m geht man auf der Piste, bis sie in eine Straße mündet, auf der es in der gleichen Richtung geradeaus geht bis zu einem Haus mit zwei schönen Maisspeichern (*hórreo*). Vor dem Haus steht ein Strommast aus Beton, auf dem sich gelbe Richtungspfeile des Jakobsweges befinden, die etwas irreführend sind, denn man könnte glauben, daß der Weg nach links führt. Es geht jedoch in der gleichen Richtung wie bisher auf der Piste rechts am Haus vorbei. Es lohnt sich dennoch, die 100 m links hinab zum Fluß **Nora** zu gehen, den eine Art Pontonbrücke aus mächtigen Steinblöcken überquert; ein idyllischer Ort, der zur Rast einlädt.

Rechts am Haus vorbei geht es nun 400 m auf der Piste, bis sie in eine Straße mündet, auf der man in der gleichen Richtung nach 400 m die Kirche San Pedro de Granda (20,5 km) erreicht. Über die Kreuzung geht es geradeaus weiter, die Streusiedlung **Granda**, wird durchquert, und nach 1,1 km stößt die Straße auf die N-634. Links geht man 400 m auf der Nationalstraße und überquert den Fluß Nora (21,6 km), den links von der modernen Brücke die prächtig restaurierte mittelalterliche Brücke überspannt. 50 m nach der Brücke geht man halblinks durch den langgestreckten Ort **Colloto**, Die Straße verläuft 1,6 km parallel zur N-634 und erreicht diese wieder am Ortsende (23,7 km).

Links geht es 1 km auf der Nationalstraße bis zum Ortsanfang von Oviedo und weitere 2 km bis zur Kreuzung, wo die N-634 auf die Ringstraße trifft, die um die Altstadt herum führt. Über die Kreuzung hinweg geht es geradeaus auf der Calle de Azcárraga 500 m leicht ansteigend in die Altstadt und schließlich links in die Calle del Aguila 100 m bis zur Kathedrale (27,3 km).

Zur Pilgerherberge geht man gegenüber in die Calle Santa Ana und 500 m durch die schmalen Straßen geradeaus zu einer großen Kreuzung am Rande der Altstadt, wo man links in die Calle San Pedro Mestallón einbiegt. Gleich nach dem ersten Hauseingang befindet sich linkerhand die Pilgerherberge, die einen separaten Eingang hat.

Oviedo

226 m, 205.000 Ew.

Plaza de Alfonso II 6, ☎ 985213385; ganzjährig.

Gute Herberge mit 16 Liegen und angenehmem Aufenthaltsraum; hier befindet sich auch das Büro der Jakobusgesellschaft von Oviedo "Asociación Asturleonesa de Amigos del Camino de Santiago", was den Zugang zu deren interessanter Bibliothek ermöglicht.

♦ Calle San Pedro Mestallón 1-bajo (Erdgeschoß), ☎ 985228525; ab 19:00; Spenden.

Nach der Invasion der Iberischen Halbinsel durch die Araber im Jahr 711 wurden die letzten christlichen Widerstandsreste in die nördlichen Bergregionen zurückgedrängt. Bei Covadonga in den asturischen Bergen konnte im Jahr 722 ein christliches Heer den Arabern die erste Niederlage beibringen. Der siegreiche Heerführer Pelayo begründete damit das Königreich Asturien und den spanischen Mythos der *Reconquista*, d.h. der Wiedereroberung der Iberischen Halbinsel von den Mauren.

Ende des 8. Jh. hatte sich das Königreich Asturien ausgedehnt und stabilisiert, so daß die Sicherheit der Berge aufgegeben werden konnte und Oviedo zur Hauptstadt wurde. Im 9. Jahrhundert erlebte Asturien eine Blütezeit, in der die wichtigsten Bauwerke im präromanischen, oder sog. asturischen Stil errichtet wurden.

> Für viele Jabobspilger war es ein Muß, von León über Oviedo nach Santiago zu ziehen, und ein Sprichwort sagt sogar:
>
> "Wer nach Santiago geht und nicht zum Erlöser, besucht den Diener und vergißt den Herrn."
>
> *("Quien va a Santiago y no va al Salvador, visita al criado y olvida al Señor.")*

Die Beziehung zur Heilsgeschichte, die dem jungen Königreich zusätzliche Legitimation und Unterstützung im Kampf gegen die Mauren einbringen sollte, wurde durch die Entdeckung des Jakobusgrabes in Galicien hergestellt, das damals im asturischen Einflußbereich lag. Aber auch Oviedo selbst gehörte im Hochmittelalter zu den bedeutendsten Wallfahrtsorten der Christenheit, denn in seiner Kathedrale, die dem Erlöser geweiht ist, wurden zahlreiche wertvolle Reliquien aufbewahrt.

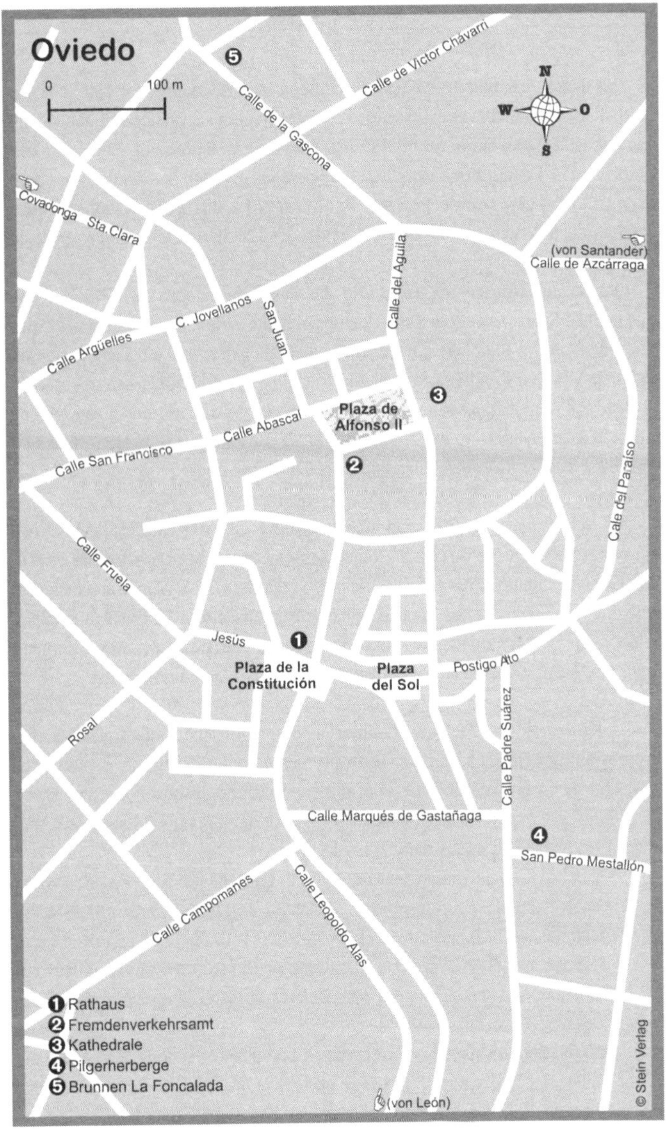

Oviedo
0
100 m
N
W
O
S
Calle de Victor Chavarri
Calle de la Gascona
Covadonga
Sta. Clara
(von Santander)
Calle de Azcárraga
Calle del Aguila
San Juan
C. Jovellanos
Calle Argüelles
Plaza de Alfonso II
Calle Abascal
Calle San Francisco
Calle del Paraíso
Calle Fruela
Jesús
Plaza de la Constitución
Plaza del Sol
Postigo Alto
Calle Padre Suárez
Rosal
Calle Marqués de Gastañaga
San Pedro Mestallón
Calle Campomanes
Calle Leopoldo Alas
1 Rathaus
2 Fremdenverkehrsamt
3 Kathedrale
4 Pilgerherberge
5 Brunnen La Foncalada
(von León)
© Stein Verlag

Das Reich expandierte weiter nach Süden, so daß bereits im Jahr 914 die Hauptstadt nach León verlegt wurde. 1230 vereinigten sich schließlich die Königreiche Kastilien und León, womit Asturien endgültig an Bedeutung verlor. Um den Ursprung des kastilisch-leonesischen Königreiches und den der Reconquista dennoch zu würdigen, wurde im Jahr 1388 der Titel des Prinzen von Asturien geschaffen, mit dem seither und bis heute der kastilische Thronfolger bedacht wird.

Obwohl in Asturien der Ursprung des kastilisch-leonesischen Reiches und letztendlich Spaniens liegt, hat die Region bis heute viele Eigenarten bewahrt, was besonders an der Randlage auf der Iberischen Halbinsel und am Gebirgscharakter liegt. Von den Randsprachen Baskisch, Galicisch und Katalanisch abgesehen, ist Asturien die einzige spanische Region, die einen stark von der Staatssprache differenzierten Dialekt aufweist, das sog. *bable*. Besonders im Westen ist es sehr verbreitet und geht dialektal allmählich ins Galicische über.

Auf Schritt und Tritt trifft man in Asturien den charakteristischsten Ausdruck der volkstümlichen Architektur an, die Maisspeicher, die sog. *hórreos* (📷 S. 60). Waagerechte Steinplatten auf den Pfeilern verhindern, daß Mäuse hochklettern können. Im Gegensatz zu ihren länglichen Namensvettern in Galicien sind die asturischen Hórreos quadratisch und oft so groß, daß sie heute, wenn sie nicht mehr als Maisspeicher verwendet werden, sogar als Wohnräume dienen.

✝ **Kathedrale mit Heiliger Kammer**: Die spätgotische Kathedrale (15./16. Jh.) birgt in der Heiligen Kammer (*Cámara Santa*) die Reliquien, die für die Jakobuspilger einen Umweg über Oviedo lohnend machten, insbesondere das Kreuz des Sieges, das Pelayo in der Schlacht von Covadonga getragen haben soll, und andere wertvolle Stücke aus dem 9. bis 12. Jh.

♦ Kathedrale 🚪 ganztägig; Heilige Kammer und Kathedralsmuseum 15.5. bis Ende September voraussichtlich Mo bis Sa 🚪 10:00-20:00, So 10:00-18:00; Oktober bis 14.5. Mo bis Sa 🚪 10:00-13:00 + 16:00-19:00 (Sa bis 18:30), So geschlossen; Eintritt Heilige Kammer Pta 200, Heilige Kammer mit Museum und Kreuzgang Pta 400; Donnerstagnachmittag Eintritt frei.

✝ **Kirche San Julián de los Prados** (auch **Santullano**): Schöne Kirche aus der ersten Hälfte des 9. Jh.; mit 28 m Länge und 24 m Breite ist es die größte Kirche im asturischen Stil, die außerdem durch die Dekoration und die Fresken im

Inneren besticht. 1 km von der Kathedrale entfernt durch die Straßen Aguila und Gascona, dann rechts in die Calle Víctor Chávarri und immer geradeaus.

♦ Mai bis September Mo bis Fr 10:00-13:00 + 16:00-18:00, Sa 9:30-11:30 + 15:30-17:30, So 16:00-19:00, Mo geschlossen; Eintritt Pta 200 mit geführter Besichtigung, außer mittwochs - dann ist der Eintritt aber frei. Im Winter wird es ähnliche, aber eingeschränkte Öffnungszeiten geben.

✞ **Kirchen Santa María del Naranco** und **San Miguel de Lillo**: Bedeutendste Monumente im asturischen Stil. Anfang des 9. Jh. ließ König Ramiro I. am Hang des Berges Naranco einen großen Palast errichten, von dem heute nur noch die königliche Kapelle San Miguel de Lillo und der ehemalige Empfangssaal, der später in die Kirche Santa María umfunktioniert wurde, erhalten sind.

4 km vom Stadtzentrum entfernt, 1,6 km dem Verlauf des Jakobsweges folgend über die Plaza de la Liberación zum darauffolgenden Kreisverkehr (der noch keinen offiziellen Namen hat). Vo hier geht es rechts 2,5 km über die Calle Ramiro I. und die Avenida de los Monumentos hinauf bis zur Kirche Santa María - zur Kirche San Miguel geht es noch 300 m weiter bergauf. Sollten Sie nicht sicher sein, ob Sie auf dem richtigen Weg sind, fragen Sie einfach nach dem "*Monte Naranco*" (Berg Naranco).

Es ist empfehlenswert, diese Kirchen auf einem Umweg zu besuchen, wenn man Oviedo auf dem "Primitiven" Jakobsweg verläßt, denn der weitere Weg zur ersten Herberge in Escamplero ist sehr kurz.

♦ Täglich April bis Sept. 9:30 bis 13:00 + 15:00 bis 19:00, Oktober bis März 10:00-13:00 + 15:00-17:00 , So + Mo nachmittags geschlossen; Eintritt Pta 250 für beide Kirchen mit geführten Besichtigungen - außer montags, wofür dann der Eintritt frei ist.

Der asturische Kunst- und Architekturstil, der vom 8. bis 10. Jh. in Blüte stand, beweist, daß es in gewissen Teilen Europas auch vor der Romanik schon eine weitentwickelte Kunst gab. Das Königreich Asturien war durch die arabische Invasion der Iberischen Halbinsel lange von anderen christlichen Reichen isoliert und konnte so einen ganz einzigartigen Stil entwickeln, der in den aufsteigenden Linien der Gebäude seine auffallendste Charakteristik hat.

Wegkreuz bei Souto de Torres S. 190

Der klassische Umweg

León - Oviedo ca. 130 km

☺ Die erste Etappe ist so lang, daß man León am Vortag besichtigen muß. Dafür sollte man sich jedoch reichlich Zeit nehmen, denn nach Santiago de Compostela ist es zweifellos die nordspanische Stadt mit den sehenswertesten Monumenten. ☞ OutdoorHandbuch "Jakobsweg", auch bezüglich der Pilgerherberge usw.

Diese Strecke ist nur für Wanderer geeignet, die gut in Form sind, denn es handelt sich um eine echte Hochgebirgstour, die auf 1.400 m Höhe ansteigt; außerdem sind die Etappen sehr lang.

Selbst für geübte Mountain-Biker ist der größte Teil des Aufstiegs von León bis zur Grenze zu Asturien nicht befahrbar, so daß man meist auf der Nationalstraße bleiben muß.

Als Etappenorte empfehlen sich La Robla und Busdongo, weil es nur dort mehrere Unterkünfte gibt, die Sie dennoch vorher reservieren sollten. Die einzige Pilgerherberge gibt es nach der dritten Etappe in Pola de Lena.

León - La Robla (28 km)

Von der Kathedrale geht man durch die Altstadt zur Basilika San Isidoro und von dort durch die Calle Renueva und die sich daran anschließende Avenida Suero de Quiñones zum Kloster und Parador-Hotel San Marcos (1,5 km). Der Hauptweg nach Santiago führt an der Vorderfront vorbei über den Fluß Bernesga; die Nebenstrecke Richtung Oviedo führt jedoch vor dem Gebäude nach rechts in die Avenida de los Peregrinos; hier sind deutlich die gelben Pfeile als Wegmarkierungen des Jakobsweges an den Laternen zu sehen.

Man kommt am Palast der Provinzregierung von León vorbei und verläßt die Stadt bereits nach etwa 500 m. Es geht weitere 2 km geradeaus bis zum Ende der Straße, dann in gleicher Richtung 200 m auf einem Asphaltweg und noch 1,3 km auf einem Feldweg, bis dieser in eine Straße einmündet. Man folgt dieser in der gleichen Richtung 1 km bis zum **Carbajal de la Legua**, (6,5 km).

2,5 km wird der langgestreckte Ort geradeaus durchquert. Am Ortsende geht der Asphalt in eine Piste über. Nach 1 km geht man bei einer Pistengabelung (nicht der erste rechte Abzweig, sondern die wirkliche Gabelung) halbrechts bergauf.

Nach 1,3 km geht es an einer anderen Weggabelung halblinks bergab und nach 300 m erneut halblinks bergab. Nach 1,3 km wird ein kleiner Bach durchquert; danach geht es links auf einen Pfad über eine Wiese 200 m bergauf. Anschließend geht man 700 m auf einem schmalen Pfad, der teilweise zugewachsen ist, durch einen schönen Eichenwald. Es geht in eine stark verwitterte Piste über, die 600 m am Hang entlang führt und dann 500 m bergab zu den Ruinen des einstigen Dorfes **Valle** (15 km).

Es geht noch 100 m bergab, dann wird ein kleiner Bach überquert und es geht auf der anderen Seite steil über eine Wiese bergauf.

Passen Sie hier gut auf: Das Ziel ist eindeutig eine 200 m entfernte Baumgruppe auf dem Hügel gegenüber. Links davon ist der Weg wieder besser erkennbar und führt als Pfad weiter bergauf. Nach 600 m kommt man an eine Weggabelung, wo es halblinks bergab geht.

Nach 500 m Gefälle führt der Pfad in ein schmales Tal, wo es nach links auf einen schmalen Trampelpfad geht, der das Tal 100 m durchquert. Danach geht es links auf einem Pfad weiter. Nach 1,1 km gabelt er sich, und es geht links 100 m bergab ins flache Tal. Nach 500 m mündet der Pfad in eine Piste, auf der es 300 m weiter geradeaus geht bis zum Ortsanfang von Villalbura. Nach 400 m befindet sich im Ortszentrum die Plaza del Peregrino mit einem Brunnen (19 km).

Am Ortsende geht es links über eine Brücke über ein zumeist trockenes Bachbett und dahinter sofort nach rechts über eine Betonrampe auf eine Piste. Nach 500 m wird diese halbrechts auf einen Feldweg verlassen und dieser wieder nach 100 m halblinks auf einen Pfad. Nach 600 m kommt man zu einer Wegkreuzung und geht vorne links weiter. Oberhalb des Flusses Bernesga kommt man nach 1 km zu einer Holzbrücke (21,2 km); der Jakobsweg führt geradeaus weiter; auf der anderen Seite des Flusses liegt das Dorf **Cabanillas**

Der Weg führt auf der gleichen Seite des Flusses 1,8 km weiter, bis er in eine Landstraße mündet, der man nach rechts folgt, um nach 600 m das Zentrum von **Cascantes** zu erreichen. 3,7 km geht es auf einer kleinen Asphaltstraße weiter geradeaus bis zum Ortsanfang von La Robla und links 1 km ins Ortszentrum.

La Robla ✕ 🛒 ⚕ 🛏 ⊞

⇧ 957 m, 5.400 Ew.

🛏 Hostal Ordóñez de Celis, Calle Ramón y Cajal 5, ☎ 987572342.

♦ Pensión Mundo, Calle Gordón Ordás 9, ☎ 987570733.

La Robla - Busdongo (34 km) / Arbas (35 km)

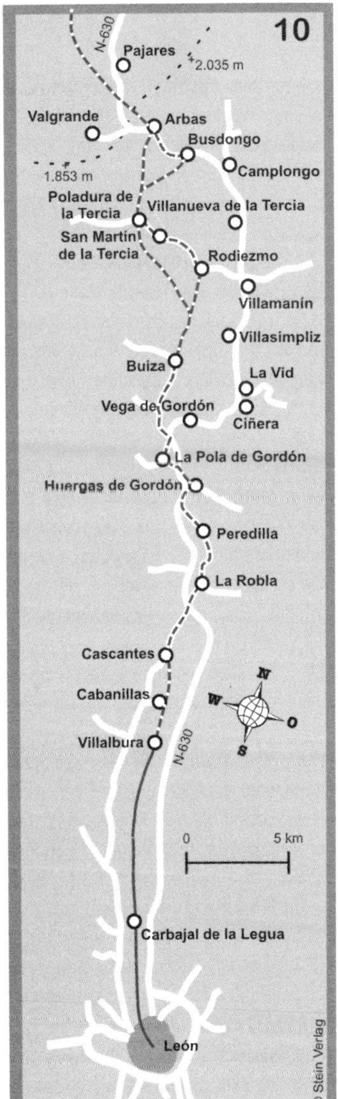

🚶 Vom Zentrum geht es auf der Hauptstraße weitere 800 m durch den Ort und auf der kleinen Landstraße 1,5 km geradeaus bis zur Einmündung in die N-630 bei Puente de Alba. Nach 400 m verläßt man die Nationalstraße halbrechts in eine kleine Straße und durchquert nach 1 km das Dorf Peredilla (3,5 km).

Nach weiteren 700 m mündet die Straße wieder in die N-630, auf der man 900 m weitergeht und dann links in eine schmale Asphaltstraße abbiegt, der man 400 m bis zum Ortsanfang von Noceda de Gordón (5,7 km) folgt. Dort geht man sofort rechts auf eine Piste. Nach 1,5 km, dort wo sie eine Rechtskurve beschreibt, um den Fluß Bernesga zu überqueren, wird sie kurz vor der Brücke halblinks auf einen breiten Weg verlassen. Nach 500 m wird ein anderer Bach überquert, hinter dem es auf einen Weg links geht und nach 200 m bei einer Wegkreuzung wieder rechts. Nach 150 m mündet der Weg in eine Piste und es geht in gleicher Richtung weiter. Nach 1,2 km erreicht man den Ortsanfang von La Pola de Gordón, geht rechts, nach 100 m unter der Bahntrasse hindurch und anschließend über den Fluß ins Zentrum (9,5 km).

La Pola de Gordón ⇧ 1.007 m, 5.700 Ew.

Auf der Hauptstraße Calle de la Constitución geht man links und 500 m bis zum Ortsanfang. Dort - noch 200 m von der N-630 entfernt - geht man halblinks auf eine unbefestigte Straße, die nach 400 m an den Bahngleisen endet, die überquert werden. Gegenüber geht es 200 m durch ein kleines Gewerbegebiet bis zu einer schmalen Landstraße (die aber in Zukunft ausgebaut wird) und dort links.

Nach 250 m geht man eine Piste rechts bergauf, nach 150 m an einer Pistenkreuzung links und 300 m ins Dorf **Berberino**, (11,3 km). Auf der kleinen Landstraße führt der Weg durch eine hübsche Berglandschaft. Nach 700 m geht man rechts auf einen Bergpfad, der nach 300 m zur Straße zurückführt und zwar bei einer Kreuzung, wo es halbrechts 3 km bis nach **Buiza**, (15,5 km), geht.

Im Zentrum dieses hübschen Dorfes, kurz vor der Kirche, gibt es eine Gabelung des Jakobswegs.

Hier beginnt eine Hochgebirgstour, die für Radfahrer unmöglich ist, so daß man an der Gabelung halbrechts fahren muß und vor der Kirche wieder halbrechts 100 m bis zum Ortsausgang. Dort beginnt ein breiter steiniger Bergweg, der 2 km ansteigt und von der Paßhöhe weitere 2 km wieder hinabführt bis **Villasimpliz** (19,5 km) an der N-630. Auf der Nationalstraße links muß man nun 11 km bis **Busdongo** fahren (30,5 km).

Wanderer gehen am obengenannten Abzweig kurz vor der Kirche links und folgen den Pfeilen durch das Dorf auf eine Piste, die am Dorfausgang in einen Bergweg übergeht, der 3 km steil bergauf führt. sAuf dem ersten Kilometer ist der Weg oft schlecht zu erkennen und auch die Wegmarkierungen sind nicht leicht zu finden, es geht aber immer geradeaus und im Nu werden Sie den Weg oder die gelben Pfeile wiederfinden. Je höher man ins Gebirge aufsteigt, desto deutlicher ist der Weg zu erkennen; lediglich auf den letzten 500 m, wo sich der Berg zur Paßhöhe hin abrundet, wird der Weg wieder unklar, aber der Paß als Ziel ist unverkennbar (18,5 km).

Maisspeicher in Promoño (S. 166).

Von der Paßhöhe führt auf der Nordseite eine unwegsame Piste hinab. Nach 1,5 km macht sie eine scharfe Rechtskurve; hier folgt man aber weder der inzwischen breiten Piste bergab und auch nicht dem gut sichtbaren Weg, der links bergauf führt, sondern einem Pfad halbrechts am Hang entlang. Nach 1 km in schwindelnder Höhe (aber ungefährlich) geht es 400 m bergab und dann etwa 4 km querfeldein am Fuß der Berge entlang bis Poladura de la Tercia (25,5 km).

Der markierte Jakobsweg ist auf dieser Strecke nur sehr schlecht zu erkennen, weil es kaum ausgetretene Wege gibt und die Wiesen- und Buschlandschaft keine guten Wegmarkierungen zuläßt, so daß die gelben Pfeile oft auf Steine auf dem Boden gemalt sind, was natürlich im Sommer mit Vegetation überwuchert ist.

Dieser Weg ist nur grob beschrieben worden, weil selbst eine genaue Beschreibung nur wenig helfen kann. Verlassen Sie sich hier auf Ihre eigene Orientierung; die Richtung ist jedoch klar, und verlaufen kann man sich nicht.

☺ Wer seinem Orientierungssinn nicht traut, bleibt einfach beim obengenannten Abzweig von der Piste, die vom Paß herunterführte, auf ebendieser Piste und geht 2,5 km geradeaus bis **Rodiezmo**, 🍷 (22,5 km, 📷 S. 160). Von dort führt eine kleine Landstraße über **San Martín de la Tercia** (25 km) nach **Poladura de la Tercia** (26 km).

Von der im oberen Ortsteil von Poladura gelegenen Kirche geht es 300 m hinab zur Landstraße und dort links. Nach 200 m macht die Straße einen Linksbogen, der Jakobsweg führt jedoch geradeaus über eine Wiese bergauf. Nach etwa 200 m werden Bergpfade erkennbar, die genau geradeaus nach weiteren 200 m links an einer bizarren Felsformation vorbeiführen. Danach geht es 3 km auf mit gelben Pfeilen gut markierten Bergwegen steil bergauf bis zur Paßhöhe (30,5 km). Auf der anderen Seite geht es 700 m steil bergab, wobei man sich zunächst links hält, über Stock und Stein den gelben Pfeilen folgend bis zu einer Piste. Hier gibt es wieder zwei Möglichkeiten des Weitergehens; das Problem ist diesmal jedoch nicht die Orientierung, sondern die Frage der Unterkunft:

❶ Der markierte Jakobsweg steigt links an und führt auf ständig wechselnden Wegen, die nur schwer zu beschreiben sind, gut 4 km bis in das fast unbewohnte Dorf **Arbas**, ? (35 km), das von einer überraschend großen Kirche überragt ist.

Kirche Santa María: Romanischen Ursprungs (11. Jh.), in der Renaissance stark verändert, zeigt aber noch romanische Reste.

♦ Juni bis September, 10:00 bis 17:00; Rest des Jahres geschlossen.

? Wahrscheinlich ist der Raum links vom Eingang der Kirche für Pilger geöffnet, um dort auf dem Boden zu schlafen. Zum Waschen gibt es auf der anderen Straßenseite einen großzügigen Brunnen.

❷ Wenn man eine bequemere Unterkunft vorzieht, folgt man der besagten Piste nicht links bergauf, sondern rechts bergab, bis man bei **Busdongo**, (33 km), die N-630 erreicht. Nach rechts 1 km auf der Nationalstraße liegt ein preiswertes Hotel (34 km) und ein billiges "Hospedaje" (Gasthaus).

Hotel Puerta de Asturias, ☎ 987598369.

♦ Hospedaje, Nationalstraße Hausnummer 26, ☎ 987598129.

Busdongo - Arbas (3,5 km) - Pola de Lena (32 km)

Radfahrer verlassen die Nationalstraße in Arbas nicht, sondern folgen ihr 1,5 km bis zum Paß **Puerto de Pajares** (1.378 m), wo sich links ein staatliches Parador-Hotel (drei Sterne) befindet. Hier verläuft die Grenze zwischen León und Asturien. Man bleibt auf der N-630 und fährt 900 m bergab bis zu einer eindrucksvollen Lkw-Notfall-Bremsspur.

10 m davor geht es links in spitzem Winkel auf einer Piste bergab; ein gelber Pfeil auf der Straße zeigt den Weg. Der Rest dieser Etappe ist für Radfahrer machbar, teilweise zwar technisch anspruchsvoll, aber landschaftlich sehr reizvoll.

🚶🚶 Vom Hotel in Busdongo muß man nun 3,5 km auf der N-630 bergauf gehen bis **Arbas** (0 km für diejenigen, die in Arbas übernachten). Von der Kirche geht es auf der Nationalstraße weitere 300 m an der Häuserreihe und der Fabrikruine vorbei, bis man die Straße halbrechts auf einen Bergpfad verläßt. Nach 200 m Steigung kommt man an einem kleinen metallenen Hochspannungsmast vorbei und nach weiteren 100 m an einem aus Beton.

Jetzt geht es 200 m auf der rechten Seite eines kleinen Tales bergauf; dann wird der Bach durchquert, und auf der anderen Seite geht es 300 m gerade hoch auf den gegenüberliegenden Höhenzug. Jetzt hält man sich leicht rechts und geht weiter bergauf, bis nach 400 m auf dem nächsten Höhenzug ein Stacheldrahtzaun überwunden wird, und zwar genau an einem Feldmarkierungsstein. Von hier

oben, auf über 1.400 m Höhe, hat man eine prächtige Aussicht auf die asturischen Berge.

Nun geht es auf steilen Bergpfaden bergab; zunächst hält man sich am Hang rechts und sieht weit unter sich schon die Lkw-Bremsspur der Nationalstraße, die das nächste Ziel ist und nach 800 m steilen Abstiegs im Zickzack erreicht wird (2,4 km ab Arbas).

Ursprünglich verlief der Jakobsweg von hier auf der rechten Seite des Tales 7 km auf der Nationalstraße bergab und dann weitere 7 km bis Puente de los Fierros durch äußerst unwegsames Gelände. Hier bestand große Sturzgefahr, so daß die zuständige Stelle der Regionalverwaltung und die Jakobusvereinigung von Oviedo eine Alternative auf der linken Seite des Tales gefunden haben, die genau so lang, landschaftlich äußerst reizvoll, weniger anstrengend und viel einsamer ist.

Genau dem Anfang der Bremsspur gegenüber, auf der anderen Seite der N-630, wo die Leitplanke unterbrochen ist, führt eine Piste halblinks bergab. Man folgt ihr 500 m und verläßt sie dann in spitzem Winkel nach rechts auf eine andere Piste, von der man aber nach nur 30 m halblinks auf einen schmalen Pfad geht.

Der Pfad führt 2,4 km bergab, den gelben Pfeilen und den gleichzeitigen gelb-weißen Wanderweg-Markierungen folgend; eine weitere Orientierung bietet die Hochspannungsleitung, die im wesentlichen in der gleichen Richtung verläuft.

Rechts von ihr stößt man schließlich auf eine breite Piste, die überquert wird, um gegenüber auf einer schmaleren Piste weiter bergab zu gehen. Nach 40 m befindet sich rechts ein großer Steinbrunnen. Weitere 2,5 km geht es auf dieser Piste hinab ins Tal ins malerisch gelegene Dorf **San Miguel del Río** (7,8 km ab Arbas).

Nach Durchquerung des Dorfes folgt man der kleinen Landstraße, bis man sie nach 800 m halblinks auf einer Betonpiste verläßt, die 600 m steil bergauf nach **Santa Marina** (9,2 km) führt. Die Straße macht am Ortsanfang eine scharfe Linkskurve, der Jakobsweg führt aber geradeaus durch ein Tor auf eine Wiese, die halbrechts 100 m überquert wird, wobei man zwei weitere Tore passiert.

Nach dem zweiten Tor geht man nach links auf einen Pfad, der durch den Wald 2,3 km geradeaus am Hang entlang nach **Llanos de Somerón** (11,6 km) führt. Nach Durchquerung dieses Dorfes geht man 4,5 km auf der hübschen kleinen Landstraße bis kurz vor dem Ort Puente de los Fierros, dem Endbahnhof des Nahverkehrszuges nach Oviedo. 100 m vor dem Ort und der N-630 wird die kleine Landstraße jedoch halblinks auf einen felsigen Pfad mit rot-weißen Markierungen Richtung Fresnedo verlassen, das nach 900 m erreicht wird (17 km).

Nach dem ersten Haus gibt es eine Weggabelung; man geht halbrechts leicht bergab und durch das Dorfzentrum. Auf gut markierten Bergwegen, mal breiter, mal schmaler, aber immer geradeaus, geht es 5,5 km bis Herías (22,5 km), wo man schöne, im traditionellen Stil neuerrichtete Hórreos (Maisspeicher) sehen kann.

Man durchquert den linken oberen Ortsrand und geht 400 m auf einem schmalen Bergweg am Hang entlang, bis ein felsiger Pfad 1 km steil bergab führt. Am Ortsanfang geht es rechts und durch das Zentrum von **Campomanes**, (24,5 km). Es geht gerade durch das Ortszentrum hindurch, über die Brücke und dann im Rechtsbogen auf die alte Landstraße AS-242, die parallel zur Autobahn verläuft. Nach 2,5 km wird **Vega del Rey**, (27 km), durchquert.

Sonntagskapelle im fast vergessenen Bergdorf Montefurado (S. 180)

Abstecher zur Kirche Santa Cristina de Lena: Im Ort geht es nach dem großen blauen Werksgebäude von "Talleres Prada" von der Landstraße weg rechts auf eine hellgrüne Fußgängerbrücke, die die Autobahn überquert. Auf der anderen Seite geht es rechts auf eine kleine Landstraße, nach 100 m unter der Eisenbahnbrücke hindurch und dann sofort nach links auf einen Fußweg, der 200 m steil hinauf führt zur präromanischen Kirche (9. Jh.) mit prächtiger Aussicht. Die Wiese ist ein ausgezeichneter Rastplatz.

♦ Mai bis Oktober 11:00-13:00 + 16:30-18:30, November bis April voraussichtlich 12:00-13:00; Mo geschlossen; Eintritt Pta 200.

Auf dem gleichen Weg geht es wieder zurück nach Vega del Rey (27,5 km) und weiter auf der AS-242. Nach 2 km durchquert man **Vega del Ciego**, (28 km), und kommt nach einem weiteren Kilometer zum Ortsanfang von Pola de Lena. Auf der Hauptstraße geht man 1 km ins Zentrum zum Hauptplatz Plaza Alfonso X El Sabio.

Pola de Lena ⇧ 322 m, 13.900 Ew.

Calle Corporaciones de Lena Ecke Calle Marqués de San Feliz, 50 m vom Hauptplatz entfernt, ☏ 985493268, ganzjährig.

Gute Herberge "Albergue San Miguel" mit 36 Liegen, Aufenthaltsraum befindet sich im Haus der Vereine (*asociaciones*), 200 m vom Hauptplatz entfernt vor dem Bahnhof, der jedoch nicht ausgeschildert ist: Vom Hauptplatz geht man links neben der Kirche in die Calle de la Fuentina 70 Stufen hoch und dann rechts.

♦ Calle Ramón y Cajal 20, ☏ 985492247; Mo bis Fr 17:00-21:00; außerhalb dieser Öffnungszeiten muß man sich bei der Stadtpolizei (*Policía Municipal*) am Hauptplatz melden, die dann den Herbergsaufseher Roberto lokalisiert; Übernachtung gratis.

Pola de Lena - Oviedo (33 km)

Vom Hauptplatz geht es nach Norden auf der AS-242 durch verschiedene an der Landstraße aufgereihte Ortschaften 7 km bis zum Ortsanfang von **Ujo**, . Die Straße überquert hier den Fluß Caudal; als Pilger bleibt man aber auf der linken Seite und geht geradeaus auf einem Uferweg an Ujo und am nächsten Ort **Santullano** vorbei bis zur ersten Brücke am Stadtrand von Mieres, Man überquert die Brücke nicht, sondern geht auf dem Uferweg 1,5 km weiter bis zur nächsten Brücke.

Mieres del Camino 209 m, 53.100 Ew.

Calle Manuel Llaneza 8, 985450533, ganzjährig.

Die Stadt, deren größter Teil sich am rechten Ufer des Flusses **Caudal** erstreckt, verdankt dem Jakobsweg ihren Namen, und der historische Jakobsweg führt durch ihr Zentrum; heute ist es jedoch eine unangenehme Industriestadt, und um ihr und dem Autoverkehr aus dem Weg zu gehen, ignoriert man besser die gelben Pfeile des Jakobsweges und bleibt auf dem schönen Uferweg auf der linken Flußseite.

Meine Alternativroute scheint einen Umweg zu machen, der verwinkelte Weg durch die Stadt ist aber genauso lang. So geht es an der Stadt vorbei weitere 2 km geradeaus bis zu zwei Brücken über den Fluß: Die erste ist eine eiserne Bahnbrücke und die zweite eine Straßenbrücke, die überquert wird.

Auf der anderen Flußseite wird die Autobahn unterquert und man kommt zur N-630, auf der man rechts geht. Nach 600 m kommt man am Ortsrand von **La Peña**, (15,8 km), zu einem Kreisverkehr, auf den von der anderen Seite der markierte Jakobsweg trifft.

Vom Kreisverkehr geht es in extrem spitzem Winkel links bergauf, und auf der ständig ansteigenden Landstraße kommt man durch die Dörfer **La Rebollada** (16,8 km), **El Rollo** (17,7 km), **Copián**, (18 km), **Santa Lucía** (19 km) und **Aguilar** (20 km) zur Paßhöhe (385 m) von **El Padrún**, (20,5 km).

Nach 200 m geht es am Ortsausgang rechts auf einer Betonpiste 300 m steil bergab nach **Casares** (21 km) und dort links weiter bergab auf eine kleine Asphaltstraße. Nach nur 100 m verläßt man diese Straße wieder halbrechts auf Feldwege, die weiter bergab führen, und nach 500 m kommt man wieder zur AS-242, wo man nach rechts weiter bergab geht. Nach 900 m erreicht man den Ortsanfang von Olloniego, wo die Landstraße rechts über die Bahntrasse und die Autobahn führt. Der Jakobsweg geht aber noch 100 m geradeaus auf einer kleinen Asphaltstraße weiter und führt dann hinter dem Bahnhof durch eine Unterführung unter der Bahntrasse hindurch und anschließend auf einer Brücke über die Autobahn. Auf der anderen Seite kommt man auf eine Straße und geht links 500 m ins Zentrum von **Olloniego**, (23,5 km).

Es geht gerade durch den Ort und weiter auf der AS-242. Nach 1,3 km, hinter der Brücke über den Fluß Nalón, macht die Straße am Ortsanfang (bzw. Ortseingangsschild) von El Portazgo eine Rechtskurve. Links, fast parallel zur Landstraße, führt eine steiler Fußweg 800 m bergauf bis zum anderen Ende von El Portazgo, wo eine kleine Landstraße erreicht wird.

Es geht links 250 m bergauf und dann rechts auf einem alten Steinweg 600 m bis **Picu Llanza** (26,5 km).

Auf der Dorfstraße geht man 100 m bergauf und am Ortsende halbrechts auf eine Asphaltpiste. Nach 200 m macht diese einen Rechtsbogen, es geht hier aber weiter auf eine Betonpiste geradeaus. Nach 200 m kommt eine Weggabelung, wo es halbrechts auf einer Betonpiste bergab geht. Nach 250 m geht die Betonpiste in eine einfache Piste über.

Kreuz bei Rodiezmo (S. 153)

Nach 500 m erreicht man eine Häusergruppe, geht halbrechts durch sie hindurch und weiter auf einer Betonpiste. Nach 150 m geht man geradeaus auf einen alten steinigen Fußweg und auf diesem 600 m steil bergab, wobei der Weg im Sommer teils durch üppige Vegetation überwachsen sein kann. Unten stößt er auf eine schmale Asphaltstraße, und es geht links weiter.

☺ Sollte dieser Weg nicht freigehalten und damit undurchdringlich sein, kann man von vorgenannter Häusergruppe einer Betonpiste folgen, die links von dem eben beschriebenen Weg bergab führt, dann an einer Kreuzung ebenfalls die Möglichkeit bietet, nach rechts zu gehen, um dann auf die oben genannte schmale Straße zu stoßen, auf der es nach links geht.

Nach 300 m geradeaus geht es hinter einem Bauernhof eine Straße links bergauf 1,2 km bis **Prietos** (29,8 km). Am Ortsrand geht es auf der Asphaltstraße rechts weiter bergauf und nach 400 m an einem Platz nach links. Nach 200 m kommt man zu einer Straßenkreuzung, die man überquert, um dann eine größere Straße bergab zu gehen. Nach 1 km kommt man an den Stadtrand von Oviedo (31,5 km).

Nachdem es wieder 150 m bergauf geht, führen halblinks zwei Straßen von der Hauptstraße weg. Es geht in die linke von den beiden, Calle Malatería, die nach 100 m geradeaus in die Calle Aurelio del Llano übergeht. Nach 200 m überquert man eine breite Straße und geht geradeaus in die Calle Leopoldo Alas. Nach 500 m kommt man zu einer großen Kreuzung am Rande der Altstadt. Geradeaus geht es in die Fußgängerzone durch die Calle Magdalena 200 m bis zum Rathaus und weiter geradeaus 300 m bis zur Kathedrale.

Zur Pilgerherberge geht man von besagter Kreuzung am Rande der Altstadt nach rechts in die Calle Marqués de Gastañaga und nach 200 m über eine Kreuzung geradeaus in die Calle San Pedro Mestallón, wo sich links, gleich nach dem ersten Hauseingang, die Pilgerherberge befindet, die einen separaten Eingang hat.

☺ Informationen zur Pilgerherberge und zu Oviedo ☞ Oviedo.

Der "primitive" Jakobsweg

Oviedo - Palas de Rei ca. 270 km

Siesta in San Vicente de la Barquera S. 122

☺ Es empfiehlt sich, Oviedo am Vormittag zu besichtigen und dann aufzubrechen. Die Monumente am Berg **Naranco** können Sie besuchen, indem Sie vom Jakobsweg einen Abstecher dorthin machen. Bis zur ersten Pilgerherberge in Escamplero ist es dann nicht sehr weit.

Asturien: Der Weg durch Asturien bietet oft Schwierigkeiten, so daß man gut in Form sein und sich genügend Zeit nehmen sollte. In der Umgebung von Salas, aber auch in anderen Gebieten, ist der Weg von üppiger Vegetation überwuchert, wenn er nicht regelmäßig von den Gemeinden freigehalten wird. Hinter Pola de Allande führt der Weg dann durchs Hochgebirge.

Für Radfahrer gibt es zahlreiche schwierige Teilstrecken; einige müssen umfahren werden, worauf gesondert hingewiesen wird; an anderen Stellen muß man gelegentlich absteigen und schieben. Aufgrund der dichten Vegetation ist sperriges Gepäck äußerst hinderlich.

Auf dem gesamten Weg gibt es ein Netz kleiner Pilgerherbergen in akzeptablen Abständen. Nur in Lugo gibt es noch keine Herberge; sie soll aber bald gebaut werden.

Oviedo - Escamplero (12 km + 5 km über Naranco)

Das Zentrum von Oviedo wird in westlicher Richtung verlassen. Vom Kathedralsvorplatz Plaza de Alfonso II geht man immer geradeaus durch die Straßen San Juan, La Luna, Santa Clara, Covadonga, Melquíades Alvarez und Independencia, bis man vor dem Bahnhof zur breiten Avenida Santander kommt, die halblinks 300 m zur Plaza de la Liberación (1,5 km) führt. Hier geht man rechts in die Calle Teniente Coronel Tejeiro und gelangt nach nur 200 m zu einem Kreisverkehr von dem sieben Straßen abgehen. Hier kann man nach rechts gehen, um über die Straßen Ramiro I. und Avenida de los Monumentos die 2,5 km entfernten Monumente des Berges Naranco zu besuchen. Der Jakobsweg führt vom Kreisverkehr jedoch gegenüber halblinks in die Calle Argañosa, der man 800 m bis zur Plaza Pórtico II. (2,5 km) im Stadtviertel Lavapies folgt.

Von diesem Platz überquert rechts eine Fußgängerbrücke die Bahngleise, und auf der anderen Seite geht es an den Gleisen entlang westlich in die Calle

Alfonso I. Nach 300 m beginnt ein Neubaugebiet, das Anfang 2001 noch im Bau war, so daß die Streckenführung des Jakobsweges noch nicht ganz klar war; sicher gibt es jedoch bald gelbe Pfeile. Das Wohngebiet wird geradeaus durchquert, wobei man sich leicht rechts hält; nach 700 m verläßt man es auf eine schmale ansteigende Landstraße, die nach 500 m das Dorf **San Lázaro de Paniceres**, 🍷 (4,2 km), erreicht. Da es nahe liegt, können Sie notfalls im Neubaugebiet nach dem Weg fragen.

Weiter geht es auf der schmalen Landstraße und nach 700 m, kurz vor dem Ortsschild "Las Campas" links auf eine andere schmale Straße. Nach 200 m geht man wieder rechts auf eine Asphaltpiste, die nach 600 m endet. Nun geht es halblinks bergab auf eine Betonpiste und nach 1 km bei einer Weggabelung wieder halbrechts bergauf auf einen breiten Feldweg.

Nach 300 m wird bei einer Häusergruppe eine Straße überquert, und gegenüber geht es an einer Kapelle vorbei auf eine Piste. Nach 100 m geht man an einer Weggabelung halbrechts bergab, und nach 800 m stößt diese Piste auf eine Straße, der man rechts bergauf 200 m bis zum Ortsanfang von **Loriana** (8 km) folgt.

Links geht es durch das Dorf, das nach nur 100 m halbrechts bergab auf einer Betonpiste verlassen wird. Nach 500 m mündet diese in die Landstraße AS-232, auf der es in gleicher Richtung weitergeht.

2,3 km geht es ansteigend nacheinander durch **Fabarín**, **Gallegos** und **Los Arroxos**. 100 m vor dem Ortsausgangsschild des letzten Dorfes geht es rechts auf eine Asphaltpiste, nach 200 m links bergauf auf eine andere Asphaltpiste, die nach 200 m wieder auf die AS-232 trifft. Hier geht man rechts und erreicht nach 200 m auf der Höhe die Straßenkreuzung am Ortsanfang von **Escamplero**, (11,6 km).

An der Kreuzung geht man auf die Landstraße AS-233 nach rechts, aber nach weniger als 100 m wieder halblinks auf die AS-234, die weiter 400 m durch den Ort führt. Kurz vor dem Ortsende gibt es eine Gabelung der Jakobswege: Der Hauptweg, der uns hier interessiert und als "Camino de Grau" bezeichnet ist, führt geradeaus weiter; rechts ist die Nebenstrecke ausgeschildert, die nach Avilés führt, um dort auf den Küstenweg zu treffen.

Links von dieser Kreuzung geht man in eine Straße, an der sich nach 20 m rechts die Pilgerherberge befindet.

Gute Herberge im ehemaligen Schulgebäude; heute Sitz der "Scouts de Escamplero", mit 12 Liegen, Küche und Aufenthaltsraum.

♦ Den Schlüssel gibt es in der Bar "Casa Fernando" an der Landstraße AS 234,
☏ 985799005; ständig; Übernachtung gratis.

Escamplero - San Juan de Villapañada

(18 km)

Von der oben beschriebenen Kreuzung geht es zunächst auf der AS-234 weiter. Statt ihr nach 400 m in eine Rechtskurve zu folgen, wird sie halblinks auf eine Asphaltpiste verlassen. Nach 300 m endet diese und es geht links auf einem steinigen Weg 200 m bergab, bis man wieder auf die AS-234 trifft.

Nach links geht es in das Dorf **Valsera**, 🍷. Man geht nach 250 m an der hübschen Kapelle vorbei und dann am Ortsende links auf eine Betonpiste und sofort wieder links. Auf dieser Betonpiste geht es 1 km bergab bis zu einem Bauernhof und dort auf eine schmale unbefestigte Piste.

Nach 300 m kommt man an eine Weggabelung, wo es halblinks bergauf

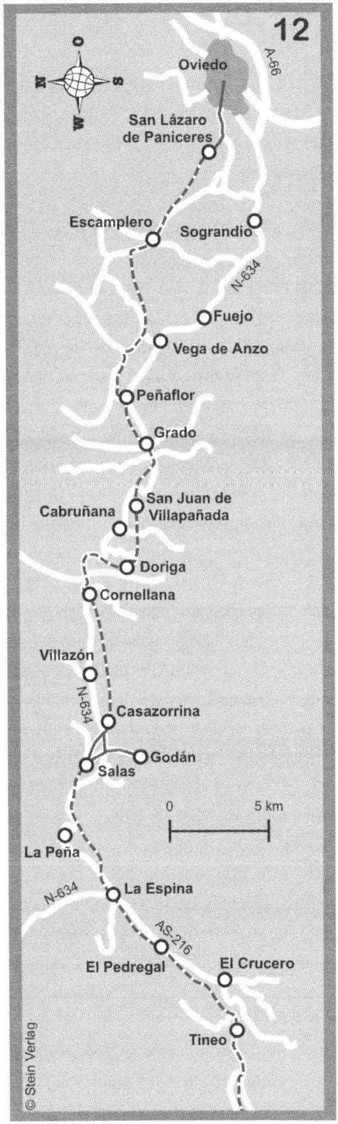

geht. Nach 700 m auf diesem Weg kommt man auf eine kleine Straße, die geradeaus nach 200 m über den Fluß **Andallón** führt. Nach weiteren 300 m erreicht man eine Landstraße, auf der man rechts bergauf nach 800 m **Promoño**, 🍷 (4,5 km), betritt.

🚶 Auf der Landstraße wird der Ort durchquert und nach 400 m, am Ortsende, geht es vor einem Hórreo halbrechts auf einen schmalen Feldweg. Bald führt der Weg in den Wald und kommt nach 500 m Gefälle zu einer Wegkreuzung, wo es halbrechts gegenüber einen breiten Weg bergauf geht.

Nach 200 m kommt man zu einer Häusergruppe mit einem sehenswerten alten *Hórreo* (📷 S. 153), hinter dem es ein paar Stufen hinabgeht sowie 100 m auf einem schmalen Feldweg bis einem breiten Weg. Hier geht es rechts 500 m bis zu einer Betonpiste und auf dieser links 500 m bis zu einer kleinen Landstraße, der geradeaus rechts des Flusses bis nach **Paladín** (7,5 km) gefolgt wird.

🚲 Radfahrer bleiben von Puerma bis Larracha auf der Landstraße.

🚶 Nach Überquerung der Brücke über den Bach, geht es nach links. Nach 800 m im Dorf **Puerma** (8,3 km), wo die Straße leicht halbrechts bergauf führt, geht der Jakobsweg halblinks auf einen Weg zum Ufer des Flusses Nalón. Auf teilweise sehr schmalen Uferpfaden geht es weiter, bis nach 900 m wieder die Landstraße erreicht wird, indem man rechts vom Pfad steil bergauf geht. An der Straße liegt nach 600 m **Larracha** (10 km), und nach weiteren 600 m kommt man zu einer Landstraßenkreuzung, 🍷 Links geht es über den Fluß **Nalón** und dann rechts auf der N-634 nach 300 m durch **Peñaflor** (11 km), wo man hübsche Hórreos bewundern kann.

🚶 Im Zentrum gegenüber der Kirche verläßt man die N-634 halbrechts und geht 300 m durch den rechten Ortsrand, bevor man durch einen Tunnel die Bahntrasse unterquert. Nach 2 km erreicht man die Stadt Grado, umgeht den Bahnhof und geht geradeaus ins Zentrum zum Park (14 km).

Grado

🛏 ✕ 🛒 💊 ✓ ➕ ⇧ 47 m, 12.000 Ew.

ℹ Im Gebäude der Jugendherberge "Palacio de Fontenla", Calle Eduardo Sierra 10 (etwas versteckt im Stadtzentrum), ☎ 653665943; 🚪 ständig.

🛏 Hotel Autobar, Calle Flórez Estrada 29, ☎ 985751127.

Wer in der nahegelegenen Pilgerherberge von San Juan de Villapañada übernachten möchte, sollte besser vorher in Grado die Lokalpolizei (*Policía Municipal*, ☏ 985750075) kontakten, sie verständigt den Mann, der den Schlüssel hat. Die Polizeistation ist etwas schwer zu finden: Das Zentrum wird durchquert, wobei Sie sich links halten müssen - besser fragen Sie unterwegs noch einmal nach -, und 500 nach dem Zentrum, am Stadtrand kurz vor der Brücke über den Fluß Cubia befindet sich die Polizeistation in der Straße Calles Nuevas.

Vom Park am Anfang des Stadtzentrums geht es auf der Hauptstraße 1 km durch den Ort und danach noch 1 km auf der N-634, bis man plötzlich in spitzem Winkel rechts bergab auf einen Asphaltweg geht; ein Monolith des Jakobsweges zeigt die Richtung an.

Mit dem Fahrrad bleiben Sie besser auf der Nationalstraße und biegen dann nach San Juan de Villapañada links ab.

100 m nach der Wegkreuzung verläßt man den Asphaltweg links auf einen schmalen Feldweg, der nach 400 m auf einen Asphaltweg führt, auf dem es weiter geradeaus geht. Nach knapp 100 m geht es links einen steilen Weg bergauf 500 m; man kreuzt die N-634 und geht genau gegenüber einen steilen Pfad hinauf. Nach 300 m stößt man auf eine schmale Straße: links geht der Jakobsweg weiter, aber rechts geht es nach 300 m zur Pilgerherberge von **San Juan de Villapañada**, (18 km), wo sich hinter der Kirche in der einstigen Dorfschule die Pilgerherberge befindet.

Schön gelegene, gute Herberge mit 12 Liegen, Küche, Aufenthaltsraum.

♦ Der Mann, der den Schlüssel hat, wohnt genau gegenüber der Herberge. Am besten lassen Sie ihn vorher durch die Lokalpolizei in Grado benachrichtigen (siehe oben), ständig; Spenden.

San Juan de Villapañada - Salas (20,7 km) Godán (21,5 km)

☺ Diese Etappe kann zu den schwierigsten des Jakobsweges werden, weil die üppige Vegetation den Weg oft undurchdringlich macht. Wenn die Gemeinden

den Weg freihalten, sollte es keine Probleme geben, aber sollte dem nicht so sein, dann ist von einigen Teilstrecken abzuraten. Wenn es hinter San Marcelo nicht möglich sein sollte, den Bach zu überqueren und über das Dorf La Reaz zu gehen, dann können Sie ebenso davon ausgehen, daß der weitere Weg bis Casas del Puente nicht frei ist, so daß Sie besser zunächst auf der Landstraße bleiben.

Viele Pilger geben auf dem Weg von San Juan nach Salas entmutigt auf, dem markierten Wanderweg zu folgen, und entscheiden sich für die Landstraße. Tun Sie das nicht! Wenn Sie die Empfehlungen dieses OutdoorHandbuches beachten, sind Sie genügend auf die möglichen Schwierigkeiten vorbereitet.

☺ Die Pilgerunterkunft in Salas ist ziemlich heruntergekommen, so daß der Umweg über Godán empfohlen werden muß, wo sich eine neue und schöne Pilgerherberge befindet. Allerdings gibt es in Salas auch andere interessante Hotels und Hostals.

Zunächst geht es die 300 m zurück zum Abzweig, von dem wir gekommen sind, d.h. man verläßt die Pilgerherberge, geht an der Kirche vorbei und nach 150 m halblinks in eine schmale Straße, die nach 100 m am Abzweig vorbei führt. Weitere 2,2 km geht man in der gleichen Richtung auf Asphalt- und Betonbelag bis zur Höhe von **El Fresno** und dort über die Straßenkreuzung auf einen Weg, der nun 1,3 km steil bergab führt bis nach **San Marcelo** (3,8 km). Nach 400 m stößt die Dorfstraße auf die Landstraße SL-9, wo man nach links geht. Nach 250 m zeigen gelbe Pfeile auf der Straße an, daß der Jakobsweg links auf einen Feldweg abbiegt. Nach 100 m geht es wieder links auf einen Pfad, der jedoch stark überwuchert sein kann; in diesem Fall geht man besser zur Landstraße zurück und auf dieser nach Doriga.

Wenn der Pfad frei ist, wird nach 100 m ein Bach überquert, und danach geht es rechts auf einem Pfad am Ufer entlang, bis nach 300 m das Dorf La Reaz durchquert wird. Auf einer Piste geht es dann geradeaus 500 m nach **Doriga** (5,5 km) bis zur Kirche.

Je nach Zustand der Wege gibt es auch hier zwei Möglichkeiten weiterzugehen:

❶ Die Landstraße wird überquert, und der Jakobsweg führt gegenüber auf einer Asphaltpiste aus dem Dorf. Nach 800 m geht man vor einem Zementwerk links auf eine andere Piste und nach weiteren 100 m halblinks auf einen Waldweg.

Nach 300 m kommt man an eine Wegkreuzung, wo es gegenüber auf einem nur schwer erkennbaren schmalen Pfad bergab geht, bis man nach 500 m bei einem Sägewerk die Landstraße AS-15 und das Dorf **Casas del Puente** (6,7 km) erreicht.

❷ Wenn der Weg von San Marcelo nach Doriga nicht frei war, so daß man auf der Straße bleiben mußte, dann tut man das besser auch auf diesem Teilstück: Man folgt der SL-9 bergab 700 m, bis sie auf die AS-15 stößt und geht rechts nach Casas del Puente.

Auf der AS-15 geht man 800 m bis **La Rodriga** (7,5 km), wo die N-634 erreicht wird, auf der es nach 500 m links über den Fluß **Narcea** 1 km nach **Cornellana**, geht.

Es ist nicht nötig, den Ort zu betreten, denn direkt hinter der Brücke kann man links auf einem Asphaltweg am Ufer entlang gehen. Nach 500 m wird der Bach Nonaya überquert, der hier in den Narcea mündet, und am anderen Ufer geht man rechts 300 m bis zum ehemaligen Kloster (*monasterio*) San Salvador (9,3 km), das Anfang 2001 restauriert wurde.

Kloster San Salvador: 12. Jh.; im Mittelalter sorgte das Kloster u.a. für die Jakobuspilger; die Fassade stammt aus dem 17. Jh. und die heutigen Klostergebäude aus dem 18. Jh.

Am Kloster vorbei geht es geradeaus auf eine Piste am Ufer des Nonaya entlang. Nach 200 m geht es halblinks einen breiten Waldweg steil bergauf, bis man nach 1 km im Dorf Sobrerriba (10,6 km) auf eine kleine Landstraße stößt. Es geht nach rechts und nach 150 m wieder rechts auf einen Weg, der 500 m bergauf führt. Von der Höhe geht es 1,3 km hinab zu einem Zementwerk. Das Werksgelände wird überquert, und am Ende geht es halblinks auf eine kleine Asphaltstraße 200 m bis zum Ortsanfang von **Llamas** (13 km).

An der Straßengabelung geht man halbrechts und 400 m durch das Dorf. Danach geht es auf dieser Straße noch 600 m weiter, aber wo sie im rechten Winkel links ansteigt, führt der Jakobsweg auf eine Piste nach rechts. 700 m geht es geradeaus, dann auf eine kleine Straße nach rechts, nach nur 100 m aber wieder links auf eine Piste. Nach 1 km wird eine Kreuzung überquert (15,5 km). Der

Jakobsweg führt geradeaus weiter; links oberhalb befindet sich das Dorf Quintana mit seiner Kirche, die Santiago geweiht ist.

Geradeaus geht es also auf einer kleinen Asphaltstraße 700 m weiter. Bevor diese den Fluß **Nonaya** kreuzt, geht es halblinks auf einen breiten Weg, aber nach nur 150 m wieder rechts auf einen schmalen Pfad. Auf diesem bleibt man 800 m, bis er in eine Piste einmündet, die sogleich den **Nonaya** überquert und auf eine kleine Asphaltstraße stößt, auf der es links 300 m in das Dorf **Casazorrina** (17,7 km) geht.

☺ Von Casazorrina müßte es in Zukunft einen etwa 3 km langen markierten Weg über Otero nach Godán geben, wo sich eine neue und gute Pilgerherberge befindet, allerdings war Anfang 2001 von diesem Weg noch nichts zu erkennen, so daß der Umweg über La Barrosa eingeschlagen werden mußte (☞ Wegalternative ❸).

Im Dorf hält man sich halblinks. Die Straße verläßt das Dorf und führt dann als Piste weiter, die nach 500 m einen Bach durchquert; rechts von der Furt kann man trockenen Fußes über eine Steinbrücke gehen. Die Piste geht 300 m weiter und endet dann auf einer Wiese. Am linken Wiesenrand entlang kommt man nach 150 m zu einem Ausgang auf eine Piste, der man rechts 150 m bis zur Nationalstraße folgt, die überquert wird.

Hier gibt es drei Möglichkeiten des Weitergehens:

❶ Der Jakobsweg führt gegenüber in einen Hohlweg, der links von Büschen und rechts von einer Feldmauer begrenzt ist. Diesen Weg verläßt man nach 800 m und kommt bei dem historischen Wirtshaus "Casa Baxu" heraus, das heute ein privates Wohnhaus ist. Rechts geht man bergauf und durchquert nach 200 m das Dorf **Mallecín**. Geradeaus folgt man einem schmalen Pfad und kommt nach 300 m zur Landstraße am Ortsanfang von Salas, dessen Zentrum nach 800 m erreicht wird (20,7 km).

❷ Sollte der eben beschriebene Weg nicht frei sein, dann geht man dort, wo der Hohlweg beginnt, 600 m auf einer Piste rechts neben der N-634 bis zur Landstraße, die nach rechts 1,5 km über Mallecín nach Salas führt (21 km).

Salas

⇧ 239 m, 8.000 Ew.

Plaza de la Campa, 985830988; im Sommer.

Sehr einfache, kaum zu empfehlende Herberge mit kalter Dusche und 10 Liegen. Zwischen der Kirche und dem Tor zum Palast geht man in die Straße nach rechts und kommt nach 50 m zur Herberge.

♦ Calle Pinón de la Freita, direkt unter dem Seniorenlokal "Hogar del Pensionista", wo man auch den Schlüssel zur Herberge erhält; ständig, gratis.

Salas ist ein hübsches Städtchen, vielleicht das schönste auf dem gesamten Weg von Oviedo bis Santiago; der Monumentalkomplex im Zentrum besteht aus der Pfarrkirche aus dem 16. Jh., dem Festungsturm aus dem 14. Jh und dem dazugehörigen Palast aus dem 16. Jh.

❸ Zur Pilgerherberge in Godán geht man ebenfalls zunächst (wie in ❷ die 600 m neben der N-634, aber dann auf der Straße, auf die man trifft, nicht rechts Richtung Salas, sondern links unter der Nationalstraße hindurch und durch das Dorf La Barrosa. Nach 800 m kommt man zum Ortsanfang von Godán und durchquert es 1 km bis zum anderen Ortsausgang, wo sich linker Hand ein Steinhaus befindet, an dem geschrieben steht: "Salas en el Camino" (21,5 km). Es handelt sich um die ehemalige Dorfschule und den jetzigen Sitz der lokalen Jakobusgesellschaft und um die Pilgerherberge.

Sehr gute neue Pilgerherberge in schöner Lage mit 16 Liegen, Küche, Aufenthaltsraum und viel Platz.

♦ Am Ortsende an der Landstraße in der ehemaligen Dorfschule; den Schlüssel hat Alfredo Fuenteseca, der in dem weißen Haus links daneben wohnt, 600829892; ständig; Spenden.

Godán - Salas (ca. 3,5 km)
Salas - Tineo (21,9 km)

Wenn alles richtig hergerichtet ist, dann wird der markierte Jakobsweg einen Umweg über Aciana nach Salas machen, Anfang 2001 ging man noch schnurstracks auf der Landstraße 3,5 km bis Salas.

Von der Kirche geht man durch das Palasttor auf der Hauptstraße durch Salas. Nach 200 m biegt man an einer Straßengabelung halbrechts ab und geht 300 m bis zum Ortsende, wo die Straße zur Piste wird und am Ufer des Flusses **Nonaya** entlang führt. Nach 500 m wird der Weg schmaler und steigt 2 km lang kontinuierlich an - eine landschaftlich besonders reizvolle und beschauliche Strecke.

Schließlich macht der Weg eine scharfe Linkskurve und steigt in Serpentinen steil an, um nach 300 m die Nationalstraße N-634 zu erreichen, wo es nach rechts geht. Nach 900 m kommt man zu einer Brücke über den Fluß; vorher jedoch führt der markierte Jakobsweg bei einer Hausruine links in den Wald (4,2 km).

Die nun folgenden 1,5 km waren 2000 schlecht markiert, aber der Weg ist absolut empfehlenswert, denn die Nationalstraße macht einen erheblichen Umweg. Von der Hausruine geht man auf einem breiten Waldweg 500 m leicht bergauf, bis zu der Stelle, an der dieser Weg in einem Rechtsbogen den Bach durchquert. Der Jakobsweg duchquert den Bach jedoch nicht, sondern führt links vom Bach geradeaus weiter.

Der Weg wird schmaler und die Vegetation dichter, aber nach 200 m geht es nicht mehr geradeaus weiter, wo es bald kein Durchkommen mehr gibt, sondern halblinks auf einen Pfad hinauf in den Wald. Es geht im Zickzack bergauf, zuerst nach 100 m nicht geradeaus, sondern scharf links, dann nach 50 m nicht geradeaus, sondern scharf rechts.

Auf 200 m überwuchert nun dichtes Farngewächs den Weg, aber man kommt gut durch, dann wird der Weg wieder breiter und endet auf einer Wiese. In der gleichen Richtung geht es 200 m halbrechts über die Wiese, auf der der Weg gut erkennbar weiterführt. Auf der anderen Seite folgt man einer Piste 100 m weiter bis zu einem Haus, an dem ein Asphaltweg beginnt (5,6 km).

700 m folgt man dem Asphaltweg bis kurz vor die N-634, die man bei Verkehr schon hört, aber noch nicht sieht. Es geht links einen steilen Weg 50 m hoch und dann rechts auf eine kleine Asphaltstraße.

Nach 300 m überquert man eine Straßenkreuzung und geht geradeaus weiter auf eine Piste. 800 m geht man immer in der gleichen Richtung bis zu einer Kreuzung, die man überquert und geradeaus auf eine kleine Straße geht, die 300 m zur Kirche von **Bodenaya** (7,6 km) führt. Von der Kirche geht man rechts durch das Dorf 300 m bis zur N-634.

Die Nationalstraße wird überquert und gegenüber geht es auf einem Asphaltweg weiter. Nach 100 m geht man links auf einen Feldweg, der mehr oder weniger parallel zur N-634 verläuft und nach 600 m auf eine kleine Asphaltstraße mündet, die 400 m nach **La Espina,** (9 km), an der N-634 führt.

Auf der N-634 geht man durch den Ort und dort, wo die Nationalstraße einen Rechtsbogen macht, geht es geradeaus am Hotel "Casa Aurelio" vorbei und auf der AS-216 weiter. Nach 200 m geht man am letzten Haus halbrechts auf einen Hohlweg, der nach 600 m das Dorf **La Pereda** (10 km) erreicht. Am Ortsanfang rechts befindet sich eine hübsche kleine Kapelle.

Weiter geradeaus geht der Weg in eine Dorfstraße über, aber nach nur 100 m - linkerhand steht der Bauernhof mit der Hausnummer 39 - geht es rechts eine Piste bergauf. Nach 100 m geht man noch einmal nach rechts und nach weiteren 100 m hinter einer runden Hausecke links auf eine Piste, die sogleich in eine kleine Straße einmündet.

Wo die Straße nach 400 m eine Rechtskurve macht, geht es geradeaus weiter auf eine Piste. Nach 200 m geht man rechts und sofort wieder rechts bergauf. Nach 200 m geht man an einer Weggabelung rechts auf einen steilen breiten Weg.

Nach weiteren 200 m kommt wieder eine Weggabelung, wo es nun nach links geht. Nach 300 m führt der breitere Weg halbrechts bergauf, es geht aber geradeaus auf einen schmalen Weg, der nach 200 m auf eine Piste stößt, auf der es links 300 m bergab ins Dorf **Bedures** (12,1 km) geht.

Geradeaus geht es auf einem Asphaltweg weiter und nach 500 m an einer Wegkreuzung halbrechts auf eine Piste. Nach 400 m kommt man nach **El Pedregal,** geht zur Landstraße AS-216 und kommt auf dieser nach 300 m an der Kirche San Justo y Pastor (13,4 km) vorbei. 200 m geht man weiter auf der AS-216 und dann bei einem Wegkreuz rechts auf eine Piste. Nach 100 m geht es nach links und nun 2,3 km auf Pisten immer geradeaus in der gleichen Richtung, wobei Sie dennoch gut auf die gelben Pfeile achten sollten.

Dann geht es auf eine Piste nach rechts - die Pfeile sind klar zu erkennen - und weiter 1,3 km in die gleiche Richtung. 50 m bevor eine kleine Straße zu sehen ist, bzw. 100 m vor dem Friedhof des dahinter liegenden Ortes **Santa Eulalia**, geht es scharf rechts auf eine andere Piste. Hier gibt es einen Markierungsstein des Jakobsweges, der jedoch nicht gut zu sehen ist. 1,5 km folgt man nun einem weiten Linksbogen. Bei einer leichten Gefällstrecke geht es wieder scharf nach rechts. Achtung: Auch hier steht ein Markierungsstein, der jedoch nicht die Richtung anzeigt!

Nach 900 m gelangt man an einen Fußballplatz. Den Pfeilen folgend geht es auf eine kleine Straße, die nach 1 km den Ortsteil **Cimadevilla** und dort die Kirche San Pedro erreicht. Der Jakobsweg führt rechts durch die Travesía de la Torre wieder aus dem Ort; ins Zentrum und zur Pilgerherberge geht es dagegen 200 m auf der Calle Mayor weiter bergab ins Stadtzentrum (21,1 km).

Tineo ⇧ 673 m, 15.000 Ew.

Calle Mayor 25, ☎ 985800187; im Sommer.

Einfache Herberge mit 24 Liegen im alten Schlachthaus (*antiguo matadero*). Von der Calle Mayor kommend, überquert man die moderne Hauptstraße und geht geradeaus 200 m bergab bis zum Ortsrand, wo sich rechterhand die Herberge befindet.

♦ Calle Marcos Rodríguez; Schlüssel bei der Polizei (*policía local*) im Rathaus an der Hauptstraßenkreuzung, ☎ 985800232; ständig,gratis.

Tineo - Borres (18 km)

Man geht die Calle Mayor wieder hinauf und an der Kirche San Pedro links in die Gasse Travesía de la Torre und gleich wieder rechts in die Calle de la Fuente. Am Ortsrand geht das Sträßchen in eine Piste über, die 1,2 km geradeaus führt, bis man halblinks auf einem Feldweg weitergeht. Nach 600 m geht es an einem Abzweig rechts bergauf auf einen schmaleren Feldweg, der aber bald breiter wird. 2,8 km geht es nun zumeist bergauf bis zur Einmündung in eine kleine Straße, der man links folgt.

Nach 150 m biegt man wieder rechts in einen Feldweg ein und nach weiteren 250 m links in eine Piste, auf der es zuerst bergauf und dann bergab geht. Nach 800 m mündet diese in eine breite Piste, man geht links und nach 400 m Gefälle in eine schmale Straße rechts.

Nach 150 m kommt man zur Kreuzung mit der AS-218 und geht rechts, aber nach nur 600 m wird die Landstraße wieder halblinks auf einen Waldweg verlassen. 1,2 km geht es hinab ins Tal, bis der Weg unten auf einen anderen stößt (8,7 km). Scharf links geht der Jakobsweg weiter, aber es lohnt sich auch, zuerst halbrechts 300 m zum verlassenen Kloster (13.-15. Jh.) von Obona zu gehen; zweifellos ein schöner Rastplatz.

Von der besagten Waldweg-Kreuzung geht es also scharf links vom Kloster weg. Nach 2 km gelangt man auf dem breiten Waldweg nach Villaluz (10,7 km) und auf der Dorfstraße nach 200 m zur Landstraße TI-3, auf der es weitergeht durch **Vega del Rey** (11,5 km), **Berrugoso** (12 km), **Campiello**, (13,7 km), **El Fresno**, (14,6 km) und **El Espin** (15 km).

Am Ortsausgang geht es auf eine kleine Straße halblinks. Nach 400 m macht die Straße eine Linkskurve, aber es geht geradeaus auf einem Feldweg weiter. Nach 200 m stößt dieser auf einen anderen, wo es nach rechts geht. Nach 200 m endet dieser auf einer Straße, aber es geht direkt wieder links auf einen anderen Feldweg. Nach 100 m gibt es eine Weggabelung, wo es halblinks auf eine Piste geht, die nach 1 km das Dorf **Borres**, (17,5 km), erreicht.

Einfache Herberge mit 12 Liegen in der alten Dorfschule in einem grauen Haus mit schwarzem Schieferdach und roter Backsteinseitenfront. Die Herberge befindet sich an der Landstraße: Wenn der markierte Weg das Dorf durchquert und auf die AS-219 stößt, wendet man sich nach rechts und geht 600 m aus dem Ort bis zu einigen alleinstehenden Häusern.

Vorher muß man sich jedoch den Schlüssel vom Bürgermeister holen, der im Dorfzentrum wohnt.

♦ Hausnummer 36; den Schlüssel hat der Bürgermeister, Hausnummer 9 (im Zentrum unterhalb der Kirche geht man 50 m links; er wohnt links von einem Brunnen), ☎ 985929171; ständig, gratis.

Borres - Peñaseita (15,5 km)

Von der Kirche von Borres geht man rechts hinauf zur AS-219; schräg rechts gegenüber führt der Jakobsweg eine Betonpiste hinauf. Wo diese nach 150 m eine Rechtskurve beschreibt, wird sie links auf einen steinigen ansteigenden Weg verlassen. Nach 400 m macht der eine Rechtskurve, aber es geht links auf einen anderen Weg und nach wenigen Metern wieder links. 700 m geht es geradeaus bis zu einer Gabelung des Jakobsweges (1,3 km):

☺ Der normale Weg führt geradeaus Richtung "Pola"; eine Nebenstrecke zweigt rechts ab Richtung "Hospitales". Diese Nebenstrecke ist absolut spektakulär und einsam, allerdings nur für geübte Mountainbiker zu empfehlen oder für ganz hartgesottene Wanderer, die bereit sind, in einer Schutzhütte auf dem 1.146 m hohen Paß **Puerto del Palo** zu übernachten, wo es auch im Sommer lausig kalt sein kann und der Wind pfeift, zumal es auf 23 km keinen Laden und keine Bar gibt. Diese Nebenstrecke wird im Anschluß an diese Etappe beschrieben.

Geradeaus geht es also weiter auf dem normalen Weg Richtung "Pola", nach 400 m wird im Dorf Samblismo (1,7 km) die Landstraße überquert und es geht gegenüber eine Asphaltpiste bergab durch den unteren Ortsteil. Nach 200 m geht es am Ortsende halblinks bergab und nach 100 m führt der Jakobsweg rechts auf eine Wiese.

Hier gibt es ein Problem, denn der Bauer hat ein großes Holztor aufgestellt, damit niemand seine Wiese betritt. Diese übertriebene Maßnahme trifft sowohl bei den Jakobusvereinen als auch bei den Anwohnern auf Unverständnis, aber es bleibt nichts anderes übrig, als die Wiese rechts zu umgehen, wenn man nicht über das Tor klettern will.

Nach weniger als 100 m gelangt man auf der anderen Seite der Wiese wieder zu einem großen Holztor, das man ggf. wieder überklettern müßte. Dann geht es 800 m auf Feldwegen geradeaus bis **Las Morteras**, 🍷 (3 km). Das Dorf wird durchquert und weiter geht es geradeaus auf Pisten und Feldwegen. Nach 600 m verläßt man den Hauptweg und geht halbrechts bergauf 400 m bis zur Landstraße AS-219.

Radfahrer bleiben jetzt bis zur Paßhöhe **Alto de Porciles** auf der Landstraße.

Nur 50 m bleibt man auf der AS-219 und geht dann auf einen Pfad halblinks bergab. Nach 500 m erreicht man wieder die Landstraße und auf dieser nach 100 m das Dorf **Colinas**, 🍷 (4,9 km). 200 m hinter diesem Dorf geht man wieder von der Straße weg halblinks auf einen Pfad. Zuerst geht es bergab und dann bergauf; nach 500 m geht man auf einen Asphaltweg nach rechts und erreicht nach 100 m erneut die AS-219. Hier geht es nach links 400 m bis zum 770 m hohen Paß **Alto de Porciles**, 🍷 (6,2 km). Auf der Straße geht man 800 m ins Dorf **Porciles**, 🍷 🛒 (7 km).

Hinter dem zentralen Haus, in dem sich die Bar und der Lebensmittelladen befinden, geht man links auf einen Feldweg 300 m steil hinab ins Tal. Eine kleine Brücke wird überquert, und auf einem breiten Weg geht es noch 100 m weiter, bevor man dann rechts auf einem sehr steilen Pfad bergauf geht. Nach 100 m stößt dieser auf einen breiten Weg und es geht 300 m nach rechts bis zur Landstraße AS-219, auf der es nach links 700 m bis zum 815 m hohen Paß **Alto de Labadoiro** (8,4 km) geht. Der Name dieses Passes deutet schon an, daß der Dialekt im Westen Asturiens der galicischen Sprache sehr ähnelt.

Auf der Paßhöhe mündet links eine andere Landstraße ein; zwischen dieser und der AS-219 geht es halblinks eine Piste bergab, die nach 600 m auf einen breiten Weg stößt, wo es rechts 1,2 km steil bergab bis ins Dorf **Ferroy** (10,2 km) geht. Auf der Dorfstraße geht es rechts bergab, und nach 400 m wird die Landstraße AS-217 erreicht, wo es nach rechts geht. Nach 1,8 km ist man im Zentrum von Pola de Allande (12,4 km).

Pola de Allande

524 m, 2.900 Ew.

Über die zentrale Straßenkreuzung geht man geradeaus weiter, verläßt gleich wieder den Ort und

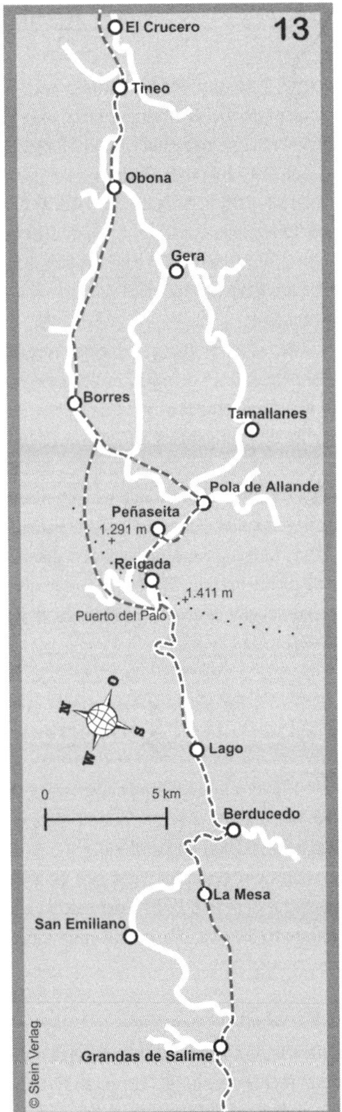

geht 1,3 km auf der Landstraße AS-14 bergauf. Die nächsten Häuser gehören bereits zum Ort **El Mazo**, der sich links von der Straße im Tal erstreckt. Kurz nach dem Ortsausgangsschild von El Mazo zeigt ein Monolith des Jakobsweges an, daß es halblinks auf einen Feldweg geht.

Nach 200 m bergab und 200 m bergauf kommt man zu einer Asphaltpiste, auf der es links weitergeht. Nach 300 m geht sie in eine normale Piste über, die nach 250 m wieder auf eine Asphaltpiste trifft. Wieder geht es links weiter 150 m bis zum letzten Bauernhof, bei dem man links unterhalb auf einer normalen Piste weitergeht.

Nach 100 m geht es bei einer Weggabelung halbrechts und dann immer geradeaus bergauf. Nach 400 m zeigt ein Muschelzeichen die Gabelung des Jakobsweges an: Geradeaus geht es weiter Richtung Paßhöhe **Puerto del Palo**; scharf rechts bergauf geht es 200 m zur Pilgerherberge von **Peñaseita**.

Gute Herberge mit 12 Liegen und Aufenthaltsraum. Wenn man von dem obengenannten Abzweig kommt, endet der Weg auf der Wiese vor der Herberge - zum Eingang muß man jedoch die Treppen links hoch zur Landstraße AS-14 und rechts herum. Dieser Weg muß aber sowieso genommen werden, denn den Schlüssel gibt es an der Straße links im Restaurant "Casa Viñas", wo man auch gut und günstig essen kann.

Nebenstrecke Borres - Puerto del Palo (17 km)

Hier muß vorsichtshalber wiederholt werden, daß der nächste Laden und die nächste Bar 23 km entfernt sind (in Lago) und die nächste Pilgerherberge sogar fast 31 km (in La Mesa).

Auf dem gesamten Weg gibt es keine weitere Übernachtungsmöglichkeit als oben auf dem Paß **Puerto del Palo** in einer Schutzhütte. Darum ist der Weg nur geübten Mountainbikern und besonders hartgesottenen Wanderern zu empfehlen.

Man folgt dem oben beschriebenen Jakobsweg aus Borres 1,3 km bis zum Abzweig, wo man nicht dem normalen Weg geradeaus Richtung "Pola" folgt, sondern rechts Richtung "Hospitales" abbiegt. Nach 100 m geht man bei einer Weggabelung nicht in den Wald, sondern halblinks am Waldrand entlang. Nach

900 m mündet der Weg in eine Asphaltpiste, es geht rechts und nach 100 m wieder halblinks auf einen Feldweg. Nach 200 m kommt man zu einer Wegkreuzung, an der es verschiedene Markierungen gibt, unser Weg führt aber geradeaus und erreicht nach 300 m das Dörfchen **La Mortera** (2,9 km).

An der Kapelle geht es rechts vorbei (nicht links!), und nach 50 m geht es eine Piste halblinks hinauf. Nun geht man immer geradeaus bergauf, wobei die Blicke auf die umliegenden Berge immer spektakulärer werden und bald nicht mehr das geringste Zivilisationsgeräusch zu hören ist; absolute Einsamkeit also.

Nach 3,5 km glaubt man oben zu sein, tatsächlich geht es aber nur 500 m leicht bergab und dann weitere 1,5 km bergauf, bis die bisherige Bergpiste plötzlich scharf rechts verlassen wird (der Abzweig ist markiert). Ein breiter Bergweg führt weitere 500 m bergauf, dann geht es bei einer Baumgruppe links und noch einmal 800 m bergauf. Der Weg stößt auf eine Piste, auf der man links nach 400 m endlich die höchste Stelle erreicht, die weit über 1.200 m hoch liegt.

Auf der Höhe geht es halbrechts 300 m zu den Ruinen der einstigen mittelalterlichen Pilgerherberge **Hospital Fonfaraón** (10,6 km), wo es immerhin noch eine schöne Quelle gibt. Von dort geht es 2,5 km geradeaus am Hang entlang, dann über eine Bergwiese und links auf eine Piste bergab. Auf den nächsten 400 m gibt es einige Spitzkehren, und dann geht es auf einem Pfad 500 m oberhalb einer Landstraße entlang, bis man sie betreten muß und ihr noch 300 m bergauf folgt bis zum 1.105 m hohen Paß **Alto de Santa Marta** (14 km).

Auf der Paßhöhe verläßt man die Landstraße und geht links auf einen breiten Bergweg. Nach 1 km zeigen vor einem kleinen Waldstück zwei Markierungssteine des Jakobsweges an, daß es in der gleichen Richtung auf einem Pfad weitergeht.

Nach 250 m kommt man wieder auf einen breiten Weg, der nun 1,7 km auf dem Bergrücken genau auf den 1.146 m hohen Paß **Puerto del Palo** zustrebt. Dort angekommen betritt man die Landstraße nur kurz und geht vor dem Beginn der Leitplanke wieder halbrechts weg, aber diese Wegbeschreibung finden Sie bereits wieder beim Hauptweg von Peñaseita nach La Mesa.

☺ Auf der Paßhöhe gibt es eine Schutzhütte, die auf einer Schmalseite offen ist. Für Abenteurer reicht es notfalls zum Übernachten, aber hier oben wird es auch im Sommer sehr kalt und windig.

Peñaseita - La Mesa (20 km)

Es handelt sich um eine Hochgebirgsetappe, und der Aufstieg zum Paß Puerto del Palo ist für Radfahrer unmöglich. Bleiben Sie bis Lago auf der Landstraße AS-14.

Von der Herberge in Peñaseita geht man wieder die Treppen vor "Casa Viñas" hinunter und dann rechts auf den Weg, der nach 200 m auf den obengenannten Abzweig des Jakobsweges trifft. Es geht 500 m geradeaus, dann halbrechts (Muschelzeichen) und gleich noch einmal halbrechts, wobei es sich immer um breite Wege handelt. Nach 400 m geht es halblinks (Muschelzeichen) weiter, und nach 1 km mündet der breite Weg in eine Piste, auf der man in gleicher Richtung nach 150 m eine Gruppe Bauernhöfe durchquert, die das Dorf Reigada bilden.

Weiter geht es auf einem breiten Weg geradeaus, bis dieser nach 600 m vor einem Wiesentor endet. Von hier geht es rechts oberhalb der Wiese auf einem felsigen Pfad weiter. Nach 400 m überquert man eine Brücke über den Bergbach und nach nur 30 m noch eine Brücke, um wieder am selben Ufer wie bisher weiterzugehen.

Nach 1,2 km stößt dieser Bergpfad auf die Landstraße AS-14, auf der man links weitergeht - aber nur 150 m bis in eine Linkskurve. Hier wird die Straße rechts verlassen und auf Bergpfaden geht es 1,5 km unverkennbar (dort wohin die Hochspannungsmasten streben) hinauf zum 1.146 m hohen Paß **Puerto del Palo** (6,3 km), wo man auf die Landstraße trifft und nach rechts geht.

Der Aufstieg war schon reizvoll, aber auf dem weiteren Weg sind die Ausblicke wahrhaft spektakulär in tief eingeschnittene Täler. Dort, wo nach der Paßhöhe die Leitplanke beginnt, geht es halbrechts von der Straße weg. Auf einem schmalen und schwer erkennbaren Bergpfad geht es 800 m zwischen einer Hochspannungsleitung und der Straße entlang, bis die AS-14 in einer Kurve vor einer Hausruine überquert wird.

Weiter geht es querfeldein steil bergab, wobei zunächst eine Stromleitung mit Holzmasten gequert wird, bevor es dann parallel zur Hochspannungsleitung weitergeht. Nach 800 m kommt man der Landstraße nahe, geht aber auf einem Pfad links von ihr 300 m bis ins hübsche halb verlassene Bergdorf **Montefurado** (9,5 km, S. 144).

Auf der linken Seite geht man durch das Dorf und dann 400 m direkt auf den davor liegenden Höhenzug zu, den der Jakobsweg links umgeht, während die Straße rechts herum führt.

Nach einer Wiese ist möglicherweise das Dickicht so dicht, daß ein Durchkommen schwierig ist, aber nach den Büschen geht es auf einem schönen breiten Weg am Hang entlang, der erst nach 2 km wieder bei einer Straßenkreuzung auf die AS-14 trifft. Auf der Landstraße geht es nun in gleicher Richtung 500 m weiter und dann rechts oberhalb der Straße auf Pfaden 1 km bis ins Dorf **Lago**, (12,2 km).

Auf der AS-14 geht es durch das Dorf. Am Ortsende, hinter der Bar, geht man rechts an einem kleinen Häuschen mit einer großen Waage in seinem Inneren halbrechts auf einen schmalen Pfad, der nach 300 m eine Straße kreuzt, um gegenüber als Piste weiterzugehen. Diese führt 500 m über Felder und weitere 400 m durch einen Pinienwald bis zur AS-14.

Man geht 900 m auf der Landstraße; dann zeigt ein Markierungsstein an, daß es halblinks auf einem Waldweg weitergeht. Nach 200 m geht dieser in eine Piste über, die nach 1,5 km zwischen Feldern das Dorf **Berducedo**, (16 km), erreicht.

Hier geht man auf die AS-14 und folgt ihr in eine weite Rechtskurve. Am Eingang der Kurve steht ein Monolith des Jakobsweges, aber man bleibt auf der Straße bis zum Ausgang der Kurve, wo man links auf eine Piste geht. Nach nur 50 m geht es rechts auf eine andere Piste bergauf.

Nach 400 m zeigt ein weiterer Monolith, daß es links einen steinigen Pfad bergauf geht. 50 m weiter gabelt sich der Weg, trifft aber gleich wieder zusammen. Nach weiteren 150 m gibt es eine erneute Weggabelung, wo es halbrechts weitergeht. Nach 200 m mündet der Weg in eine Piste, auf der es nach links geht, und nach nur 50 m gibt es vor einem Wald wieder eine Pistengabelung, wo man halbrechts geht.

Nun verläuft der Waldweg 900 m geradeaus, bis er in die kleine Landstraße einmündet, der man links 2,3 km bis **La Mesa**, folgt. Die Pilgerherberge befindet sich freistehend am Ortsende (22,8 km).

Gute Pilgerherberge mit 14 Liegen und Aufenthaltsraum.

♦ Schlüssel im 1. Haus links beim Bürgermeister Don Eloy; ☏ 985979064; ständig, Übernachtung gratis.

La Mesa - Grandas de Salime (14 km)

Rechts von der Herberge geht es auf einer kleinen Straße weiter, die keine Beschilderung trägt. Lassen Sie sich nicht in die Irre führen: Links von der Herberge führt eine Straße nach Busvidal; das ist jedoch die falsche Richtung.

Rechts von der Herberge geht man also auf dieser Straße 1,5 km bergauf und dann 800 m wieder bergab. In einer Linkskurve steht dann ein Markierungsstein des Jakobsweges, wo man nicht dem Verlauf der Straße folgt, sondern 200 m auf einem Pfad geradeaus zu einem Gehöft geht. Dieser traditionsreiche Bauernhof geht auf das Mittelalter zurück, als er als Pilgerhospital diente, und trägt den Namen **Buspol** (Das eigentliche Dorf **Villar de Buspol** liegt 1 km weiter an der Straße, der Weg dorthin ist jedoch falsch).

Man geht rechts am Gehöft und an der dahinter befindlichen, malerischen kleinen Kapelle vorbei. Nach 100 m gelangt man auf eine Wiese und geht weiter 200 m geradeaus auf einen breiten Weg rechts von einem Steinwall. Dann macht der Weg eine weite Rechtskurve. Nun geht es in Serpentinen, immer dem Hauptweg folgend, 3,5 km immer steiler bergab; dabei genießt man fantastische Ausblicke in die Schlucht, die der Fluß Navia gegraben hat, der zu einem gigantischen See aufgestaut ist.

Etwa 200 m über der Wasseroberfläche führt der Weg unverkennbar nach rechts und verläuft 2 km in gleicher Höhe, bis ein Orientierungsschild des Jakobsweges anzeigt, daß der breite Weg verlassen wird und es auf einem schmalen Weg scharf links bergab geht. Nach 1,2 km in Serpentinen erreicht man die AS-14, auf der man 700 m nach links geht und die Staumauer überquert (7,7 km).

4 km geht es auf der Landstraße bergauf mit prächtigen Blicken auf den aufgestauten Fluß, dann wendet sich die Straße ins Landesinnere. Werfen Sie einen letzten Blick auf den Stausee und die gegenüberliegenden Berge! Es mutet unglaublich an, daß wir von dort gekommen sind.

Noch 200 m geht es auf der Straße weiter, dann zeigt ein Monolith des Jakobswegs an, daß es scharf links einen Pfad hinaufgeht. Nach 50 m macht dieser wieder eine scharfe Rechtskurve, und nun geht man 1,5 km auf einem schönen Waldweg in gebührendem Abstand von der Landstraße, weiter. Am Ortsrand von **Grandas de Salime** trifft man wieder auf die AS-14 und geht gegenüber in eine Dorfstraße Richtung Zentrum.

Nach 100 m befindet sich rechts das Ethnographische Museum und nach weiteren 200 m das Ortszentrum mit der sehenswerten Kirche und dem blauen Rathaus, in dem sich auf der rechten Seite die Pilgerherberge befindet.

Grandas de Salime ⇧ 562 m, 1.300 Ew.

Die vielen neuen Häuser im Ort sind darauf zurückzuführen, daß zahlreiche Einwohner des ehemaligen, im Tal liegenden Ortes Salime bei Anlage des Stausees umgesiedelt wurden.

⌘ **Ethnographisches Museum**: Dieses Museum bewahrt die Erinnerung an das tradionelle Leben in Asturien: Kunsthandwerk, Geräte für Landwirtschaft, Jagd, Haushalt usw.

♦ Di bis So 11:30-14:00 + 16:00-19:30, im Winter nur bis 18:30 und So nachmittags geschlossen; Eintritt Pta 250.

Einfache Herberge mit 18 Liegen.

♦ Rechts im Rathaus neben der Polizei (*policía local*); Schlüssel in der Bar gegenüber an der Ecke, ☏ 985627094, nach Javier fragen; gratis.

Grandas de Salime - Fonsagrada (30,4 km)

An der Kirche vorbei geht es geradeaus 200 m durch den Ort zur Landstraße (die jetzt AS-28 heißt) und dort nach rechts. Nach 1 km verläßt man die Straße bei einer Werkstatt halblinks auf eine schmale Piste, von der man nach nur 70 m wieder halbrechts auf einen Pfad geht, der 400 m unterhalb der Landstraße verläuft.

Am Ortsanfang von **A Farrupa** kommt man zurück auf die AS-28 und geht 600 m auf ihr weiter, bis man am Ortsausgangsschild halbrechts auf eine Piste abbiegt - Gehen Sie nicht 50 m vorher auf den anderen Wanderweg, der rechts vor einem freistehenden Haus mit blauen Fenstern und Türen abzweigt!

Nach 500 m geht man bei einer Häusergruppe zurück zur AS-28 und auf ihr 300 m bis **Cereixeiro**, (3,3 km). Auf der AS-28 geht man weitere 1,3 km und dann rechts auf einer Piste durch die erste Häusergruppe des Dorfes **Malneira** (4,6 km).

Nach 50 m geht es auf der Dorfstraße weiter, aber nach nur 30 m vor der zweiten Häusergruppe auf einen Weg nach links. Nach 150 m kommt man zu einer Wegkreuzung, wo es nach links geht und nach 40 m bei einer Weggabelung wieder halbrechts. Nach 400 m geht man über eine weitere Wegkreuzung geradeaus. Nach 100 m kommt man auf eine kleine Straße und nach 200 m ist **Castro** (5,7 km) erreicht. 400 m geht man auf der Dorfstraße, und nach dem Ortsende überquert man eine Straße und geht geradeaus auf einen Waldweg. Auf den folgenden 700 m gibt es verschiedene Weggabelungen, wobei man immer den breiteren Weg wählen muß.

Dann kommt man oberhalb des Dorfes **Padraira** vorbei. Es geht immer geradeaus; nach 600 m steht rechts am Weg eine hübsche Kapelle; nach weiteren 900 m kommt man wieder auf die AS-28. Nach 200 m durchquert man **Gestoselo** (8,5 km) und nach weiteren 2 km auf der Landstraße **Peñafuente** (10,5 km).

Vor dem ersten Haus - nicht am Ortseingangsschild, sondern dort, wo der eigentliche Ort beginnt - geht man rechts und nach 100 m hinter dem Friedhof links 100 m bis zum Ortsende. Dort geht man rechts auf eine Betonpiste bergauf und nach 50 m bei einem freistehenden Haus links auf einen Bergweg. Es geht jetzt 1,8 km durch den Wald bergauf, bis man wieder auf die AS-28 stößt.

Hier geht es nicht rechts auf der Straße weiter - der gelbe Pfeil am Straßenschild ist veraltet -, sondern es gibt inzwischen zwei ruhigere Möglichkeiten, die zudem etwa 1 km kürzer sind als der Weg auf der Landstraße:

❶ Man geht auf der A-28 links, aber nach nur 30 m wieder rechts auf einen Hohlweg, der 800 m ansteigt und von Buschwerk überwuchert ist, das stellenweise unangenehm piekt. Dann mündet der Weg in eine breite Piste, auf der es in gleicher Richtung weitergeht, bis man nach 300 m eine Pistenkreuzung erreicht. Hier kommt die andere Wegalternative von links dazu, und ein Monolith des Jakobsweges zeigt an, daß es halbrechts bergauf geht.

❷ Diese Wegalternative ist nur unwesentlich länger, aber angenehmer zu gehen: Man wendet sich, wie oben, auf der A-28 nach links und geht nach 150 m rechts eine steile Piste 50 m bergab. Unten geht's rechts auf der schmalen Straße weiter, die 300 m lang das Dorf Bustelo del Camino (13 km) durchquert.

Am Ende geht die Dorfstraße in eine Piste über, der man 150 m folgt, bis ein Monolith anzeigt, daß es rechts eine andere Piste steil bergauf geht. Nach 600 m gibt es eine Pistenkreuzung, wo von rechts die obengenannte etwas kürzere Wegalternative dazukommt. Unser Weg führt über die Kreuzung hinweg weiter geradeaus.

🚶🚶 Nach 150 m geht es über den Höhenzug hinweg, der etwa 1.100 m hoch ist, und wieder leicht bergab, wobei man rechts unten die Landstraße sieht, die den 1.024 m hohen Paß Alto del Acebo überwindet, die Grenze zwischen Asturien und Galicien. Nach 300 m wird auch der Blick auf das Tagesziel Fonsagrada frei, das geradeaus am Horizont auf der Höhe thront. Weiter geht es 300 m geradeaus, bis die Piste plötzlich endet, aber man geht links einen Geröllweg 100 m steil bergauf und dann rechts eine Piste wieder bergab. Nach 650 m erreicht man eine Landstraßenkreuzung in **Acebo**, 🍷 (15,4 km), dem ersten Dorf in der galicischen Provinz Lugo.

☺ Da das vorliegende Outdoor-Handbuch eine Ergänzung zum OutdoorHandbuch Band 23 "Spanien: Jakobsweg" darstellt, verweise ich hier auf die dortige Einführung zu Galicien.

🚶🚶 In der gleichen Richtung geht es auf die größere Landstraße, die hier C-630 heißt. Nach nur 100 m

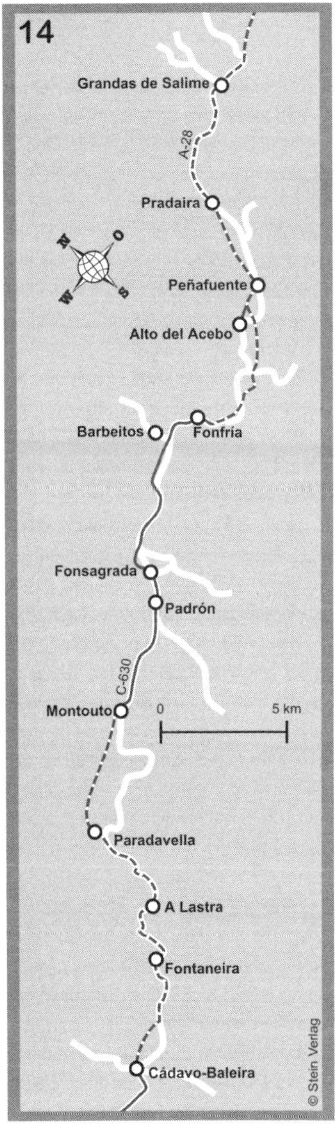

macht sie eine Rechtskurve, aber der Jakobsweg biegt hinter dem alleinstehenden Gehöft mit der Bar links in einen Bergweg ein. 100 m geht es bergauf, dann scharf rechts und weitere 250 m hoch. Oben mündet der Weg in eine Piste, und geradeaus geht es 1 km, bis man wieder auf die Landstraße trifft. Auf dieser muß man nun 2,7 km gehen, bevor man sie wieder verlassen kann, indem man links abbiegt, sogleich aber wieder rechts geht, um nach 300 m Fonfría (20 km) zu erreichen. 100 m geht man auf der Dorfstraße, dann 100 m auf der C-630 bis zum Ortausgangsschild, wo man halblinks auf eine Piste geht, die erst nach 1,2 km wieder auf die Landstraße stößt, und zwar bei der Kreuzung von Barbeitos (21,4 km).

Man betritt die Straße kaum und biegt sofort wieder halbrechts in eine Piste ein, deren erste Meter als Pilgerweg gepflastert sind. Nach 500 m geht man an einer Weggabelung halblinks und nach weiteren 600 m bei einem Steinbruch scharf links, um nach 50 m zurück zur Landstraße zu kommen, auf der man sich nach rechts wendet.

Nach 2,8 km gibt es halblinks einen Abzweig auf einen gepflasterten Pilgerweg, dessen Fortsetzung jedoch Anfang 2001 noch nicht vollendet war, so daß ein großes gelbes X anzeigt, daß es hier nicht weitergeht. Stattdessen geht man auf der Landstraße 800 m weiter bis Paradanova (26,2 km).

Nach weiteren 200 m auf der C-630 geht man am Ortsausgangsschild halbrechts eine Piste hinauf. Nach 800 m erreicht diese eine schmale Asphaltstraße, auf der man links ins Zentrum gehen kann. Die Markierungen des Jakobsweges zeigen jedoch einen kleinen, dafür aber umso schöneren Umweg an, indem man nicht links in die Straße einbiegt, sondern geradeaus dem Pilgerweg folgt. Nach 700 m endet dieser und man geht links 600 m auf einer Piste und weiter geradeaus 300 m auf einer Straße bis zur Pfarrkirche im Zentrum von Fonsagrada (28,8 km).

Fonsagrada ⇧ 1.012 m, 6.500 Ew.

An der kleinen Pfarrkirche vorbei (gegenüber befindet sich das Pfarrbüro, wo Pilger Bescheid geben können) geht es in die alte Hauptstraße Calle Mayor, die nach 500 m bei einer Tankstelle am Ortsausgang auf die C-630 trifft. Diese wird überquert und gegenüber geht es auf eine Piste, die nach 400 m erneut auf die Landstraße trifft, auf der man nun ebenfalls 400 m gehen muß. Dann geht es auf der Dorfstraße 300 m durch Padrón, bis man wieder auf die C-630 stößt. Links gegenüber der Straßeneinmündung befindet sich die Pilgerherberge.

In einem Gemeindezentrum wurde eine gute Pilgerunterkunft eingerichtet mit 26 Liegen, Küche und Aufenthaltsraum; 2 km von Fonsagrada entfernt, am Jakobsweg Richtung Cádavo-Baleira; man muß sich vorher im Pilgerbüro bzw. beim Pfarrer Don Ramón in Fonsagrada anmelden.

♦ Am Ortsausgang von Padrón, an der C-630; letztes Haus links, mit blauer Tür und blauen Fenstern; zum Eingang geht man durch das linke Tor. Man sollte sich schon vorher im Stadtzentrum im Pilgerbüro gegenüber der Kirche anmelden: täglich außer montags 17:00-19:00, oder ☎ 982340096 (Pfarrbüro = *despacho parroquial),* ☎ 982340215 (privat); Übernachtung gratis.

Fonsagrada - Cádavo-Baleira (24,5 km)

Von der Pilgerherberge geht es westlich weiter auf der C-630, aber nach 800 m hinter einem einsam gelegenen Friedhof halblinks auf einen Waldweg. Nach 400 m gelangt man wieder auf die C-630 und geht nach 200 m wieder halbrechts in den Wald. Auf dem Waldweg geht man 900 m geradeaus und dann wieder auf die C-630, auf der nach 700 m das Dorf **Villardongo** (3 km) betreten wird.

Auf der Landstraße folgt dann **Piedrafita** (4,7 km) das nicht mehr als eine Gruppe von Häusern ist, zwischen denen man rechts in eine kleine Straße einbiegt. Nach 150 m geht man bei einem kleinen Viehunterstand links in den Wald und 300 m auf einem schmalen Pfad oberhalb der C-630, bis man sie wieder betreten muß. Nach weiteren 200 m, genau dort, wo eine Hochspannungsleitung die Straße überspannt, geht es nach rechts, zuerst ein Stück steil bergauf und dann auf einem hübschen Pfad 1 km bis **Montouto** (6,4 km). Man folgt der Piste oberhalb des Dorfes noch 100 m und geht dann beim letzten Haus, einer kleinen Scheune, an einer Pistengabelung halblinks bergab. Nach 100 m gibt es wieder eine Gabelung; man geht halbrechts, und nach 300 m bei der nächsten Pistengabelung wieder halblinks, um nach 800 m leichter Steigung bei einer alten, teilweise restaurierten Pilgerherberge mit dazugehöriger Kapelle anzukommen.

Man bleibt auf dem Weg und geht links daran vorbei auf einer schönen Piste, die nun 2,2 km durch den Wald führt, bis eine andere breite Piste gekreuzt wird. Gegenüber geht es zunächst auf einer Piste weiter, aber nach 200 m wird sie rechts bergab auf einen schmalen Pfad verlassen. Nach 600 m stößt dieser Pfad auf eine Piste, der man weiter bergab folgt. Nach 200 m macht sie eine Rechtskurve, aber der Jakobsweg führt weiter geradeaus auf einem Pfad an einer Feldmauer entlang. Nach 200 m mündet dieser Pfad in eine Piste ein, es geht nach links 300 m, bis man am Ortsanfang von **Paradavella** (11,4 km) wieder auf die C-630 stößt.

Rechts geht es 1,7 km auf der Landstraße weiter, bis plötzlich ein Monolith des Jakobsweges anzeigt, daß es halblinks einen Feldweg bergab geht. Nach 100 m mündet der Weg beim Dörfchen Degolada (13,2 km) in eine schmale Straße, auf der es geradeaus weitergeht. Nach 400 m geht man bei Kirche und Friedhof rechts. Nach 50 m geht die Straße in einen Pfad über, der sich nach 100 m gabelt. Es geht halblinks weiter (während der halbrechte Weg bald an Bienenstöcken endet).

Auf diesem Pfad geht es nun 1 km geradeaus bis zu einer großen Wegkreuzung. Eine Piste geht man halblinks 100 m hinunter zu einer Häusergruppe, dort aber gleich wieder rechts auf einen breiten Weg, der 700 m leicht ansteigt. Kurz bevor dieser Weg auf einer Wiese im Talschluß endet, biegt man halbrechts in einen leicht ansteigenden Pfad. 600 m geht es hinauf auf die Höhe, die schon von weitem zu sehen ist. Dann geht es auf einen breiteren Weg nach rechts, 100 m am Geröll des Straßenbaus entlang, bis zu einer Straße, auf der man rechts 200 m bis zur Höhe und zum Ortsanfang von **A Lastra**, (16,5 km), kommt.

Man geht links und 600 m durch den Ort. Am Ende führt der Jakobsweg halblinks auf einer Betonpiste zwischen den letzten Häusern hindurch bergauf. Nach 300 m geht es bei einer Häusergruppe weiter auf einer einfachen Piste 1 km steil bergauf und dann weitere 600 m geradeaus durch den Wald und zum 930 m hohen Paß **Alto de Fontaneira** (19 km).

Von der Höhe geht man 400 m bis zum eigentlichen Ortsanfang von **Fontaneira**, 500 m durch den Ort und am Ortsausgangsschild halblinks auf eine kleine Straße Richtung Friedhof. Den erreicht man aber nicht, denn nach nur 40 m geht es wieder rechts auf einen Feldweg neben der Straße entlang. Nach 700 m mündet der Weg in eine Piste, die nach 150 m wieder zur C-630 führt. 1 km geht es wieder die Landstraße entlang. Kurz nach einer Steigung, und zwar genau dort, wo es links zum Dorf **Sexto** abgeht, biegt man halbrechts von der Straße in eine Piste in den Wald ein.

Allmählich wird der Weg unwegsamer; nach 800 m kommt man an eine Hochspannungsleitung, biegt links ab und folgt der Piste genau daneben 1 km weit. Dann kommt eine Wegkreuzung, die man überquert, um gegenüber auf schlechtem Weg steil bergab zu gehen; als Orientierung dient weiterhin die Hochspannungsleitung.

Nach 600 m mündet der Weg in eine Piste, es geht in der gleichen Richtung weiter bergab, noch 300 m bis zum Ortsanfang von Cádavo-Baleira. Das zweite Haus rechts ist die Pilgerherberge.

Cádavo-Baleira ⇧ 700 m, 2.000 Ew.

Ausgezeichnete, nagelneue, moderne Herberge mit 22 guten Liegen, Küche und Aufenthaltsraum in schöner Lage am oberen Ortsrand.

♦ Am Platz Campo da Feira; ☏ 982354057 + ☏ 636020292. Man kann vom öffentlichen Telefon aus anrufen, das an der Wand des direkt benachbarten Gesundheitszentrums (*Centro de Saude*) hängt. ständig, Spenden.

Cádavo-Baleira - Lugo (34 km)

Von der Herberge geht man durch die Rúa dos Labregos 150 m an der Post vorbei hinunter ins Zentrum. Dort geht es weiter geradeaus noch ein paar Stufen hinunter und nach 100 m am Ortsende auf eine Straße nach rechts, nach nur 50 m aber wieder links bergab. Nach 1 km wird das Dörfchen Pradeda durchquert und am Ende geht man halbrechts auf eine Piste. Nach 300 m geht man an einer Pistenkreuzung halblinks, und nach 700 m stößt die jetzige Piste auf die breite Landstraße.

Diese wird jedoch nicht betreten, sondern es geht nach Überquerung einer schmalen Querstraße sofort wieder rechts neben der C-630 auf eine breite Piste in den Wald.

Nach 1,7 km geht man an einer Pistengabelung halblinks und weitere 1,5 km bis zur Kreuzung, an der linker Hand die Kapelle Nuestra Señora del Carmen steht. Man biegt links in die schmale Straße, die hier beginnt und 1 km nach **Villabade** (6,5 km) führt. Schauen Sie sich das interessante Kirchenportal mit seinem romanischen Skulpturenschmuck an!

Auf der gleichen Straße durchquert man den Ort und geht 2 km bis **Castroverde**, (8,5 km).

Der Ort wird 1 km lang auf der Landstraße durchquert, wobei man einen schönen Blick auf die am rechten Ortsrand gelegene mittelalterliche Burgruine genießt. Schließlich geht es nach den letzten Häusern des Ortes halbrechts bergab auf eine kleine Straße durch einen Tunnel. Auf dieser Straße bleibt man 700 m, bis man bei einer Weggabelung am Ende des dortigen Dorfes San Miguel halbrechts (nicht ganz rechts!) auf eine Piste geht, die zunächst asphaltiert ist. Nach 250 m gibt es eine dreifache Weggabelung, wo man den mittleren - einen Hohlweg - wählt, um 150 bergab zu gehen. Dort, am verfallenen Hintertor eines stattlichen Bauernhofs, geht man rechts auf einen schönen Feldweg. Anfangs ist es möglicherweise jedoch empfehlenswert, auf die angrenzenden Wiesen auszuweichen, da der Weg teilweise unter Wasser steht.

Wie auch immer, es geht 1,1 km auf diesem Feldweg geradeaus und am Ende links Richtung C-630, ohne diese jedoch zu betreten, denn nach nur 20 m geht man wieder rechts auf eine kleine Landstraße. Diese steigt 200 m an, und dann verläßt man sie wieder, indem man einen Waldweg halblinks 200 m bergab geht. Nach 300 m stößt der Weg auf eine Piste, auf der es in gleicher Richtung weitergeht.

Nach 500 m kommt man an einem Friedhof vorbei auf eine kleine Straße, an der gegenüber ein schönes modernes Wegkreuz mit einer Christus- und einer Jakobus-Figur steht (S. 148). Auf der Straße geht man rechts, nach 150 m wieder links und 250 m den Pfeilen folgend durch **Souto de Torres** (13 km).

Schließlich weist ein Pfeil rechts den Weg auf einer Piste aus dem Ort. Nach 600 m geht es an einer Pistengabelung halbrechts, und nach 150 m mündet diese Piste in eine Asphaltstraße, auf der es in gleicher Richtung durch die Anlagen eines Bauernhofs weitergeht. Danach wird die Straße zur Piste, und es geht 350 m geradeaus, bis man wieder auf eine kleine Straße stößt. Hier geht es rechts, aber nur 50 m und am Ortsanfang von **Moreira** (14,4 km) wieder links auf eine schmale Straße.

Nach 500 m geht man nach einem weiteren Ortsteil an einer Straßengabelung links weiter. Nach 650 m erreicht man den Ortsanfang von **Vilar** (15,6 km). All diese kleinen Ortschaften beeindrucken durch ihre einheitliche Granit-Bauweise.

250 m geht es durch den Ort und weiter auf der Straße, die nach 250 m bei einer Häusergruppe eine Linkskurve beschreibt; hier führt der Jakobsweg geradeaus und nach 50 m rechts auf eine Piste. Nach 650 m, wo diese Piste bergab in eine Rechtskurve führt, geht es halblinks auf einen Waldweg.

Achtung: Dieser Weg ist schlecht markiert; es gibt nur ein paar gelbe Plastikbänder an den Bäumen! Nach 200 m stößt dieser Weg auf eine malerische alte Kapellenruine (17 km), deren kleine Fenster auf mittelalterlichen Ursprung schließen lassen. Rechts geht es um die Kapelle herum und auf eine Piste, die nach 700 m bei einem kleinen Steinbruch in eine schmale Straße einmündet. Man geht rechts und kommt nach 1 km zu einem Stopschild, wo es in der gleichen Richtung auf der Vorfahrtsstraße weitergeht, die auch nicht viel breiter ist. Nach 600 m wird das Dorf Gondar durchquert (19,3 km).

Nach 1,7 km führt die Straße durch einen größeren Steinbruch, und 250 m danach zweigt der Jakobsweg plötzlich halbrechts auf einen Pfad ab. Nach 200 m geht es rechts auf eine Piste, aber nach nur 30 m wieder links auf einen Pfad zwischen zwei Feldmauern. Nach 200 m geht es auf eine Straße links und nach 50 m wieder rechts auf den nächsten Pfad. Nach 150 m mündet dieser in eine Piste, auf der es in gleicher Richtung 650 m weitergeht, bis man auf eine kleine Straße stößt.

Nun geht es links 150 m bis vor die C-630, vor der man rechts auf eine parallele Sandpiste geht. Nach 200 m geht es geradeaus weiter auf eine breite Piste, die sich etwas von der Landstraße entfernt, aber nach 200 m auf eine kleine Straße trifft, die nun links 100 m zur C-630 zurückführt. Auf der Landstraße geht man schließlich rechts 700 m bis zum Ortseingangsschild von **Carballido** (24 km) und weitere 500 m bis zum Ortsausgangsschild. Hierbei handelt es sich um eine typische Streusiedlung, es ist nämlich kein einziges Haus zu sehen.

100 m nach dem Ortsausgangsschild kann man die Landstraße schließlich wieder verlassen und geht rechts auf eine kleine Straße, von der man nach 250 m bei einer Wiese links auf eine unwegsame Piste abbiegt. 1,7 km geht es immer geradeaus bis ins Dorf Fazai, genauer gesagt in den Ortsteil La Viña (26,6 km). Im Dorf geht es rechts und nach 100 m am Dorfausgang links auf eine verwitterte Asphaltstraße, von der man nach 300 m halbrechts auf eine Piste in den Wald einbiegt. Nach 400 m gibt es am Ende des Waldes eine Pistengabelung, wo man halbrechts geht (nicht kurz vorher ganz rechts).

Ab Fazai ist der Jakobsweg sehr schlecht markiert, aber nun gibt es nach 250 m überraschenderweise ein deutliches Schild, an dem es geradeaus vorbeigeht (nicht abbiegen!). Sollte der Weg hier überschwemmt sein, kann man auf die Wiese rechts daneben ausweichen. Nach 350 m nimmt man erste Piste links.

Die Markierung ist denkbar schlecht; es gibt nur ein paar weiße Bänder an den Bäumen! - sollten Sie an diesem Abzweig vorbeigehen, laufen Sie im Kreis und kommen wieder in Fazai 'raus, so wie ich beim ersten Mal.

Nach 400 m auf der jetzigen Piste zweigt halblinks ein Feldweg ab, der über eine Wiese führt. Achtung: Auch hier zeigen nur weiße Plastikbänder den Weg an. Nach weiteren 400 m wird der Weg bei einem Haus zur Piste, und nach 250 m mündet diese in eine Straße ein, auf der es nach links geht. Nach 900 m überquert die Straße die Autobahn und führt geradeaus weiter, wobei man weit vor sich die Stadt Lugo erkennt.

Nach 1 km biegt man rechts in eine andere Straße ein, die nach 650 m wiederum in eine Straße mündet, auf der es in gleicher Richtung 300 m weitergeht. Bei den ersten Häusern, wo die Straße rechts bergab führt, verläßt man sie vor dem Haus Nr. 8 halblinks. Auf einem Fußweg geht es 200 m bergab, eine Straße wird überquert, und weiter geht es auf einer Piste 400 m bergab bis auf eine Straße, wo das erste Stadtviertel von Lugo beginnt.

Man geht rechts und nach 300 m über eine Brücke über den Bach Rato. Dann geht man wieder 350 m bergauf, um die Landstraße C-630 zu überqueren, die hier aus dem Tal in die Stadt hinaufführt. Die Landstraße wird, wie gesagt, überquert, und gegenüber geht es 50 m in eine Sackgasse und dann die Treppen hoch. Eine breite Allee wird ebenfalls überquert und schräg links gegenüber geht es durch die Straße Carril das Flores 350 m bis zu ihrem Ende, wo sie sehr schmal wird. Schließlich steht man vor der berühmten römischen Stadtmauer von Lugo und geht gegenüber durch das Stadttor Porta de San Pedro. Links vor dem Tor sollte man jedoch einen Moment verweilen und den Gedenkstein betrachten, auf dem geschrieben steht: "Im 9. Jahrhundert trat König Alfons II. der Keusche, durch dieses Tor in die Stadt ein und begründete den ersten Jakobsweg." *("Por aquí entrou o rei Afonso II O Casto, no século IX, inaugurando o primeiro Camiño de Santiago")*.

Durch die Rúa de San Pedro betritt man die Altstadt. Nach 50 m zweigt rechts die kleine Rúa das Norias ab, wo sich nach 30 m links das Gelände befindet, auf dem einmal die Pilgerherberge entstehen soll. Solange es sie aber noch nicht gibt, geht man 200 m weiter durch die Rúa de San Pedro, bis man auf den großen Hauptplatz Praza Maior trifft, wo sich links das Rathaus befindet, in einer Galerie auf der linken Längsseite das Fremdenverkehrsamt, und geradezu nach 200 m die sehenswerte romanische Kathedrale (12. Jh.).

Lugo

⇧ 465 m, 88.000 Ew.

Ladenpassage an der Praza Maior Nr. 27, links vom Rathaus, ☎ 982231361; ganzjährig.

Römische Stadtmauer von Lugo

? Das Gelände steht schon für den Bau bereit, aber es scheint Probleme zu geben, die den Baubeginn verzögern. Als Alternative bleiben immer die billigen Unterkünfte (*pension, fonda, hostal*), von denen es in Lugo etwa vierzig gibt, allein ein gutes Dutzend in der Ronda da Muralla, die um die Mauer herumführt, und auch viele in der Rua Castelao, einer dem Jakobsweg nahegelegene Zubringerstraße ins Stadtzentrum, oder sogar innerhalb der Stadtmauern in der Ruanova.

Lugo war zur Zeit der Römerherrschaft die Hauptstadt der Provinz Gallaecia. Von dieser einstigen Bedeutung zeugt noch heute die 2.130 m lange vollständig erhaltene Stadtmauer aus dem 1. und 2. Jh. , die im Mittelalter erneuert und ausgebaut wurde. Im Jahr 2000 wurde die Mauer von der Unesco zum Weltkulturgut erklärt. Am Santiagotor (Porta de Santiago) hinter der Kathedrale kann man über eine Treppe hinaufsteigen und auf der Mauer die ganze Altstadt umgehen.

Gedenkstein an der Stadtmauer von Lugo

Lugo - Palas de Rei (36 km)

☺ Die Etappe ist zweifellos sehr lang, aber es gibt praktisch keine Alternative außer der, mit dem Bus zu fahren. Die Strecke ist jedoch ausgezeichnet markiert und völlig unproblematisch; sie verläuft fast ausschließlich auf schmalen, wenig befahrenen Landstraßen. Auf dem Weg gibt es weder Läden noch Restaurants (mit einer Ausnahme), so daß Sie sich genügend Verpflegung mitnehmen sollten.

Hinter der Kathedrale verläßt man das ummauerte Stadtzentrum durch das Santiagotor (Porta de Santiago) und geht geradeaus die Rua de Santiago bergab. Nach 1,3 km wird der Fluß Miño überquert, und auf der anderen Seite geht man sofort nach rechts durch einen Vorort am Ufer entlang und kommt nach 900 m zu einer Straßengabelung. Auch der Jakobsweg teilt sich hier (2,4 km): Nach rechts am Fluß entlang verläuft die "Ruta de Sobrado", die über Friol und Sobrado bei Arzúa den Hauptweg nach Santiago erreicht. Der klassische Weg, der in diesem OutdoorHandbuch beschrieben ist, führt dagegen nach Palas de Rei und biegt an besagter Straßenkreuzung nach links bergauf.

Nach 700 m Steigung macht die Straße eine Linkskurve, der Jakobsweg geht aber geradeaus weiter auf eine Piste. Nach 400 m stößt diese bei einem

Bauernhof auf eine kleine Straße, auf der es nach rechts geht, bis man nach 400 m auf die N-540 stößt (3,8 km). Die Nationalstraße wird überquert und gegenüber geht es auf einer kleinen Straße weiter. Nach 1 km wird die nächste große Landstraße, die LU-232, überquert, und weiter geht es gegenüber auf einer kleinen, angenehm ruhigen Straße.

Weil es nun immer geradeaus geht, sind Wegmarkierungen überflüssig. Damit Sie trotzdem die Gewißheit haben, auf dem richtigen Weg zu sein, sei erwähnt, daß nach 1,5 km ein Schild das Ende der Gemeinde **San Matías** anzeigt und ein weiteres Schild den Anfang der Gemeinde **Alto** (6,5 km). Auf diesem Weg handelt es sich zumeist um Streusiedlungen, und ein echtes Ortszentrum ist kaum erkennbar. Nach 3,5 km durchquert man jedoch **Burgo** (10 km), wobei es sich ausnahmsweise um einen recht kompakten Ort handelt.

Etwa 2,5 km danach passiert man die Häuser von **Poutomillo** (12,8 km). Und so geht es immer geradeaus weiter durch beschilderte Gemeinden, von denen keine Häuser zu sehen sind, oder durch Häusergruppen ohne Ortsnamen. Nach 4,6 km kommt man an eine Kreuzung (17,4 km), wo es rechts zum 100 m

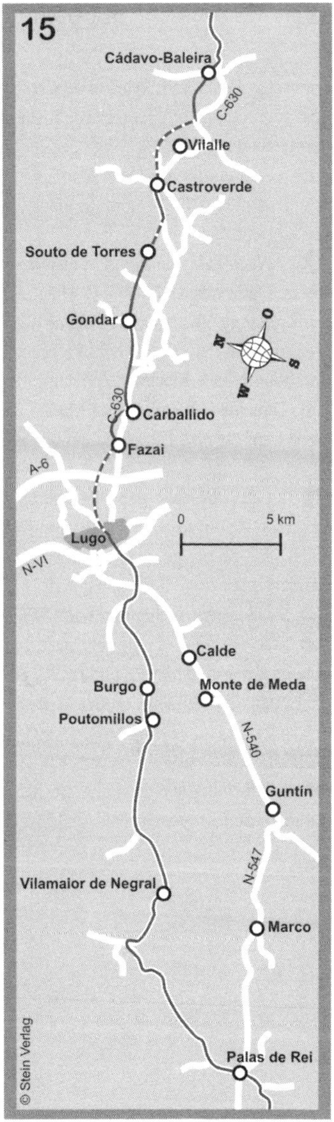

entfernten Restaurant "Mesón de Crecente" geht. Es ist das einzige Lokal auf der gesamten Etappe und bietet ein günstiges Mittagsmenü, aber man sollte sich nicht darauf verlassen, daß es immer geöffnet ist, sondern genügend Verpflegung dabeihaben oder vorher anrufen.

♦ ☏ 982176982, montags sowie gänzlich vom 15.7. bis 15.8. geschlossen.

Nach Palas de Rei geht es jedoch wie gehabt auf der gleichen Landstraße weiter. Das einzige wirkliche Dorf auf dem Weg ist 5,2 km nach der oben genannten Kreuzung **Vilamaior de Negral** (22,6 km). Nach 2 km gibt es eine Straßenkreuzung, an der es nach links Richtung Palas de Rei geht. Auf dem weiteren Weg durchquert man **Ribeira** (26,4 km), **Berbetoros** (27,4 km), **Villa Mourel** (29,7 km), **Lameira** (31 km), **Santa Mariña** (27,4 km). Nach weiteren 3 km stößt die Straße auf die N-547, genau am Ortseingang von **Palas de Rei** (35 km).

Die Nationalstraße wird überquert und gegenüber geht es in eine Straße, der man 300 m in einer Links- und Rechtskurve folgt, bis man vor einer Sporthalle nach rechts geht. Hier befinden wir uns endlich auf dem Hauptweg nach Santiago, auf dem *Camino Francés*. Nach 600 m Gefällstrecke kommt man auf eine Straße, geht rechts und nach 100 m links auf einen Weg, der an der Kirche San Tirso vorbei und dann ein paar Treppen hinunter führt. Unten geht es über eine große Straße hinweg und rechts gegenüber noch eine Treppe hinunter. Nach 50 m befindet sich links an der Ecke die Pilgerherberge.

Palas de Rei ⇧ 565 m, 4.800 Ew.

☞ Informationen zu Palas de Rei, zur Pilgerherberge und zum Weg nach Santiago de Compostela ☞ OutdoorHandbuch "Spanien: Jakobsweg".

Fremdsprech

buenos días	guten Tag (bis mittags)	*hola*	hallo
buenas tardes	guten Tag (ab mittags)	*gracias*	danke
buenas noches	guten Abend, gute Nacht	*por favor*	bitte (als Bitte)
adiós	auf Wiedersehen	*dónde esta ... ?*	Wo ist ... ?
perdón	Entschuldigung	*hay ... ?*	Gibt es ... ?
de nada	bitte, gern geschehen	*dónde hay ... ?*	Wo gibt es ... ?
hasta luego	bis später, auf Wiedersehen		

☺ Im einführenden Kapitel zum Baskenland finden Sie eine baskisch-spanisch-deutsche Wortliste, die die Orientierung, besonders das Lesen von Hinweisschildern, erleichtert.

albergue de peregrinos	Pilgerherberge
alcalde	Bürgermeister
ampolla	Fußblase
banco	Bank
bicicleta	Fahrrad
cajero automático	Geldautomat
cambio (de dinero)	(Geld-) Wechsel
Camino Francés	"Französischer Weg" = Jakobsweg, den die Franzosen benutzten; Hauptweg nach Santiago
don/doña	förml. Anrede mit Vornamen, z.B. *Doña María*
farmacia	Apotheke
hospedaría	Herberge, oft Klosterherberge
hospitalera/hospitalero	Herbergsmutter/Herbergsvater
hostal	einfaches Hotel
hotel	Hotel
Junta	Regierung einer spanischen Region
manta	Decke
médico	Arzt
mercado	Markt
mochila	Rucksack
pensión	Pension

peregrino	Pilger
refugio	Schutzhütte
rúa	altspanisch und galicisch für Straße
saco de dormir	Schlafsack
señor/señora	Herr/Frau; Anrede mit dem Nachnamen
supermercado	Supermarkt
taller	Werkstatt
tarjeta de crédito	Kreditkarte
tienda	Laden

Index

Weg mit Markierung in den Bergen von Léon

A

B

C

M

N

O

P

Alle Bücher aus dem Conrad Stein Verlag

OutdoorHandbücher
Basiswissen für Draussen

Band		DM
1	Rafting	12,80
2	Mountainbiking	12,80
3	Knoten	12,80
4	Karte Kompaß GPS	14,80
5	Eßbare Wildpflanzen	12,80
6	Skiwandern	12,80
7	Wildniswandern	12,80
8	Kochen 1 aus Rucks. u. Packtasche	12,80
9	Bergwandern	12,80
10	Solo im Kanu	12,80
11	Kanuwandern	14,80
12	Fotografieren	12,80
13	Wetter	12,80
14	Allein im Wald - Survival für Kinder	12,80
15	Wandern mit Kind	12,80
16	Sex-Vorbereitung Technik Varianten	12,80
20	Wüsten-Survival	14,80
21	Angeln	14,80
22	Leben in der Wildnis	14,80
24	Ratgeber rund ums Wohnmobil	14,80
25	Wale beobachten	14,80
30	Spuren & Fährten	14,80
31	Canyoning	14,80
34	Radwandern	14,80
35	Mushing - Hundeschlittenfahren	14,80
36	Gesund unterwegs	12,80
39	Erste Hilfe	14,80
45	Solotrekking	12,80
48	Outdoor für Frauen	12,80
58	Fahrtensegeln	14,80
65	Seekajak	12,80
68	Minimal Impact - Outdoor - naturverträglich	12,80
69	Abenteuer Teeniegruppe	12,80
70	Wintertrekking	12,80
72	Schnorcheln und Tauchen	12,80
73	Trekkingreiten	14,80
77	Wohnmobil in USA und Kanada	19,80
86	Regenwaldexpeditionen	14,80
94	Wattwandern	14,80
97	Urlaub auf dem Land	14,80
99	Kochen 2 - für Camper	12,80
100	Ausrüstung 1 - von Kopf bis Fuß	14,80
101	Ausrüstung 2 - Camp und Küche	14,80
102	Ballonfahren	12,80
103	How to shit in the Woods	14,80
104	Globetrotten	14,80
106	Daumensprung und Jakobsstab	12,80
108	DocHoliday - Taschendoktor für Outdoorer und Traveller	12,80

OutdoorHandbücher
Der Weg ist das Ziel

Band		DM
17	Schweden: Sarek	24,80
18	Schweden: Kungsleden	22,00
19	Kanada: Yukon	24,80
23	Spanien: Jakobsweg	24,80
26	Schottland: West Highland Way	24,80
27	John Muir Trail (USA)	22,00
28	Landmannalaugar (Island)	22,00
29	West Coast Trail (Kanada)	22,00
32	Radtouren in Masuren (Polen)	24,80
33	Trans-Alatau (GUS)	22,00
37	Kanada: Bowron Lakes	22,00
38	Polen: Kanutouren in Masuren	24,80
40	Trans-Korsika - GR 20	24,80
41	Norwegen: Hardangervidda	24,80
42	Nepal: Annapurna	22,00
43	Schottland: Whisky Trail	24,80
44	Tansania: Kilimanjaro	24,80
49	USA: Grand Canyon Trails	22,00
50	Kanada: Banff & Yoho NP	22,00
51	Tasmanien: Overland Track	22,00
52	Neuseeland: Fiordland	22,00
53	Irland: Shannon-Erne	22,00
54	Südafrika: Drakensberge	22,00
55	Spanien: Pyrenäenweg GR 11	22,00
56	Polen: Drawa	19,80
57	Kanada: Great Divide Trails	22,00
59	Kanada: Wood Buffalo NP	19,80
60	Kanada: Chilkoot Trail	22,00
61	Kanada: Rocky Mountains/Rad	22,00
62	Irland: Kerry Way	22,00
63	Schweden: Dalsland-Kanal	24,80

64	England: Pennine Way	24,80
66	Alaska Highway	24,80
71	Nordspanien: Jakobsweg – Nebenrouten	24,80
74	Nordirland: Coastal Ulster Way	22,00
76	Pfälzerwald-Vogesen-Weg	22,00
78	Polen: Pisa-Narew-Kanu	19,80
79	Bolivien: Choro Trail	22,00
80	Peru: Inka Trail u. Region Cusco	22,00
81	Chile: Torres del Paine	24,80
82	Norwegen: Jotunheimen	19,80
83	Neuseeland: Stewart Island	19,80
84	USA: Route 66	22,00
85	Finnland: Bärenrunde	19,80
87	Montblanc-Rundweg - TMB	19,80
88	Griechenland: Trans-Kreta	19,80
89	Schweden: Skåneleden	19,80
90	Mallorca: Serra de Tramuntana	19,80
91	Italien: Trans-Apennin	19,80
92	England: Themse-Ring	19,80
93	Spanien: Sierra Nevada	24,80
95	Norwegen: Nordkap-Route	24,80
96	Polen: Czarna Hancza/Biebrza-Kanu	19,80
98	Wales: Offa's Dyke Path	19,80
107	GR 5: Genfer See - Nizza	24,80
109	Mecklenburg. Seenplatte (2002)	19,80
112	Norwegen: Telemark-Kanal (2002)	19,80
113	Deutschland: Rennsteig (2002)	19,80
114	Alpen: Dreiländerweg (2002)	19,80
115	Slowakei: Friedensweg (2002)	19,80

OutdoorHandbücher Fernweh-Schmöker

Band		DM
46	Blockhüttentagebuch	24,80
47	Floßfahrt nach Alaska	22,00
75	Auf nach Down Under	14,80
105	Südsee-Trauminsel (Tom Neale)	19,80
110	Huskygesang	14,80
111	Liebe - Schnaps - Tod	14,80

ReiseHandbücher

	DM
Äthiopien	34,80
Alaska	34,80
Antarktis	49,80
Australien-Handbuch	44,80
El Salvador/Honduras	34,80
Die Kirchen Gotlands	24,80
Grönland	29,80
Iran	44,80
Kanadas Westen	39,80
Kanalinseln	29,80
Kanarische Inseln	29,80
Kiel	19,80
Kiel von oben - Luftbildband	49,80
Komoren	24,80
Kurs Nord	49,80
Libanon	24,80
Libyen	39,80
Mexikos Süden, Belize & Guatemala	36,80
Neuseeland-Handbuch	36,80
Ontario mit Montréal & Québec	29,80
Phuket & Ko Samui	29,80
Reisen mit Hund	19,80
Rumänien	26,80
Schweiz	36,80
Sibirien	36,80
Slowakei	29,80
Spitzbergen-Handbuch	39,80
Tansania / Sansibar	39,80
Travel Planet - Almanach f. 4 Kontinente	29,80
Überwintern - Langzeiturlaub im Süden	19,80
USA - Nordwesten	34,80

Fremdsprech

Band		DM
1	Oh, dieses Dänisch	9,80
2	Oh, dieses Schwedisch	9,80
3	Oh, dieses Spanisch	9,80
4	Oh, dieses Englisch	9,80
5	Oh, dieses Französisch (2002)	9,80

Ab 1.1.2002 gelten folgende Euro-Preise:

DM 9,80 - € 4,90	DM 12,80 - € 6,90
DM 14,80 - € 7,90	DM 19,80 - € 9,90
DM 22,00 - € 10,90	DM 24,80 - € 12,90
DM 26,80 - € 13,90	DM 29,80 - € 14,90
DM 34,80 - € 17,90	DM 36,80 - € 18,90
DM 39,80 - € 19,90	DM 44,80 - € 22,90
DM 49,80 - € 24,90	

130601

☺ **Weitere Bände in Vorbereitung. Fordern Sie unseren aktuellen Verlagsprospekt an.**